高等院校会计专业创新型精品系列教材

U0653334

会计基础与实务

主　编　崔　洁
副主编　刘家瑛　程莉娜

扫码申请更多资源

南京大学出版社

图书在版编目(CIP)数据

会计基础与实务 / 崔洁主编. —南京：南京大学
出版社，2024.1
ISBN 978 - 7 - 305 - 27467 - 1

Ⅰ. ①会… Ⅱ. ①崔… Ⅲ. ①会计学 Ⅳ. ①F230

中国国家版本馆 CIP 数据核字(2023)第 243383 号

出版发行 南京大学出版社
社　　址 南京市汉口路 22 号　　　邮　　编　210093
书　　名 **会计基础与实务**
　　　　　KUAIJI JICHU YU SHIWU
主　　编 崔　洁
责任编辑 陈　嘉　　　　　编辑热线　025 - 83592315
照　　排 南京开卷文化传媒有限公司
印　　刷 南京新洲印刷有限公司
开　　本 787 mm×1092 mm　1/16　印张 18.25　字数 467 千
版　　次 2024 年 1 月第 1 版　2024 年 1 月第 1 次印刷
ISBN 978 - 7 - 305 - 27467 - 1
定　　价 48.90 元

网　　址:http://www.njupco.com
官方微博:http://weibo.com/njupco
微信服务号:njuyuexue
销售咨询热线:(025)83594756

前　言

　　面对全面建设社会主义现代化强国,如何将习近平总书记"坚持中国特色社会主义教育发展道路,培养德智体美劳全面发展的社会主义建设者和接班人"的教育思想融入教材体系,是每一本教材和每一位编者的历史使命。

　　随着经济社会的发展和会计改革的不断深入,会计职业已经走向了规范化、国际化、科学化的发展之路,"经济越发展,会计越重要"已经得到公认。在当今世界,经济一体化已经成为世界经济发展的重要趋势。为适应我国市场经济发展和经济全球化的需要,财政部于2006年2月15日颁布了包括《企业会计准则——基本准则》和38项具体准则在内的企业会计准则体系;2006年10月30日,又颁布了《企业会计准则——应用指南》,从而实现了我国企业会计准则与国际财务报告准则的实质性趋同。为帮助广大会计学习者了解和掌握企业会计准则,本书整理和收录了截至2022年12月31日财政部制定并发布的企业会计准则(见第284页的二维码)。

　　会计作为一种国际通用的商业语言,会计信息是市场经济运行所必需的基础性信息,有助于相关责任人进行经济决策。而高质量的会计信息,取决于会计人才的业务素质和职业操守,即决定于会计教育和人才培养。会计教材建设是会计教育和人才培养的重要组成部分。教材规定了教学内容,既是教师授课取材之源,也是学生求知和复习之本。没有好的适用教材,也就无从提高会计教育和人才培养的质量。基于此,本书按照会计核算工作过程选取、序化教学内容,采用仿真凭证、账簿、报表展示企业业务,突出仿真性和互动性,实现"教、学、做"一体化训练,有利于学习者学习与实践。本书具有以下四个方面的特点。

1. 思政育人元素与课程内容深度融合

　　本书坚持正确的政治方向和价值取向,深刻领会党的二十大主题,深入挖掘课程教学中的思政元素和资源,将党的二十大精神融入各个项目教学中,将思政育人元素与教材内容深度融合,每个章节都有明确的"思政目标"和"思政小课堂"。融入"明法于心、守规于行"思政育人理念,培养学习者规范的职业素养和高尚的使命担当,为行业输出高质量会计专业人才,更好地服务企业,促进地区经济发展。

2. 教材内容体系采用循序渐进的模块化设计

本书根据基础会计的理论体系,将教学内容分为两大部分,即会计入门知识和会计工作流程。这两大部分分别包括三个模块和六个项目,它们之间是循序渐进、步步深入的关系,学生在每部分的学习中都能够按照会计工作流程进行业务核算,核算的内容由浅入深,核算的流程和操作技能由简单到复杂,让学生经过多次操作演练之后,逐步深入地学习、理解基础会计的核算原理与方法,从而相对完整地掌握业务核算过程。

3. 着重于理论与实际相结合

本书紧贴会计实务,充分考虑企业会计准则的变化及学生的特点,强调内容与方法的实用性、体系和观点的科学性。在各部分穿插大量例题进行分析指导,并且配套设计了实务案例。本书合理的任务设计和丰富的实务案例,既可以帮助教师更生动地讲解相关知识和技能,又能使学生通过直观、真实、丰富的实务资料掌握课程知识和技能。

4. 突显知识与趣味性相统一

本书每个章节设计了"想一想""做一做""练一练""提炼点睛""知识拓展""思政小课堂"等专栏,重要知识点旁配有二维码(可扫码获取),以便于启发学生思考,更利于学生理解与掌握所学知识,增强了趣味性。每部分练习题分为课前预习和课后习题,学生通过实际练习,将各个知识点融会贯通。书中将重点内容和核心概念用波浪线的形式从视觉上突出展示,增强了可读性。

本书配有课程标准、电子教案、电子课件、微课视频、习题及参考答案等配套资料(部分资料仅限用书教师下载),可同时满足学习者学习、教师教学的需要。本书既可以作为高校财经类专业的教材,也可以作为政府机关、行政事业单位、企业等有关人员培训、自学的参考资料。

本书由陕西学前师范学院崔洁担任主编,负责拟定全书的编写提纲,并对全书进行总纂定稿;由陕西学前师范学院刘家瑛、程莉娜担任副主编。全书的具体编写分工如下:第一部分模块一、模块二由刘馨阳编写,模块三由崔洁编写,第二部分项目一由程莉娜编写,项目二、项目三由刘家瑛编写,项目四由任健华编写,项目五、项目六由于欢编写。最后,由刘家瑛对全书进行统稿。此外,本书还参考借鉴了有关图书和文献的内容,在此对相关作者一并表示感谢。

虽然在本书编写中,我们进行了多次讨论研究,力求内容编排合理、避免错误,但由于编写时间仓促,加之编者水平有限,书中难免有疏漏和不足,敬请专家学者和广大读者批评指正。

编 者

2023 年 10 月

目 录

第一部分 会计入门知识

第二部分 会计工作流程

第一部分 会计入门知识

模块一
会计入门

■ **知识框架**

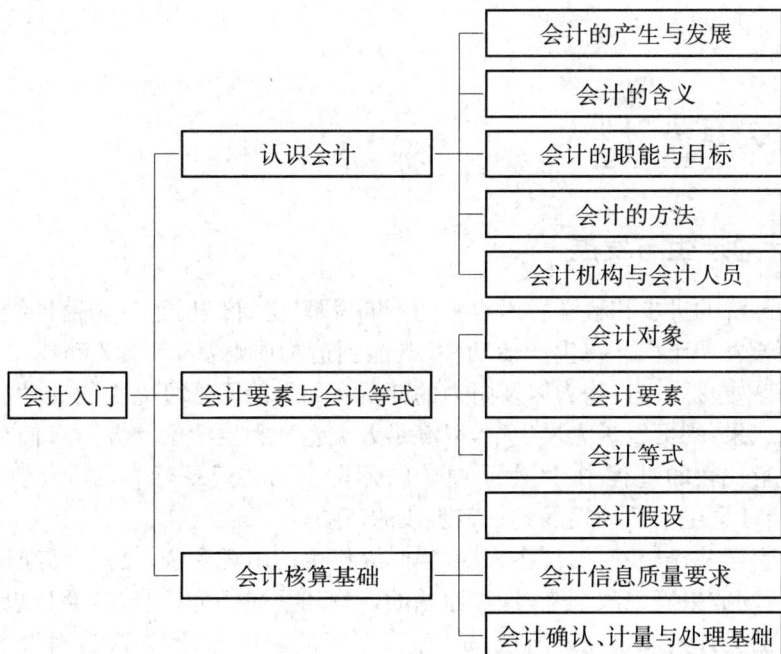

■ **知识目标**

1. 了解会计的产生与发展；
2. 熟悉会计的含义、职能与目标；
3. 理解会计核算方法；
4. 掌握会计要素的基本内容；
5. 掌握会计等式；
6. 熟悉会计工作的基本假设；
7. 掌握会计信息质量要求；

8. 熟悉会计确认、计量与处理基础。

■ 能力目标

1. 能够概括会计的工作性质和工作内容；
2. 能够明确企业的资金变动情况。

■ 思政目标

1. 会计中的权责发生制强调责任与担当，应帮助学生在会计工作中树立正确的责任观；
2. 通过会计等式的讲解，强调等式左右的平衡，左侧是拥有的资源，右侧是承担的责任和义务，要求学生们明白只有讲求奉献才能得到越来越多的合法权益。

■ 案例导引

假设你是神禾公司的一名会计人员，新上任的执行总监（CEO）想尽快了解公司的经济活动及生产流程。请你从会计角度运用最清晰、简洁的方式向 CEO 介绍本公司资金运动的相关情况。

第一节　认识会计

一、会计的产生与发展

随着社会经济的进步和科学技术水平的不断发展，会计经历了一个由低级到高级、由简单到复杂的漫长发展历程。在生产活动中，既能创造物质财富，产出劳动成果；同时也会发生劳动耗费，其中包括人力、物力以及财力的耗费。如果能用尽可能少的劳动耗费生产出尽可能多的劳动成果，则可以扩大再生产，以满足人类生产和生活的需要。人们在对劳动成果与劳动耗费进行比较的过程中，产生了原始的计量、计算、记录行为，这便产生了会计。所以，会计是人类社会生产活动发展到一定阶段的产物。

据相关史料记载，早在原始社会末期，当时人们生产出现剩余，会用"结绳记事""刻木记事"等方法将劳动成果等记载下来，这种原始的计量和登记行为，蕴含着会计思想、会计行为的萌芽。此时的会计正如马克思所说，是"生产职能的附带部分"。这是因为当时生产力水平很低，经济业务非常简单，会计在产生初期只是生产职能的一个组成部分，是直接生产者在生产活动之余，附带地对劳动成果和劳动耗费以及发生的日期进行计量和记录。

随着生产的发展，需要计量、记录的经济事项越来越多，经济管理对信息的要求也越来越高，这就使得会计"从生产职能中分离出来，成为特殊的、专门委托有关当事人从事且具有独立职能的一项活动"。从此，会计就成为一项专门的经济管理工作。

会计对经济信息的加工处理方法，早在唐宋时期就已相当完备，突出表现为"四柱清册"的出现。所谓"四柱"是指旧管（现在的期初结存）、新收（现在的本期增加发生额）、开除（现在的本期减少发生额）、实在（现在的期末余额）这四部分，其关系式为"旧管＋新收＝开除＋实在"，此等式当时被用于核算和检查一定时期的内部财产物资收付记录。在其基础上进一步发展的还有明末清初的"龙门账"。这些都标志着我国单式记账法已经发展到一个较高的水平。

从 12 世纪到 15 世纪,欧洲商品经济的发展推动了簿记方法的革命。1494 年,意大利数学家卢卡·帕乔利(Luca Pacioli)(1445—1517)在他的《算术、几何、比及比例概要》一书中,系统地论述了借贷复式记账的原理及其应用,从此"借贷记账法"在世界各国传播,成为各国普遍采用的记账方法。《算术、几何、比及比例概要》一书的出版,标志着会计已从单式记账法发展为复式记账法,同时也标志着近代会计的开端。因此,它也被称为现代"借贷记账法"的经典之作,成为近代会计发展史上的第一次飞跃。然而,"借贷记账法"在 20 世纪初才传入中国。

知识拓展

《算术、几何、比及比例概要》又名《数学大全》,是一部内容丰富的数学著作,其出版是近代会计史中的一个重要里程碑,全书由五部分组成:① 算术和代数;② 商业算术的应用;③ 簿记;④ 货币和兑换;⑤ 纯粹数学和应用几何。

20 世纪 30 年代至 50 年代,资本主义经济和现代化大生产的发展,促使企业更注重其内部的经营管理和面向未来的经营决策,从而要求传统会计的社会服务职能和内部管理职能逐渐分离,形成财务会计和管理会计两大分支。以内部管理为主要职能的管理会计在 20 世纪 50 年代定名,随后逐步在全世界获得了广泛的发展,这标志着现代会计的开端。20 世纪 50 年代以来,随着科学技术的飞速发展,电子计算机、互联网等现代科学技术成果在会计工作中得到了广泛的应用,这不仅极大地提高了会计工作的效率和质量,同时把会计人员从繁重的手工簿记工作中解放出来,使现代会计在提供信息方面发挥了巨大的作用。管理会计的产生和电子数据系统会计的出现,是会计发展史上又一次历史性的飞跃。

随着我国社会主义经济建设的推进,会计核算、监督、分析、考核等工作渗透到了经济生活的各个领域,为保护国家财产、提高经济效益发挥了一定的作用。但由于历史原因,直至70 年代后期,我国进入以经济建设为中心的新时期,会计理论研究和会计实践工作才得到了长足的发展。1992 年 11 月 30 日,我国发布了第一项会计准则,即《企业会计准则》,并于1993 年 7 月 1 日起开始生效。2006 年 2 月 15 日,财政部发布了包括《企业会计准则——基本准则》、38 项具体准则和相关应用指南在内的企业会计准则体系,并于 2007 年 1 月 1 日起正式实施,从此揭开了我国会计发展的新篇章,实现了我国会计准则与国际财务报告准则的实质性趋同。截至 2023 年 6 月 30 日,我国企业会计准则体系由 1 项基本准则、42 项具体准则和准则指南构成。

二、会计的含义

会计作为经济管理活动的重要组成部分,是以提供经济信息、提高经济效益为目的的一种管理活动。它以货币为计量单位,采用一系列专门的程序和方法,对社会再生产过程中的资金活动进行反映和监督。与此同时,会计为企业有关方面提供的信息,也可以协调企业与各方面的关系,既为有关方面提供决策依据,也为企业经营活动创造良好的外部经营环境,并且可以推动和促进所处社会经济环境的发展,在一定程度上维护了经济运行的秩序。

会计概念、职能和目标

综上所述,会计是以货币为主要计量单位,以凭证为依据,采用一系列的专门方法,对企事业、机关单位或其他经济组织的经济活动及其结果进行全面、连续、系统、综合的核算和监督的一种经济管理活动,并向有关方面提供会计信息的一项经济管理工作。会计具有以下三个基本特点。

(一) 以货币为主要计量单位

会计在对单位日常经济业务进行核算时,可能用到实物计量单位(如千克、升、米等)、劳动计量单位(如工时等)和货币计量单位(如元、美元、英镑等)三种计量单位。但由于前两种计量尺度无法汇总,所以只起辅助作用。因此,会计以货币计量为主,其他计量单位为辅。

(二) 以会计凭证为依据

凭证,是指用来记录经济业务具体内容的书面证明,是会计工作最基本的客观凭据。会计信息的可靠性和有用性是以会计凭证的真实性和准确性为前提的。

(三) 对交易或事项的核算具有连续性、系统性、全面性和综合性

连续性是指对已经发生的每一笔交易或事项,按其发生时间先后顺序,自始至终不间断地进行反映和监督。系统性是指将抽象的会计对象内容具体化,并做出科学分类、整理和记录,最后提供系统化的数据和资料。全面性是指对属于会计核算对象的所有经济业务都必须进行核算,不得遗漏。综合性是指会计以货币为计量尺度,以便对不同种类、不同名称、不同量度的物质资源及经济活动进行综合反映,总括提供会计信息。

三、会计的职能与目标

(一) 会计的职能

会计职能是指会计在经济控制和经营管理过程中所具有的功能和作用,具体来讲,就是会计是用来做什么的。按照马克思的论述,会计的基本职能是"对过程的控制和观念的总结"。我国会计学家将现代会计的基本职能归纳为核算和监督。我国《会计法》明确指出:"会计机构、会计人员依照本法规定进行会计核算,实施会计监督。"可见,会计的核算职能和会计的监督职能是会计的两大基本职能,也是我国会计工作必须遵循的法律依据。

1. 会计的核算职能

会计核算职能,又称会计反映职能,是指会计以货币为主要计量单位,运用一系列专门方法对特定主体的经济活动过程及结果进行确认、计量、记录和报告。会计核算是会计最基本的职能。它具有以下特点:

(1) 会计核算以货币为主要计量单位。会计核算主要是从价值量方面反映各单位的经济活动状况。会计在对各单位的经济活动进行反映时,可以采用货币量度、实物量度、劳动量度进行计量,但由于实物量度和劳动量度不能反映所有的经济业务,为了全面而完整地反映一个单位的经济活动,会计核算客观上需要采用统一的计量单位作为计量尺度。因为在商品经济条件下,货币是衡量各种商品的价值尺度,并且企业最初的投资总是采用货币度

量,因此,会计在对各单位经济活动的过程和结果进行反映时,主要是以货币为计量单位,实物量度和劳动量度只能作为辅助量度。

(2)会计核算以真实、合法的会计凭证为依据。传统会计反映经济活动就是要在每项经济业务发生或完成后,取得该项经济业务完成的会计凭证,据以记录账簿,才能保证会计所提供的信息真实可靠。除此之外,管理会计还可以对未来的经济活动进行事前的预测,通过对已经形成的资料进行研究分析,可以认识经济活动的规律,分析和预测经济前景,提供可供选择的方案,从而指导未来的经济活动。

(3)会计核算具有完整性、连续性和系统性。会计核算的完整性,是指对所有会计对象所发生的全部经济业务都应该进行计量、记录和报告,不能有任何遗漏。会计核算的连续性,是指对经济业务的核算要连续进行,不能有任何中断。会计核算的系统性,是指对会计对象要采用科学合理的核算程序,保证所提供的会计数据能成为一个有机的整体。

2. 会计的监督职能

会计监督职能,主要是指会计按照一定的目的和要求,对特定主体经济活动全过程的合法性、合理性、有效性进行审查,使之沿着正确的轨道前进,达到不断提高经济效益的目标。会计监督职能的基本特点如下:

(1)会计监督主要是通过价值指标进行的。会计核算利用货币计量形成的价值指标来综合地反映经济活动过程及其结果,会计监督主要是依据这些价值指标来全面、及时、有效地控制各个单位的经济活动。

(2)会计监督要对单位经济活动的全过程进行监督,分为事前监督、事中监督、事后监督。事前监督是在经济活动开始前进行的监督,即依据国家制定的有关法规和制度以及经济活动的一般规律,对未来经济活动的合法性、合理性和可行性进行审查。事中监督是对正在发生经济活动的过程进行的监督,即在日常会计工作中,对所取得的会计核算资料进行审查,从中发现偏离预期目标的不利因素,促使有关部门采取措施,调整经济活动,使其按照预定的目标和规定的要求进行。事后监督是对已发生的经济活动进行的监督,即依据事先制定的目标、标准和要求,通过分析已形成的会计信息,对已发生的经济活动的合法性和效益性进行的考核和评价。

3. 会计的核算职能与监督职能的关系

会计核算职能与会计监督职能是相互依存、密切结合、相辅相成的,同时又是辩证统一的关系。核算职能是监督职能的基础,监督寓于核算之中,没有核算所提供的各种信息,监督就失去了依据;而监督职能又是核算职能的质量保障,只有核算没有监督,就难以保证核算信息的真实性、可靠性。

(二)会计的目标

会计的目标,概括来讲就是要求会计工作完成的任务或达到的目的。会计目标源于会计信息使用者的需求,要解决两个问题,即向谁提供信息;提供什么样的信息。目前,从国内外的会计理论研究和实务来看,关于会计目标的表述主要有以下两种颇具代表性的观点:一种是"决策有用观",即企业财务会计的目标就是向信息使用者提供对其做出经济决策有用的会计信息,主要包括企业财务状况、现金流量等方面的财务信息。另一种是"受托责任观"，即企业的管理当局应承担受托资源有效管理并使其保值增值的责任，同时也应当承担如实向委托方报告受托责任的履行过程及其结果的义务，以便于投资者和债权人等对企业管理层的经营业绩进行考核。

我国财政部在2006年2月颁布的《企业会计准则——基本准则》第四条提出，<u>财务会计报告的目标是"向财务报告使用者提供与企业财务状况、经营成果和现金流量等有关的会计信息，反映企业管理层受托责任履行情况，有助于财务报告使用者做出经济决策"</u>，并指出"财务会计报告的使用者包括投资者、债权人、政府及其有关部门和社会公众等"。可见，我国现行的企业会计准则中所确立的会计目标，全面兼顾了决策有用观和受托责任观这两种学术研究观点。

四、会计的方法

会计的方法，是指用来核算和监督会计对象完成会计任务、实现会计目标的手段，是人们在长期的会计工作实践中总结创立的，并随着生产发展和管理活动的复杂化而逐渐完善起来的各种科学技术方法。会计的方法包括会计核算方法、会计分析方法和会计检查方法。这里主要讲会计核算方法。

提 炼 点 睛

会计方法是体现会计确认、计量、记录和报告的实际操作手段或工具。

<u>会计核算方法是指以货币为主要计量单位，对各单位已经发生的交易或事项进行连续、系统、完整的核算和监督所运用的一系列专门方法</u>。它主要包括以下七种专门方法。

（一）设置会计科目与账户

企业在生产经营过程中发生各种交易或者事项，涉及各类经济业务活动，为了对会计的经济内容进行核算、监督，提供会计信息，需要对会计对象进行归集。会计科目是对会计要素进行的再分类，它是按照会计要素的内容、性质和用途进行分类的标志。设置账户是对会计核算的具体内容进行分类核算和监督的一种专门方法。通过账户可以分类、连续、系统地记录各项经济业务，以提供各种不同性质的核算指标。

（二）复式记账

复式记账是对所发生的每项经济业务，以相等的金额，同时在两个或两个以上相互联系的账户中进行记录的一种记账方法。例如，从银行提取现金1 000元，一方面要记录库存现金增加了1 000元，另一方面要记录银行存款减少了1 000元。通过复式记账，可以了解每笔经济业务的来龙去脉，便于试算平衡，核算账簿记录是否正确。

（三）填制和审核凭证

会计凭证是记录经济业务、明确经济责任的书面证明，是登记账簿的重要依据。会计凭证包括原始凭证和记账凭证。对于已经发生的经济业务，都必须由经办人员或单位填制原始凭证，并签名盖章。所有原始凭证都要经会计部门或其他有关部门审核。只有审核无误的原始凭证才能作为填制记账凭证和登记账簿的依据。填制和审核凭证可以为经济管理者提供真实可靠的会计信息,对于提高会计工作质量起着重要作用。

（四）登记账簿

会计账簿是由专门格式、相互连接的账页组成的,用来记录各项经济业务的簿籍,通俗地讲就是账户在会计实务中体现的具有一定格式与结构的账页。它是保存会计数据资料的重要工具。登记账簿就是根据审核无误的会计凭证,按照经济业务发生的顺序,连续、完整、分门别类地记入有关账户的一种方法。在账簿中开设相应的账户,把所有的经济业务记入账簿中后,还应该定期计算各种核算指标,并定期进行对账,使账证之间、账账之间、账实之间保持一致。账簿所提供的各种数据资料,是编制会计报表的重要依据。

（五）成本计算

成本计算是按照一定对象归集和分配生产经营过程中不同部门、不同阶段所发生的各种费用支出,以确定核算对象的总成本和单位成本的方法。狭义的成本计算,主要是指制造业企业的产品成本计算。进行成本核算可以准确计算成本,掌握成本构成情况,考核成本完成计划情况,以便采取措施从而降低生产成本,提高经济效益。

（六）财产清查

财产清查是通过盘点实物、核对账目查明各项财产物资的真实情况,以查明账面与实有数是否相符的一种专门方法。为了保证财产的安全性、完整性,加强会计记录的准确性,达到账实相符,必须定期或不定期地对各项财产物资、货币资金、往来款项进行清查、盘点和核对,以便发现问题,分析原因,查明责任,并调整账簿记录,保证会计核算指标的正确性和真实性。

（七）编制财务报告

财务报告是企业对外提供的反映企业某一特定日期的财务状况和某一会计期间的经营成果、现金流量等会计信息的书面报告。财务报告是会计核算的最终成果,是企业对外提供财务会计信息的主要形式。编制财务报告是对日常核算的总结,是将账簿记录的内容定期地加以分类、整理和汇总,从而产生一套指标体系,全面地反映生产经营的全貌,也是考核和分析财务会计计划和预算执行情况以及编制下期财务计划和预算的重要依据。会计报告不仅包括会计报表,还包括报表附注和其他报告,但会计报表是会计报告的主要组成部分。

经济业务发生时,首先取得和填制原始凭证,再根据审核无误的原始凭证编制记账凭证;接着运用复式记账方法,根据审核无误的记账凭证,在已经开设的账户中登记账簿;采用一定的方法,对一定时期的成本核算对象进行成本计算,确定企业的经营成果;为了保证账簿记录与各项财产物资的实有数相符,还要定期和不定期地进行财产清查;会计期末,以规范形式报告财务信息,即编制财务报告。因此,填制审核凭证是会计核算的最初环节;登记账簿是会计核算的中心环节;编制财务报告是会计核算的最终环节。这是一个连续的、完整的、系统的过程,这七种方法共同构筑了会计核算方法体系。

> **想一想**
>
> 会计有哪些核算方法？它们之间有什么关系？
>
> **解答要点**：会计核算方法是指会计对企业、事业、机关单位已经发生的经济活动进行连续、系统和全面的反映和监督所采用的方法，具体包括以下几种：① 设置账户；② 复式记账；③ 填制和审核凭证；④ 登记账簿；⑤ 成本计算；⑥ 财产清查；⑦ 编制会计报表。会计核算的各种方法是相互联系、密切配合的，在会计对经济业务进行记录和反映的过程中，不论是采用手工处理方式，还是使用计算机数据处理系统方法，对于日常所发生的经济业务，首先要取得合法的凭证，按照所设置的账户，采用复式记账方法登记账簿，根据账簿的记录，进行成本计算，通过财产清查，在保证账实相符的基础上编制会计报表。会计核算的七种方法相互联系，形成一个完整的方法体系。

五、会计机构与会计人员

（一）会计机构

会计机构是指各单位办理会计事务的职能部门。根据《会计法》的规定，各单位应当根据会计业务的需要，设置会计机构，或者在有关机构中设置会计人员并指定会计主管人员；不具备设置条件的，应当委托经批准从事会计代理记账业务的中介机构代理记账。合理地设置会计机构，是保证会计工作正常进行，充分发挥会计职能作用的重要条件。

（二）会计人员

旧时称柜吏，即从事会计工作的专职人员。在我国，会计人员按职权划分主要有总会计师、会计机构负责人、会计主管人员、一般会计；按照专业技术职务划分为高级会计师、中级会计师、初级会计师。建立健全会计机构，配备相应的会计人员，是各单位做好会计工作，充分发挥会计职能作用的重要保证。

会计人员在会计工作中应当遵守职业道德，树立良好的职业品格、严谨的工作作风，严守工作纪律，努力提高工作效率和工作质量。会计职业道德是指会计人员处理职业活动中各种关系的行为准则，是职业道德在会计职业行为和会计职业活动中的具体体现。目前，我国将会计人员职业道德主要概括为爱岗敬业、诚实守信、廉洁自律、客观公正、坚持准则、提高技能、参与管理、强化服务八个方面。

第二节　会计要素与会计等式

一、会计对象

会计的对象，也称为会计的内容，即会计核算和监督的具体内容。会计的一般对象就是特定会计主体在社会再生产过程中以货币表现的资金运动或价值运动。这里的资金运动主要包括资金的投入、资金的运用和资金的退出三个阶段,资金在上述三个阶段的运动是通过一系列的经济交易和经济事项进行的。会计按其使用单位不同,可分为行政单位会计、事业单位会计和企业单位会计。行政单位会计的内容主要是预算资金的收支核算,事业单位会计的内容是各类收入、支出和结余的核算,企业会计的对象主要表现为企业经济活动过程中的资金循环与周转。三者中企业会计的对象最为复杂,也是本书阐述的重点。

企业在生产经营过程中,首先要用筹集到的货币资金购置固定资产并购买原材料;生产产品时,再到仓库领取原材料;产品生产完成后,进行销售并取得收入。这样的资金循环和周转过程,也可以划分为三个具体阶段,即供应过程、生产过程和销售过程。在供应过程中,用货币资金购买固定资产和原材料,货币资金转化为固定资金和储备资金;在生产过程中,生产在产品会引起原材料的消耗、固定资产的折旧、工资的支付及其他费用的开支,使固定资金、储备资金和一部分货币资金转化为生产资金;产品完工入库后,生产资金转化为成品资金;在销售过程中,企业将产成品销售出去取得销售收入,成品资金又转化为货币资金。在企业的供应过程、生产过程、销售过程中,资金从货币形态开始,依次经过固定资金、储备资金、生产资金、成品资金,最后又回到货币资金这一形态,我们把这一运动过程叫作资金循环,周而复始的资金循环叫作资金周转,具体情况如图1-1所示。

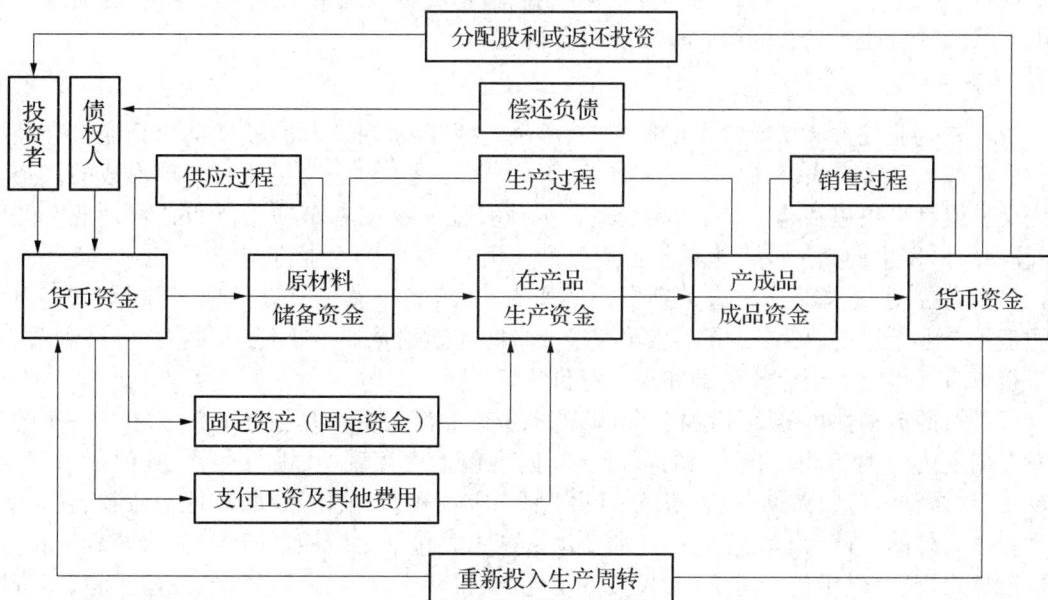

图1-1 企业资金循环与周转示意图

二、会计要素

会计要素是对会计对象按经济特征所进行的最基本分类,是会计核算对象(内容)的具体化。我国《企业会计准则——基本准则》严格规定了资产、负债、所有者权益、收入、费用和利润六大会计要素。

会计对象是资金运动,资金运动具有显著运动状态和相对静止状态。在相对静止状态,企业的资金表现为资金占用和资金来源两方面。资金占用具体表现形

会计要素及其
确认与计量

式就是企业的资产。资金来源于所有者和债权人投入,资金来源表现形式就是权益,其包括所有者权益和债权人权益(称为负债)。所有者权益是企业资产扣除负债后由所有者享有的剩余权益;对投入资本的求偿权为债权人权益。从资金在某一特定日期相对静止状态来看,资产总额与权益总额必然相等,由此分离出资产、负债及所有者权益三项表现资金运动相对静止状态的会计要素。企业的各项资产经过一定时期的营运,将发生一定的耗费,生产出特定种类和数量的产品,产品销售后获得货币收入,收支相抵后确认出当期损益,由此分离出收入、费用和利润三项表现资金运动显著变动状态的会计要素。资产、负债及所有者权益构成资产负债表的基本框架,是反映财务状况的会计要素;收入、费用及利润构成利润表的基本框架,是反映经营成果的会计要素。

提炼点睛

会计要素是会计交易或事项按其经济特征进行归类并予以抽象概括的会计专业术语,它是会计对象的具体化,也是反映会计主体的财务状况和经营成果的基本单位。

(一) 反映财务状况的会计要素

财务状况是指企业一定日期的资产和权益情况,是资金运动相对静止状态的表现。反映财务状况的会计要素有资产、负债、所有者权益。

1. 资产

资产是企业过去交易或者事项形成的,由企业拥有或者控制的,预期会给企业带来经济利益的资源。其特点表现在以下三个方面:第一,资产是由过去交易或者事项形成的。企业过去交易或者事项包括购买、生产和建造行为或其他交易或者事项。资产必须是现实的资产,预期未来发生的交易或者事项不形成资产。第二,资产为企业拥有或者控制。资产由企业拥有或者控制,是指企业具有某项资源的所有权,或者虽然不具有某项资源所有权,但该资源能被企业所控制。第三,资产能够直接或者间接地给企业带来经济利益。经济利益,是指直接或者间接流入企业的现金和现金等价物。

资产按照流动性可分为流动资产和非流动资产。流动资产是指在一年或超过一年的一个营业周期内变现、出售、被耗用的资产。其内容包括库存现金、银行存款、其他货币资金、交易性金融资产、应收票据、应收账款、应收股利、应收利息、预付款项、其他应收款、存货等。流动资产以外的资产为非流动资产。非流动资产主要包括融资租赁资产、持有至到期投资、长期股权投资、可供出售金融资产、投资性房地产、长期应收款、固定资产、在建工程、工程物资、固定资产清理、未担保余值、生产性生物资产、公益性生物资产、无形资产、商誉、长期待摊费用、研发支出、递延所得税资产等。

想一想

只有企业拥有所有权的资源才能作为资产予以确认,这句话正确吗?

解答要点:通常所有权是考虑的首要因素,但是在有些情况下,虽然某些资产不为企业所拥有,即企业并不享有其所有权,但企业控制这些资产,即企业能够控制从这些资产中获取的经济利益。例如,企业融资租赁的行为。

2. 负债

负债是指过去交易或者事项形成的、预期会导致经济利益流出企业的现时义务。其特点表现在以下三个方面：第一，负债是由过去交易或事项形成的现时义务。现时义务是指企业在现行条件下已承担的义务。未来发生的交易或者事项形成的义务，不属于现时义务，不应当确认为负债。第二，负债的清偿预期会导致经济利益流出企业。负债通常是在某一时日通过交付资产（包括现金和其他资产）或者提供劳务来清偿。第三，未来流出企业的经济利益的金额能可靠地计量。第四，负债作为义务有两项：一是还本，二是付息。

负债按照偿还期的长短可分为流动负债和非流动负债。流动负债是指预计在一个正常营业周期中清偿，或者主要为交易目的而持有，或者自资产负债表日起一年内（含一年）到期应予以清偿，或者企业无权自主地将清偿推迟至资产负债表日后一年以上的负债。流动负债主要包括短期借款、存入保证金、交易性金融负债、应付票据、应付账款、预收账款、代理业务负债、应付职工薪酬、应交税费、应付利息、应付股利、其他应付款等。流动负债以外的负债为非流动负债，也称长期负债。其主要包括长期借款、应付债券、长期应付款、未确认融资费用、专项应付款、预计负债、递延所得税负债等。

> **知 识 拓 展**
>
> 了解企业流动资产和流动负债的相对比例，可以大致反映出企业的短期偿债能力，从而向债权人揭示债权的相对安全程度。

3. 所有者权益

所有者权益是指企业资产扣除负债后由所有者享有的剩余权益。公司的所有者权益又称为股东权益。所有者权益的金额取决于资产和负债的计量。其来源包括所有者投入的资本、直接计入所有者权益的利得和损失和留存收益三部分。其特点表现在以下五个方面：第一，所有者权益是企业资金的基本来源，并为债权人提供保障。第二，除非发生减资、清算或分派现金股利，企业无须偿还所有者权益，具有永久的使用性。第三，企业清算时，只有在清偿所有的负债后，所有者权益才能返还给所有者。第四，所有者凭借所有者权益能够参与企业的股利或者利润分配，股利或者利润分配的金额是不固定的。第五，所有者权益的缺陷是控制权的稀释。

所有者权益主要包括实收资本（或者股本）、资本公积和留存收益。其中，资本公积包括股本或资本溢价和直接计入所有者权益的利得和损失；留存收益包括盈余公积和未分配利润两部分。盈余公积是企业从净利润中提取的，包括法定盈余公积和任意盈余公积。未分配利润是企业历年累计尚未分配的利润或未弥补的亏损。

> **知 识 拓 展**
>
> 资产－负债＝所有者权益，反映了债权人的索取在法律上优先于所有者的事实，因此所有者权益是一种剩余权益。

（二）反映经营成果的会计要素

经营成果是指企业在一定时期内从事生产经营活动所取得的最终成果。反映企业经营成果的会计要素，也是构筑利润表基本框架和内容的会计要素，包括收入、费用和利润。

1. 收入

收入是指企业在日常活动中形成的、会导致所有者权益增加的、与所有者投入资本无关的经济利益的总流入。其中，日常活动主要包括销售商品、提供劳务及让渡使用权等。其特点表现在以下四个方面：第一，收入是指企业在日常活动中形成的经济利益流入，偶发事项产生的经济利益只能形成利得，不是这里所讲的收入；第二，产生收入的事项已经发生或已经成为事实；第三，收入表现为资产的增加或负债的减少或二者兼而有之；第四，收入能导致所有者权益的增加。

知 识 拓 展

企业日常活动产生的经济利益流入是收入的内涵，偶发交易或事项所产生的经济利益流入是企业收入的外延，"日常活动"是为了将收入与企业在非日常活动中产生的利得区分开来。

收入即营业收入。营业收入包括主营业务收入和其他业务收入两部分。主营业务收入是企业确认的销售商品、提供劳务取得的收入。其他业务收入是企业确认的除主营业务活动以外其他经营活动实现的收入。其他业务收入包括出租固定资产、出租无形资产、出租包装物和商品、销售材料、用材料进行非货币性交换或债务重组等实现的收入。

2. 费用

费用是指企业在日常活动中发生的、会导致所有者权益减少的、与向所有者分配利润无关的经济利益的总流出。其特点表现在以下四个方面：第一，费用是企业日常活动中发生的经济利益的总流出；第二，费用会导致所有者权益减少；第三，费用与向所有者分配利润无关；第四，费用表现为资产的减少、耗费、转化或者是负债的增加。以工业企业为例，一定时期的费用通常由产品生产成本和期间费用两部分构成。其中，产品生产成本由直接材料、直接人工和制造费用三个成本项目构成；期间费用和损失包括管理费用、销售费用、财务费用、资产减值损失等。

3. 利润

利润是指企业在一定会计期间的经营成果，包括收入减去费用后的净额、直接计入当期利润的利得和损失等，即利润是广义的收入（包括利得）与广义的费用（包括损失）相减后的差额。利润具有以下基本特征：第一，利润的实现，会相应地表现为资产的增加或负债的减少，其结果是所有者权益的增值。第二，利润金额的确定，取决于收入、费用，以及直接计入当期利润的利得和损失的计量。第三，利润既是国家财政收入的重要来源，也是投资者获得投资回报以及企业成长的经济基础。利润构成可以分为营业利润、利润总额和净利润三个层次。其中：

营业利润,是指企业的日常经营活动在一定会计期间的经营成果,具体是指主营业务收入加上其他业务收入,减去主营业务成本、其他业务成本、税金及附加、销售费用、管理费用、财务费用、资产及信用减值损失,再加上投资收益等后的金额。它是狭义收入与狭义费用配比的结果。

利润总额,是指企业全部经营活动在一定会计期间的经营成果,具体是指营业利润加上营业外收入,减去营业外支出后的金额。

净利润,是指企业经营活动在一定会计期间获得的并归所有者权益的最终经营成果。具体是指利润总额减去所得税费用后的金额,即税后利润。它是广义收入与广义费用配比后的结果。

三、会计等式

会计等式又称为会计平衡式或会计恒等式,是运用数学方程的原理反映各会计要素之间基本数量关系的一种表达式,它是各种会计核算方法的理论基础。

会计等式

(一)静态会计等式

静态会计等式,亦称为基本会计等式、存量会计等式,是指由静态会计要素——资产、负债、所有者权益组合而成的反映企业某一特定时点的财务状况的等式。

资产是企业过去的交易或者事项形成的,由企业拥有或者控制的,预期会给企业带来经济利益的资源。资产来源于所有者的投入资本和债权人的借入资金及其在生产经营中所产生的效益,分别归属于所有者和债权人。归属于所有者的部分形成所有者权益,归属于债权人的部分形成债权人的权益。

资产和权益实际是企业所拥有的资源在同一时点上所表现的不同形式。资产表明的是资源在企业存在、分布的形态,而权益则表明资源取得和形成的渠道。资产来源于权益,资产与权益在任何一个时点必然相等,从而形成了基本的会计等式。

$$资产=权益$$

由于权益是由债权人权益和所有者权益两部分构成,债权人权益在会计上被称为负债,所有者权益是企业投资人对企业的资产减去负债后的净资产的所有权,所以权益是由负债和所有者权益两部分构成。基本会计等式可以进一步表述为:

$$资产=债权人权益+所有者权益$$

债权人权益是企业的负债,基本会计等式还可以表述为:

$$资产=负债+所有者权益$$

基本会计等式反映了某一特定时点企业财务状况的静态平衡关系,既表明了某一会计主体在某一特定时点所拥有的各种资产,同时也表明了这些资产的归属关系。它是设置账户、复式记账以及编制资产负债表的理论基础。

(二)动态会计等式

动态会计等式,亦称为增量会计等式,是指由动态会计要素——收入、费用、利润组合而成的反映企业一定会计期间经营成果的会计等式。企业在生产经营过程中取得一定的收入,并发生相关的费用,收入与其相关的费用配比后的结果就是利润。其公式为:

$$收入-费用=利润$$

(三) 综合会计等式

综合会计等式是由会计六要素——资产、负债、所有者权益、收入、费用、利润组合而成的,全面反映企业的财务状况和经营成果的会计等式,可以反映静态会计等式与动态会计等式之间的关联。企业运用所有者和债权人投入的初始资本,进行营运活动,将企业的资源用于生产经营活动所发生的耗费,导致资产转化为费用,对象化的费用形成制造成本,凝聚在具有新价值的产品中,企业在生产过程中所发生的全部耗费,恰恰是为了在销售过程中获取更大收益所为。有所费就有所获,所费是为更大所获而为之。所获就是企业的营业收入,也是反映经营成果的会计要素,即收入。收入(包括利得)超过费用(包括所得税费用)的差额就是净利润。企业实现的净利润归属于所有者权益,导致了与所有者投入资本无关的经济利益的流入,使所有者权益发生了增加的变动。因而最初的基本会计等式转化为:

$$资产=负债+所有者权益+净利润$$

净利润是"收入-费用"的结果,基本会计等式的转化形式还可以表述为:

$$资产=负债+所有者权益+(收入-费用)$$

或者

$$资产+费用=负债+所有者权益+收入$$

(四) 经济业务的发生对会计基本等式的影响

1. 经济业务的发生对会计等式影响的类型

企业在生产经营活动中经常发生各种错综复杂的经济业务,从而引起各会计要素的变化,但这并不会导致基本会计等式失衡。经济业务的发生引起基本会计等式两边会计要素变动的方式可以归纳为以下四类:

(1)经济业务的发生引起等式左边即资产内部此增彼减,增减金额相等,变动后资产的总额不变,等式仍保持平衡。

【例 1-1】神禾公司以银行存款购买价值 10 万元的生产设备一台。

分析:此项业务引起资产所属项目(固定资产和银行存款)等额有增有减,资产总额不变。

(2)经济业务的发生引起等式右边即负债内部此增彼减,或所有者权益内部此增彼减,或负债与所有者权益之间此增彼减,增减金额相等,变动后等式右边的总额不变,等式仍保持平衡。

【例 1-2】神禾公司向银行借款 20 万元,用以归还前欠的购货款。

分析:此项业务引起负债(短期借款)增加 20 万元,负债(应付账款)减少 20 万元,等额有增有减,权益总额不变。

【例1-3】 神禾公司将盈余公积10万元转为增加资本金。

分析:此项业务引起所有者权益(盈余公积)减少10万元,(实收资本)增加10万元,等额有增有减,权益总额不变。

【例1-4】 神禾公司向股东分配现金股利30万元。

分析:此项业务引起负债(应付股利)增加30万元,所有者权益减少30万元,等额有增有减,权益总额不变。

【例1-5】 银行将已经到期的300万元的长期借款转作对本企业的投资。

分析:此项业务引起负债(长期借款)减少300万元,所有者权益(股本)增加300万元,等额有增有减,权益总额不变。

(3) 经济业务的发生引起等式两边金额同时增加,增加金额相等,变动后等式仍保持平衡。

【例1-6】 神禾公司发行股票取得股款收存银行(银行存款)100万元股本(实收资本)。

分析:此项业务引起资产(银行存款)与所有者权益(股本或实收资本)同时等额增加,资产与权益总额也同时等额增加。

【例1-7】 神禾公司购买原材料20万元,货款未付。

分析:此项业务引起资产(原材料)与负债(应付账款)同时等额增加,资产与权益总额也同时等额增加。

(4) 经济业务的发生引起等式两边金额同时减少,减少金额相等,变动后等式仍保持平衡。

【例1-8】 神禾公司以银行存款偿还短期借款50万元。

分析:此项业务引起资产(银行存款)与负债(短期借款)同时等额减少,资产与权益总额也同时等额减少。

> **练一练**
>
> 投资人甲收回投资款20万元,试分析该笔业务的发生对会计等式的影响。
>
> **解析:**此项业务引起资产(银行存款)与所有者权益(实收资本)同时等额减少,资产与权益总额也同时等额减少。

快速记忆上述四种经济业务类型的发生对会计基本等式的影响(见图1-2)。

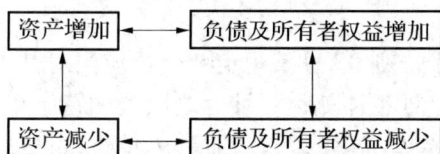

图1-2　会计等式变化规律示意图

总之,资产和权益的平衡关系是客观存在的,在任何一个时点上资产和负债与所有者权益之间都保持数额相等的平衡关系。无论经济业务发生何种变化,资产总额恒等于权益总额,经济业务发生不会影响会计等式的恒等关系。

2. 经济业务的发生对会计等式影响的规律

通过以上分析，我们可以得出如下规律：

（1）一项经济业务的发生，可能仅涉及资产与负债和所有者权益中的一方，也可能涉及双方，但无论如何，结果一定是基本会计等式的恒等关系保持不变。

（2）一项经济业务的发生，如果仅涉及资产与负债和所有者权益中的一方，则既不会影响到双方的恒等关系，也不会使双方的总额发生变动。

（3）一项经济业务的发生，如果涉及资产与负债和所有者权益中的双方，则虽然不会影响到双方的恒等关系，但会使双方的总额发生同增或同减变动。

第三节　会计核算基础

会计基本假设

一、会计假设

会计核算的对象是资金运动，而在市场经济条件下，经济活动的复杂性决定了资金运动也是一个复杂过程，因此，面对变化不定的经济环境，摆在会计人员面前的一系列问题必须首先得到解决。例如，会计核算的范围有多大，会计为谁核算，给谁记账；会计核算的资金运动能否持续不断地进行下去；会计应该在什么时候记账、算账、报账；在会计核算过程中应该采用什么计量手段等。这些都是进行会计核算工作的前提条件。

会计假设即会计核算的基本前提，是指为了保证会计工作的正常进行和会计信息的质量，对会计核算的范围、内容、基本程序和方法所做的合理设定。会计假设是人们在长期的会计实践中逐步认识和总结形成的。结合我国实际情况，企业在组织会计核算时，应遵循的会计假设包括会计主体假设、持续经营假设、会计分期假设、货币计量假设。

> **提炼点睛**
>
> 会计假设是指会计上根据客观情况或正常趋势，对那些未经确切认识或无法正面论证的经济事项或会计现象所做的合理推断。

（一）会计主体假设

《企业会计准则——基本准则》第五条规定："企业应当对其本身发生的交易或者事项进行会计确认、计量和报告。"会计主体就是会计为之服务的特定单位或组织，即会计工作的空间范围。作为会计主体的特定单位，可以是一个法人单位；可以是不具有法人资格的经济实体，如一个独立的会计主体；可以是由若干个独立企业组织起来、需要编制合并财务报表的公司或企业集团；也可以是不具有法人资格的独资或合伙企业。单位只要能控制一定经济资源并对此承担法律责任，能进行独立核算，都可以成为会计主体。总之，法律主体一定是会计主体，但会计主体不一定是法律主体。明确会计主体，必须注意以下两个方面：第一，必须将本会计主体的交易或事项与其他会计主体的交易或事项区分开来。例如，当 A 企业向

B企业赊购一批材料时,若会计主体为A企业,则记债务增加;若会计主体为B企业,则记债权增加。第二,必须将会计主体的交易或事项与会计主体所有者的交易或事项区分开。

想 一 想

哪些组织或单位是会计主体?

解答要点:会计主体既可以是一个企业,也可以是若干个企业组织起来的集团公司,既可以是法人,也可以是不具备法人资格的实体。现代企业是日常接触最多的会计主体,除此之外,只要有核算和监督的需要,不论其表现形式如何,都能成为会计主体。

(二)持续经营假设

《企业会计准则——基本准则》第六条规定:"企业会计确认、计量和报告应当以持续经营为前提。"持续经营是指会计主体将会按目前的规模和状态无限期地经营下去,在可预见的将来,不会破产清算,会计主体所持有的资产将按照预定的目标,在正常的经营过程中被耗用出售或转让,主体所承担的债务也将按期偿还或履行。它规定了会计工作的时间范围。虽然,在市场竞争日益激烈的情况下,企业随时都可能被淘汰、兼并,但只是一种可能性,会计如果以这种可能性为依据处理经济事项,其工作难度会非常大。既然会计主体什么时候破产是不确定的,那么我们姑且假定它可以无限期地经营下去。这种假定的合理性在于:第一,每个企业都有长期生存下去的愿望,为企业服务的会计,以企业的愿望为前提,是顺理成章的;第二,大多数企业都会持续经营下去,破产清算的毕竟只是少数。

(三)会计分期假设

《企业会计准则——基本准则》第七条规定:"企业应当划分会计期间,分期结算账目和编制财务会计报告。"即会计分期是指将一个企业持续经营的生产经营活动期间,人为地划分为若干个连续的、长短相等的期间,以便于分期结算账目、编制财务报表。它是对持续经营假设的补充,确定了会计信息的时间。会计期间分为年度和中期。年度和中期均按公历起讫日期确定。基本的会计期间是一年,即会计年度,会计年度一般与国家的财政年度一致。我国会计年度的起讫日期与年度一致,从公历1月1日至12月31日,称为历年制会计年度。世界上还有一些国家实行跨年制会计年度,如日本、加拿大等国是从4月1日到次年的3月31日为一个会计年度,美国是从10月1日到次年的9月30日为一个会计年度,而澳大利亚、埃及则是从7月1日到次年的6月30日为一个会计年度。中期是指短于一个完整的会计年度的报告期间,它包括半年、季度和月份。会计分期为落实会计处理、采用一系列的会计程序和方法奠定了理论与实务基础。

(四)货币计量假设

《企业会计准则——基本准则》第八条规定:"企业会计应当以货币计量。"货币计量是指会计主体在进行会计确认、计量和报告时以货币作为统一的计量单位,反映会计主体的财务状况、经营成果和现金流量。这一假设包括两层含义：一是作为会计事项的一切经济活动必须能用货币计量；二是假定货币币值稳定，即货币购买力的波动不予考虑。我国会计准则规定，我国境内企业及行政事业单位原则上以人民币为记账本位币，业务收支以外币为主的企业，也可选择外币为记账本位币，但是在编制财务报表时必须折算为人民币。在境外设立的中国企业向国内报送的财务会计报告，应当折算为人民币。

> **想 一 想**
>
> 货币是会计核算的唯一计量单位吗？
>
> **解答要点**：货币计量是会计核算的主要计量单位，但并不表示它是唯一的计量单位。会计对企业资产进行计量的单位除货币以外，还有其他计量单位，如数量、重量、体积等。货币是主要计量单位，而其他的计量单位则是辅助核算工具。

综上所述，会计假设是会计核算工作能够顺利进行的客观需要，有充分的客观必然性。这四项假设缺一不可，既有联系，又有区别，共同为会计核算工作的开展奠定了坚实基础。

二、会计信息质量要求

会计作为一项管理活动，其主要目标之一是向企业的利益相关者提供财务会计信息。为达到这个目的，会计信息就必须达到一定的质量标准。我国《企业会计准则——基本准则》规定了八项会计信息质量要求：可靠性、相关性、可理解性、可比性、实质重于形式、重要性、谨慎性、及时性。遵循这些会计信息质量要求，有助于会计信息使用者做出正确的经济决策。

会计信息质量要求

（一）可靠性

《企业会计准则——基本准则》第十二条规定："企业应当以实际发生的交易或者事项为依据进行会计确认、计量和报告，如实反映符合确认和计量要求的各项会计要素及其他相关信息，保证会计信息真实可靠，内容完整。"

可靠性，也称客观性、真实性，是对会计信息质量的一项基本要求。因为会计所提供的会计信息是投资者、债权人、政府及有关部门和社会公众的决策依据，如果会计信息不能客观、真实地反映企业经济活动的实际情况，势必无法满足各有关方面了解企业财务状况和经营成果以进行决策的需要，甚至可能导致错误的决策。可靠性要求会计核算的各个阶段，包括会计确认、计量、记录和报告，必须力求真实客观，必须以实际发生的经济活动及表明经济业务发生的合法凭证为依据。

（二）相关性

《企业会计准则——基本准则》第十三条规定："企业提供的会计信息应当与财务会计报告使用者的经济决策需要相关，有助于财务会计报告使用者对企业过去、现在或者未来的情况做出评价或者预测。"

相关性，也称有用性，它也是会计信息质量的一项基本要求。信息要成为有用的，就必须与财务会计报告使用者的决策需要相关。当信息通过帮助其使用者评估过去、现在或未来的事项或者通过确证或纠正其使用者过去的评价，影响信息使用者的经济决策时，信息就具有相关性。这就要求信息具有预测价值和反馈价值。

（三）可理解性

《企业会计准则——基本准则》第十四条规定："企业提供的会计信息应当清晰明了，便于财务会计报告使用者理解和使用。"

可理解性，也称明晰性，是对会计信息质量的一项重要要求。提供会计信息的目的在于使用，要使用就必须了解会计信息的内涵，明确会计信息的内容，如果无法做到这一点，就谈不上对决策有用。信息是否被使用者所理解，取决于信息本身是否易懂，也取决于使用者理解信息的能力。可理解性是决策者与决策有用性的连接点。如信息不能被决策者所理解，那么这种信息毫无用处。因此，可理解性不仅是信息的一种质量标准，也是一个与信息使用者有关的质量标准。会计人员应尽可能传递、表达易被人理解的会计信息，而信息使用者也应设法提高自身的综合素养，以增强理解会计信息的能力。

（四）可比性

《企业会计准则——基本准则》第十五条规定："企业提供的会计信息应当具有可比性。"

为了明确企业财务状况和经营成果的变化趋势，信息使用者必须能够比较企业不同时期的财务报表。为了评估不同企业的财务状况、经营成果和现金流量，信息使用者还必须能够比较不同企业的财务报表。因此，对整个企业及其不同时点和对不同企业而言，同类交易或其他事项的计量和报告，都必须采用一致的方法。

可比性也是会计信息质量的一项重要要求。它包括两个方面的含义，即同一企业在不同时期的纵向可比，不同企业在同一时期的横向可比。要做到这两个方面的可比，就必须做到：同一企业不同时期发生的相同或者相似的交易或者事项，应当采用一致的会计政策，不得随意变更。确需变更的，应当在附注中说明。不同企业发生的相同或者相似的交易或者事项，应当采用规定的会计政策，确保会计信息口径一致、相互可比。

（五）实质重于形式

《企业会计准则——基本准则》第十六条规定："企业应当按照交易或者事项的经济实质进行会计确认、计量和报告，不应仅以交易或者事项的法律形式为依据。"

遵循实质重于形式的要求，即在会计要素的确认和计量中，重视其经济实质，而忽略其法律形式，能够保证会计确认计量的信息与客观经济事实相符。在会计确认、计量过程中，可能会存在一些交易或者事项的经济实质与其外在法律形式不一致现象。例如，融资租入的固定资产，在租期未满以前，从法律形式上讲，所有权并没有转移给承租人，但从经济实质上讲，与该固定资产相关的收益和风险已经转移给了承租人，承租人实际上也能行使对该项固定资产的控制，因此，承租人应该将其视同自己的固定资产，一并计提折旧和大修理费用。

（六）重要性

《企业会计准则——基本准则》第十七条规定："企业提供的会计信息应当反映与企业财

务状况、经营成果和现金流量等有关的所有重要交易或者事项。"

重要性是指财务报告在全面反映企业的财务状况和经营成果的同时，应当区别经济业务的重要程度，采用不同的会计处理程序和方法。具体来说，对于重要的经济业务，应单独核算、分项反映，力求准确，并在财务报告中重点说明；对于不重要的经济业务，在不影响会计信息真实性的情况下，可适当简化会计核算或合并反映，以便集中精力抓好关键。

（七）谨慎性

《企业会计准则——基本准则》第十八条规定："企业对交易或者事项进行会计确认、计量和报告应当保持应有的谨慎，不应高估资产或者收益、低估负债或者费用。"

谨慎性，又称稳健性，是指在处理具有不确定性的经济业务时，应持谨慎态度，如果一项经济业务有多种会计处理方法可供选择时，应选择不导致夸大资产、虚增利润的方法。在进行会计核算时，应当合理预计可能发生的损失和费用，而不应预计可能发生的收入和过高估计资产的价值。

谨慎性要求体现在会计核算的全过程，在会计上的应用是多方面的。例如，对应收账款提取坏账准备，就是将预计不能收回的货款先行作为本期费用，计入当期损益，以后确实无法收回时冲销坏账准备。再如，对固定资产计提资产减值准备及采用加速折旧法计提折旧等。

知 识 拓 展

对应收账款计提"坏账准备"、对存货项目预计"跌价损失"、对固定资产计提"减值准备"和采用"加速折旧法"，都是谨慎性的具体应用。

（八）及时性

《企业会计准则——基本准则》第十九条规定："企业对于已经发生的交易或者事项，应当及时进行会计确认、计量和报告，不得提前或者延后。"

会计信息的价值在于帮助会计信息的使用者做出经济决策，因此具有时效性。任何信息如果要影响决策，就必须在决策之前提供，相关信息如果不能及时提供，相关也就变成不相关了，成了无用的信息。当然，及时提供的信息如不相关，也是无用的信息。在会计确认、计量和报告过程中贯彻及时性：一是要求及时收集信息，即经济业务发生后，及时收集整理各类原始单据或者凭证；二是要求及时处理信息，即按照企业会计准则的规定，及时对交易或事项进行确认、计量，并编制财务报告；三是要求及时传递信息，即按照国家规定的期限，及时地将编制的财务报告传递给财务报告使用者，以便于其及时使用和决策。

在实务中，经常需要对这八项会计信息质量要求进行权衡和取舍，从而达到适当的平衡，以便实现会计目标。

三、会计确认、计量与处理基础

（一）会计确认

会计确认，也称会计要素的确认，是指将企业发生的交易或事项与资产、负债、所有者权

益、收入、费用和利润等会计要素联系起来加以认定的过程。在对会计要素进行确认时,必须符合下列基本标准:

(1)可定义性,即应予确认的项目必须符合某个财务报表要素的定义。

(2)可计量性,即应予确认的项目应具有一个相关的计量属性,足以充分可靠地予以计量。具体来说,就是被确认的会计要素必须能够用货币进行计量,凡是不能可靠地用货币计量的要素就不能加以确认。

(3)相关性,即应予确认的项目对信息使用者有用,确认会计信息必须与使用者的信息需求密切联系起来,不同使用者的决策可能需要不同的会计信息。

(4)可靠性,即应予确认的项目信息应真实可靠,可验证和不偏不倚。

(二)会计计量

会计计量,简称会计要素的计量,是企业在将符合确认条件的会计要素登记入账并列报于财务报表及其附注时,应当按照规定的会计计量属性进行计量,继而确定其金额的过程。主要包括会计计量单位和会计计量属性的选择。

1. 会计计量单位

会计计量单位,是指企业通过一定的数据来描述会计要素的尺度。会计计量必然涉及计量单位的选择,包括实物、劳动和货币三种量度。在会计假设中提出,企业会计应该坚持货币计量假设,以货币作为计量单位。因此,企业会计应该使用货币作为会计要素的计量单位,为经济管理提供所需的价值指标。

2. 会计计量属性

会计计量属性,是指在以货币单位计量的基础上,基于交易或事项的复杂性、客观经济环境的变化和会计信息使用者的不同目的,对会计要素金额确定的基础或衡量标准进行选择。我国《企业会计准则——基本准则》第四十二条规定,会计计量属性主要包括历史成本、重置成本、可变现净值、现值和公允价值五种。

会计要素计量属性及其应用原则

(1)历史成本是指形成某种会计要素时所付出的实际成本。在历史成本计量下,资产按照购置时支付的现金或者现金等价物的金额,或者按照购置资产时所付出的对价的公允价值计量。负债按照因承担现实义务而实际收到的款项或者资产的金额,或者承担现实义务的合同金额,或者按照日常活动中为偿还负债预期需要支付的现金或者现金等价物的金额计量。

(2)重置成本也称为现时成本,是指现在形成某项会计要素可能付出的成本。在重置成本计量下,资产按照现在购买相同或者相似资产所需支付的现金或者现金等价物的金额计量。负债按照现在偿付该项债务所需支付的现金或者现金等价物的金额计量。

(3)可变现净值是指在正常生产经营过程中,以资产按照其正常对外销售所能收到的现金或者现金等价物的金额扣减该资产至完工时估计将要发生的成本、估计的销售费用以及相关税费后的金额后的净值。

(4)现值是指对未来现金流量以恰当的折现率进行折现后的价值,是基于货币时间价值的一种计量属性。资产按照预计从其持续使用和最终处置中所产生的未来净现金流入量的折现金额计量。负债按照预计期限内需要偿还的未来净现金流出量的折现金额计量。

（5）公允价值是指市场参与者在计量日发生的有序交易中出售一项资产所能收到或者转移一项负债所需支付的价格。在公允价值计量下，资产和负债按照在公平交易中，熟悉情况的交易双方自愿进行资产交换或者债务清偿的金额计量。

> **知识拓展**
>
> 历史成本多用于财产、厂房、设备及大部分存货的计量，具有可靠、简便、数据容易采集等优点，因确认的时间与会计信息使用者利用的时间间隔较长，如果物价发生剧烈变动，可能导致会计信息使用者做出错误的决策。
>
> 重置成本，大多用于盘盈固定资产的计量。
>
> 可变现净值，通常应用于存货资产减值情况下的后续计量。
>
> 现值，通常应用于对投资期限较长的非流动资产投资项目的计量。
>
> 公允价值，通常应用于以公允价值计量且其变动计入当期损益的交易性金融资产等的计量。

（三）会计处理基础

会计核算的基础

会计处理基础，也称会计基础或会计核算基础，是会计上确认收入和费用归属期间的标准。会计处理基础有两种，即权责发生制和收付实现制。

1. 权责发生制

权责发生制，也称应计制或应收应付制，它是指企业对各项收入、费用的确认、计量和报告应当以其实际发生期，即收入和费用的归属期为标准，来确认本会计期间实现的收入和发生的成本、费用，而不考虑款项（现金、银行存款）的实际收付期间的一种会计基础。凡是经确认实现的且归属于本期的收入和费用，无论其是否实际收到或付出款项，在会计上均作为本期的收入和费用处理。相反，如果不归属于本期的收入和费用，实际已经收到或付出了款项，也不确认为本期的收入和费用。《企业会计准则——基本准则》规定，企业应当以权责发生制为基础进行会计确认、计量和报告。

2. 收付实现制

收付实现制，也称现金制或实收实付制，它是指企业对各项收入和费用的确认、计量和报告是以款项（现金和银行存款）是否实际收付为标准，来确认本期收入和费用的一种会计基础。凡是实际收到、支付了款项，就作为本期的收入和费用确认并予以登记入账，不考虑收入、费用是否归属于本期。相反，本期未收到款项的收入、未支付款项的费用，即使归属于本期也不确认为本期的收入和费用。收付实现制一般适用于行政事业单位。

> **提炼点睛**
>
> 权责发生制是指以企业取得收入的"权利"是否形成、企业承担的"责任"是否发生为标准来确认收入和费用；而收付实现制是以现金的实际收付为标准来确认当期收入和费用。

★ 思政小课堂

潘序伦(1893—1985),江苏宜兴人,立信会计师事务所、上海立信会计金融学院创始人,中国现代杰出的会计学家和著名教育家,主张"立信,乃会计之本。没有信用,也就没有会计",被誉为"中国现代会计之父"。

20世纪20年代,风华正茂的潘序伦前往美国留学,获得世界一流学府哈佛大学管理学硕士学位和哥伦比亚大学政治经济学博士学位。1924年,潘序伦从美国学成归国,担任东南大学附设商科大学的教务主任,同时兼任暨南大学商学院院长。他在教学中致力于引进和传授西方现代会计学理论与技术,为中国现代会计事业的发展打下了良好的基础。随着国内民族工商业的发展,亟须改善企业管理,改良会计制度,同时社会各业也迫切需要会计人才以及会计师事务所代理各种业务。1927年春,潘序伦辞去两所大学的教授职务,在上海爱多维亚路39号设立潘序伦会计师事务所,并在事务所内设立会计补习夜校,培养会计人才。开业次年,潘序伦有感于《伦语》"民无信不立"之言,于是便诞生了中国第一家会计师事务所、第一个闻名中国的会计品牌——立信。潘序伦认为:"凡是工商业者,在业务经营中,首先要建立起客户对他的信誉,而以会计工作为专业的会计师以及会计人员,更需要在社会上建立起一种'诚实不欺'的信誉。"在此期间,潘序伦将现代会计的复式簿记方法及其理论引入中国,奠定了中国现代会计学的发展道路。在潘氏的一手操持下,立信会计师事务所一跃成为中国规模最大的一家会计师事务所,服务对象包括当时中国顶级的大企业,如荣氏企业、永安公司、南洋烟草公司、可口可乐公司、华纳兄弟影片公司等,在中国的会计史上留下了光彩夺目的一页。同时,立信会计学校从1927年建校至中华人民共和国成立初期,共培养了超过10万名学生,遍布社会各行各业。潘序伦先后出版专著译著30多部,发表学术论文百余篇,逾千万字,其代表作有《立信会计丛书》《高级商业簿记教科书》《公司理财》《基本会计学》等。

潘序伦先生一生致力于会计事业,创立了至今闻名于世的"立信"会计品牌,以毕生之心血为社会各界培养了大量会计人才,为中国现代会计事业和会计教育事业做出了巨大贡献,是当之无愧的现代会计学宗师、职业教育的楷模。后世要学习先生坚持原则、诚信为本的精神;学习先生刻苦学习、自强不息的精神;学习先生艰苦奋斗、一心为公的精神;更要学习先生开放包容、改革创新的精神。

本章总结

会计是以货币为主要计量单位,以凭证为依据,采用一系列的专门方法,对企事业、机关单位或其他经济组织的经济活动及其结果进行全面、连续、系统、综合地核算和监督的一种经济管理活动,并向有关方面提供会计信息的一项经济管理工作。会计职能是指会计在经济控制和经营管理过程中所具有的功能和作用。会计目标,即要求会计工作完成的任务或达到的目的,它是向财务报告使用者提供与企业财务状况、经营成果和现金流量等有关的会计信息,反映企业管理层受托责任履行情况,有助于财务报告使用者做出经济决策。财务会计报告的使用者包括投资者、债权人、政府及其有关部门和社会公众等。会计核算方法是指以货币为主要计量单位,对各单位已经发生的交易或事项进行连续、系统、完整的核算和监督所运用的一系列专门方法,它主要包括设置会计科目与账户、复式记账、填制和审核凭证、登记账簿、成本计算、财产清查和编制财务报告。

会计对象是特定会计主体在社会再生产过程中以货币表现的资金运动或价值运动。这里的资金运动主要包括资金的投入、资金的运用和资金的退出三个阶段。会计要素是对会计对象按经济特征所做的最基本分类,是会计核算对象(内容)的具体化,主要包括资产、负债、所有者权益、收入、费用和利润六大要素,其中资产、负债及所有者权益构成资产负债表的基本框架,是反映财务状况的会计要素;收入、费用及利润构成利润表的基本框架,是反映经营成果的会计要素。资产是企业过去交易或者事项形成的,由企业拥有或者控制的,预期会给企业带来经济利益的资源。负债是指过去交易或者事项形成的、预期会导致经济利益流出企业的现时义务。所有者权益是指企业资产扣除负债后由所有者享有的剩余权益。公司的所有者权益又称为股东权益。收入是指企业在日常活动中形成的、会导致所有者权益增加的、与所有者投入资本无关的经济利益的总流入。费用是指企业在日常活动中发生的、会导致所有者权益减少的、与向所有者分配利润无关的经济利益的总流出。利润是指企业在一定会计期间的经营成果,包括收入减去费用后的净额、直接计入当期利润的利得和损失等。利润构成可以分为营业利润、利润总额和净利润三个层次。

会计等式又称为会计平衡式或会计恒等式,是运用数学方程的原理反映各会计要素之间基本数量关系的一种表达式,它是各种会计核算方法的理论基础。静态会计等式亦称为基本会计等式、存量会计等式,是指由静态会计要素——资产、负债、所有者权益组合而成的反映企业某一特定时点的财务状况的等式,可以表述为:资产=负债+所有者权益;动态会计等式亦称为增量会计等式,是指由动态会计要素——收入、费用、利润组合而成的反映企业一定会计期间经营成果的会计等式,可以表述为:收入-费用=利润;综合会计等式是由会计六要素——资产、负债、所有者权益、收入、费用、利润组合而成的,全面反映企业的财务状况和经营成果的会计等式,表述为:资产=负债+所有者权益+净利润;净利润是"收入-费用"的结果。基本会计等式的转化形式还可以表述为:资产=负债+所有者权益+(收入-费用),或者:资产+费用=负债+所有者权益+收入。

经济业务的发生对会计等式的影响可以归纳为以下四类:第一,经济业务的发生引起等式左边即资产内部此增彼减,增减金额相等,变动后资产的总额不变,等式仍保持平衡;第二,经济业务的发生引起等式右边即负债内部此增彼减,或所有者权益内部此增彼减,或负债与所有者权益之间此增彼减,增减金额相等,变动后等式右边的总额不变,等式仍保持平衡;第三,经济业务的发生引起等式两边金额同时增加,增加金额相等,变动后等式仍保持平衡;第四,经济业务的发生引起等式两边金额同时减少,减少金额相等,变动后等式仍保持平衡。

会计假设即会计核算的基本前提,是指为了保证会计工作的正常进行和会计信息的质量,对会计核算的范围、内容、基本程序和方法所进行的合理设定,包括会计主体假设、持续经营假设、会计分期假设、货币计量假设这四项内容。

会计信息质量要求包括可靠性、相关性、可理解性、可比性、实质重于形式、重要性、谨慎性与及时性。遵循这些会计信息质量要求,有助于会计信息使用者做出正确的经济决策。

会计确认也称会计要素的确认,是指将企业发生的交易或事项与资产、负债、所有者权益、收入、费用和利润等会计要素联系起来加以认定的过程。会计确认必须符合下列基本标准:可定义性、可计量性、相关性和可靠性。会计计量单位是指企业通过一定的数据来描述会计要素的尺度。依据货币计量这一会计假设,企业会计应该使用货币作为会计要素的计量单位,为经济管理提供所需的价值指标。会计计量属性主要包括历史成本、重置成本、可变现净值、现值和公允价值五种。

会计处理基础是会计上确认收入和费用归属期间的标准。会计处理基础有权责发生制和收付实现制两项。权责发生制是指企业对各项收入、费用的确认、计量和报告应当以其实际发生期,即收入和费用的归属期为标准,来确认本会计期间实现的收入和发生的成本、费用,而不考虑款项(现金、银行存款)的实际收付期间的一种会计基础。《企业会计准则——基本准则》规定,企业应当以权责发生制为基础进行会计确认、计量和报告。收付实现制是指企业对各项收入和费用的确认、计量和报告是以款项(现金和银行存款)是否实际收付为标准,来确认本期收入和费用的一种会计基础。收付实现制一般适用于行政事业单位。

课前预习

一、单项选择题

1. "四柱清册"出现于(   )。
A. 唐宋时期　　　　　B. 明清时期　　　　　C. 东汉时期　　　　　D. 西汉时期

2. 会计对经济活动进行综合反映,主要是利用(   )。
A. 实物计量　　　　　B. 劳动计量　　　　　C. 工时计量　　　　　D. 货币计量

3. 下列选项中属于会计的基本职能的是(   )。
A. 预测与决策　　　　B. 分析与考核　　　　C. 考核与评价　　　　D. 核算和监督

4. 对会计对象的具体划分称为(   )。
A. 会计科目　　　　　B. 会计原则　　　　　C. 会计要素　　　　　D. 会计方法

5. 企业的原材料属于会计要素中的(   )。
A. 资产　　　　　　　B. 负债　　　　　　　C. 所有者权益　　　　D. 权益

6. 企业生产的产品属于企业的(   )。
A. 长期资产
C. 固定资产
B. 流动资产
D. 长期待摊费用

7. 所有者权益从数量上看,是(   )。
A. 流动资产减去流动负债的余额
B. 长期资产减去长期负债的余额
C. 全部资产减去流动负债的余额
D. 全部资产减去全部负债的余额

8. 关于一家企业的资产总额与权益总额,下列选项中说法正确的是(   )。
A. 必然相等
B. 有时相等
C. 不会相等
D. 只有在期末时相等

9. 确定会计核算工作空间范围的前提条件是(   )。
A. 会计主体　　　　　B. 持续经营　　　　　C. 会计分期　　　　　D. 货币计量

10. 会计主体是(   )。

A. 企业单位   B. 法律主体

C. 企业法人   D. 会计为之服务的特定单位

二、判断题

1. 早在原始社会末期，"结绳记事""刻木记事"等方法的使用，即为会计的萌芽。（　　）

2. 企业应当以权责发生制为基础进行会计确认、计量、报告。（　　）

3. 会计主体必须是法律主体。（　　）

4. 会计核算与会计监督职能是相互依存、密切结合、相辅相成的关系。（　　）

5. 持续经营是指会计主体在可预见的将来，不会破产清算。（　　）

6. 对未来现金流量以恰当的折现率进行折现后的价值叫作公允价值。（　　）

7. 所有经济业务的发生，都会引起会计恒等式两边发生变化。（　　）

8. 企业在未来发生的交易和事项不形成资产。（　　）

9. 所有者权益金额取决于资产、负债和利润的计量。（　　）

10. 资产是静态的会计要素。（　　）

三、名词解释

会计　会计职能　会计目标　会计核算方法　会计对象　会计要素　资产　负债　所有者权益　收入　费用　利润　会计等式　静态会计等式　动态会计等式　综合会计等式　会计假设　会计主体　持续经营　会计分期　货币计量　可靠性　相关性　可理解性　可比性　实质重于形式　重要性　谨慎性　及时性　会计确认　历史成本　重置成本　可变现净值　现值　公允价值　权责发生制　收付实现制

课后练习

一、单项选择题

1. 下列关于会计的目标，说法不正确的是（　　）。

A. 会计目标是要求会计工作完成的任务或达到的标准

B. 会计目标是向财务报告使用者提供会计信息

C. 会计目标反映企业管理层受托责任的履行情况

D. 会计目标是为提高企业经济效益

2. 下列选项中不属于会计核算专门方法的是（　　）。

A. 成本计算与复式记账   B. 错账更正与评估预测

C. 设置账户与填制、审核会计凭证   D. 编制报表与登记账簿

3. 资产是指企业过去的交易或者事项形成的、由企业拥有或者控制的、预期会给企业带来经济利益的（　　）。

A. 现金   B. 财富   C. 资源   D. 收入

4. 下列项目属于流动资产的是（　　）。

A. 应付账款   B. 长期借款   C. 资本公积   D. 应收账款

5. 下列各项，有关负债的说法错误的是（　　）。

A. 负债是由于过去的交易或事项形成的

B. 负债是企业承担的现实义务

C. 未来流出企业的经济利益的金额不能可靠地计量

D. 负债的清偿预期会导致经济利益流出企业

6. 下列各项中,符合会计要素中"收入"定义的是( )。

A. 出售材料收入   B. 出售无形资产收入

C. 出售固定资产收入   D. 向购货方收回的销货代垫运费

7. 企业收入的增加会引起( )。

A. 负债增加   B. 资产减少   C. 资产增加   D. 所有者权益减少

8. 在下列经济业务中,只能引起同一个会计要素内部增减变动的业务是( )。

A. 取得借款存入银行   B. 用银行存款归还前欠货款

C. 用银行存款购买材料   D. 赊购原材料

9. 会计核算应该按照规定的会计处理方法进行,会计指标应当口径一致,这是会计信息质量的( )要求。

A. 客观性   B. 相关性   C. 可比性   D. 稳健性

10. 如果企业资产按照现在购买相同或者相似资产所需支付的现金或者现金等价物的金额计量,负债按照现在偿付该项债务所需支付的现金或者现金等价物的金额计量,则其采用的会计计量属性为( )。

A. 可变现净值   B. 重置成本   C. 公允价值   D. 现值

二、多项选择题

1. 会计核算的基本前提是( )。

A. 会计主体   B. 货币计量   C. 持续经营   D. 会计分期

2. 下列属于会计处理基础的有( )。

A. 权责发生制   B. 实地盘存制   C. 收付实现制   D. 货币计量

3. 国内外的会计理论研究和实务对会计目标有( )两种界定。

A. 企业价值最大化 B. 决策有用观   C. 受托责任观   D. 利润最大化

4. 资金运动主要包括( )。

A. 资金的投入   B. 资金的运用   C. 资金的退出   D. 资金的循环

5. 下列各项中,属于反映财务状况的会计要素有( )。

A. 资产   B. 所有者权益   C. 负债   D. 利润

6. 所有者权益的来源包括( )。

A. 所有者投入的资本   B. 直接计入所有者权益的利得

C. 直接计入所有者权益的损失   D. 留存收益

7. 产品生产成本包括( )。

A. 直接材料   B. 直接人工   C. 管理费用   D. 制造费用

8. 下列属于正确的会计等式有( )。

A. 资产=权益   B. 资产=负债+所有者权益

C. 资产=负债+权益   D. 收入-费用=利润

9. 企业发生费用可表现为( )。

A. 所有者权益的增加　　　　　　　　　　B. 负债的增加

C. 负债的减少　　　　　　　　　　　　　D. 资产的减少

10. 甲企业用银行存款向乙企业投资 100 万元,下列表述正确的有(　　　)。

A. 乙企业资产增加,所有者权益增加　　　B. 甲企业一项资产减少,另一项资产增加

C. 甲企业所有者权益增加,资产减少　　　D. 乙企业一项资产增加,另一项资产减少

三、简答题

1. 什么是会计的职能? 会计的基本职能有哪些? 它们之间有什么关系?

2. 什么是会计目标? 其内涵是什么?

3. 会计核算方法包括哪些内容? 它们之间有何关系?

4. 简述企业的资金运动过程。

5. 会计等式的一般表达式有哪些?

6. 经济业务的发生对会计基本等式的影响都有哪些类型?

7. 为什么要确定会计假设? 会计假设包括哪些内容?

8. 我国对企业所提供的会计信息有哪些质量要求?

9. 会计要素的计量属性主要包括哪些?

10. 会计处理基础有哪几种类型? 在收入与费用的确认与计量方面有何区别?

四、实务操作

1. 神禾公司 2023 年 3 月份发生下列经济业务:

(1) 3 月 1 日,从银行提取库存现金 20 000 元,以备日常开支。

(2) 3 月 2 日,购入原材料一批已验收入库,价款 13 000 元,当即以银行存款支付。

(3) 3 月 5 日,采购员李华预借差旅费 2 000 元,以库存现金支付。

(4) 3 月 10 日,以银行存款 30 000 元直接归还前欠某公司材料款。

(5) 3 月 15 日,预售销货款 10 000 元,合同规定下月发货。

(6) 3 月 20 日,用银行存款 240 000 元从其他单位购入一项专利权。

(7) 3 月 24 日,开出商业票据支付前欠某公司货款 40 000 元。

(8) 3 月 25 日,用银行存款购买一台生产设备,设备已交付使用。

(9) 3 月 26 日,以现金 20 000 元支付职工工资。

(10) 3 月 28 日,收到投资者投入的资本 100 000 元,款项存入银行。

【要求】根据上列资料,分析每笔业务的发生对会计等式的影响。

2. 神禾公司 2023 年 12 月份发生如下经济业务:

(1) 收到某客户上年度所欠的货款 50 000 元,存入银行。

(2) 以银行存款支付本季度短期借款利息费用 9 000 元。

(3) 以现金预付下年度的报纸杂志费 1 200 元。

(4) 销售货物一批,价款 10 000 元,收到 3 000 元货款,余款暂欠。

(5) 根据销货合同,收到某客户的购货定金 20 000 元。

(6) 接银行通知,收到本年度银行存款利息收入 6 000 元。

(7) 计算确定本月应负担的报刊费 100 元(上年已支付)。

(8) 收到下半年的门面房租金 12 000 元,存入银行。

【要求】根据以上资料,在表1-1中分别按权责发生制和收付实现制计算填列本月的收入和费用,并计算本月损益。

表1-1 12月份损益计算表

交易序号	收付实现制		权责发生制	
	收　入	费　用	收　入	费　用
1				
2				
3				
4				
5				
6				
7				
8				
本月合计				
本月损益				

模块二
账户与复式记账

知识框架

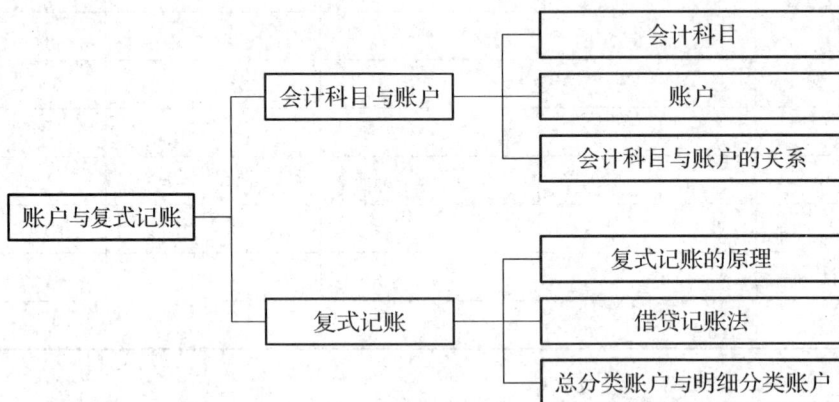

账户与复式记账
- 会计科目与账户
  - 会计科目
  - 账户
  - 会计科目与账户的关系
- 复式记账
  - 复式记账的原理
  - 借贷记账法
  - 总分类账户与明细分类账户

知识目标

1. 熟悉会计科目和账户的概念;
2. 掌握会计科目的分类;
3. 掌握账户的基本结构;
4. 熟悉会计科目与账户之间的关系;
5. 了解会计科目设置的原则;
6. 了解单式记账法与复式记账法的主要区别;
7. 掌握借贷记账法的基本原理;
8. 掌握总分类账户与明细分类账户平行登记的原理与方法。

能力目标

1. 能解释会计科目和账户的关系;
2. 能写出账户的基本结构;
3. 能运用借贷记账法进行账务处理;
4. 能处理总分类账户与明细分类账户的平行登记及核对工作。

思政目标

1. 会计课程涵盖会计方面的大部分法律法规,在教学中应注重对学生合规意识的培养;

2.面对企业大量的现金流入流出时,引导学生不能为之所动,要明白"君子爱财,取之有道"。

案例导引

神禾公司每天发生大量的经济业务,如购买原材料、销售产品、收到货款、向银行借款等,这些经济业务会引起企业的资金发生增减变化。作为公司的一名会计人员,你会如何记录这些经济交易与事项所引起的资金增减变化及结果?

第一节　会计科目与账户

会计科目与账户

一、会计科目

(一)会计科目的概念及作用

1.会计科目的概念

会计要素是对会计对象按照一定特征进行的基本分类,将其划分为资产、负债、所有者权益、收入、费用和利润六大会计要素。而这六项会计要素显得过于笼统,难以满足各有关方面对会计信息的需要。例如,所有者需要了解利润构成及其分配情况,了解负债及其构成情况;债权人需要了解流动比率、速动比率等有关指标,以评判其债权的安全情况;税务机关要了解企业欠交税金的详细情况等。为此还必须对会计要素作进一步分类,以满足会计核算的要求,这就要设置会计科目。

会计科目又称账户名称,是对会计要素的具体内容进行分类核算的项目。每一个会计科目都有一定的名称,并反映特定的经济内容。以资产这一会计要素为例,为了反映和监督各项资产的增减变动,设置了"库存现金""银行存款""原材料""长期股权投资""固定资产"等科目。用银行存款购买固定资产,导致银行存款减少和固定资产增加,使得资产要素的具体组成发生变化。

会计科目的设置取决于企业的管理要求、管理水平、规模大小、业务繁简。既不要过于复杂烦琐,增加不必要的工作量,也不要过于简单粗糙,使各项会计要素混淆不清,不能满足会计信息使用者的需要。

提炼点睛

会计科目是按一定标准对会计要素具体内容进行分类后得到的具体项目。

2.会计科目的作用

会计科目是进行各项会计记录和提供各项会计信息的基础,在会计核算中具有重要作用。

(1)会计科目是复式记账的基础。复式记账要求每一笔经济业务在两个或两个以上相互联系的账户中进行登记,以反映资金运动的来龙去脉。

(2)会计科目是编制记账凭证的基础。记账凭证是确定所发生的经济业务应记入何种科目以及分门别类登记账簿的凭据。

(3)会计科目为成本计算与财产清查提供了前提条件。通过会计科目的设置,有助于成本计算,使各种成本计算成为可能;而通过账面记录与实际结存的核对,又为财产清查、保证账实相符提供了必备的条件。

(4)会计科目为编制报表提供了方便。会计报表是提供会计信息的主要手段,为了保证会计信息的质量及其提供的及时性,财务报表中的许多项目与会计科目是一致的,并根据会计科目的本期发生额或余额填列。

(二)会计科目的设置原则

会计科目作为反映会计要素的构成及其变化情况,为投资者、债权人、企业经营管理者等提供会计信息的重要手段,在其设置过程中应努力做到科学、合理、适用,遵循下列原则:第一,合法性原则,即为了保证会计信息的可比性,所设置的会计科目应当符合国家统一的会计制度的规定;第二,相关性原则,在设置会计科目时,应为提供有关各方所需要的会计信息服务,满足对外报告与对内管理的要求;第三,实用性原则,由于企业的组织形式、所处行业、经营内容及业务种类等不同,在会计科目的设置上亦应有所区别,在合法性的基础上,应根据企业自身特点设置符合企业需要的会计科目。具体要求体现在以下五个方面。

1. 必须结合会计要素的特点,全面反映会计要素的内容

设置会计科目,必须对会计对象具体内容即会计要素进行分类,反映会计要素的主要特点,保证全面、系统地反映和监督各项经济业务,不能有任何遗漏。由于不同单位经济业务的性质、特点、内容不尽相同,其会计对象,即资金运动的形式、规律也不相同。因此,应结合本单位经营活动的特点设置相应的会计科目。例如,制造业企业的主要经营活动是制造产品,根据其业务特点,需要设置反映生产过程的会计科目,生产成本、制造费用等科目,就是为适应这一特点而设置的;商业企业是主要从事商品流通的单位,没有制造产品的业务,就不必设置反映生产过程的会计科目,但必须设置反映商品购销过程的会计科目。

2. 必须符合内部经营管理的需要,同时符合对外报告的要求

设置会计科目时,要兼顾对外报告和企业内部经营管理的要求,这也是会计目标所决定的。一是要符合国家宏观经济管理要求。国家根据宏观经济管理要求来划分不同行业、不同经济业务类别,制定统一的会计科目。企业必须按照国家统一的会计科目选择并设置会计科目,以保证提供的会计信息能满足宏观经济管理的需求。二是要符合企业内部经营管理的要求。企业根据自身生产经营活动的特点,结合具体管理的要求,设置能全面反映企业财务状况、经营成果和现金流量的会计科目,以保证提供的会计信息能满足企业经营预测决策和管理的需要。三是要符合企业有关方对企业生产经营情况和财务状况了解的要求,以使他们能够通过企业提供的会计信息做出科学合理的决策。

3. 坚持做到统一性和灵活性相结合的原则

所谓统一性,是指企业在设置会计科目时,要按照《企业会计制度》规定设置和使用会

计科目,以此保证会计核算指标能在一个部门乃至全国范围内综合汇总,分析利用。所谓灵活性,是指在保证提供统一核算指标的前提下,可以根据本单位的实际情况和经营管理要求,对统一规定的会计科目做必要的增补、分拆或合并。对于会计科目的名称,企业可以根据具体情况,在不违背会计科目使用原则的基础上,确定适合本企业的会计科目名称;对于明细科目的设置,在不违背统一会计核算要求的前提下,企业可以根据需要自行确定。

4. 既要适应经济业务发展的需要,又要保持相对稳定

会计科目的设置,要适应社会经济环境的变化和本单位业务发展的需要。例如,随着商业信用的发展,出现了委托代销制,为了加强这部分业务的核算,增设了"委托代销商品"和"受托代销商品"等科目。又如随着无形资产的价值越来越被企业重视,当企业购置商标使用权时,就应增设"无形资产"科目来核算该类资产的价值及其变动情况。同时,为了便于在一定范围内综合汇总和在不同时期内对比分析核算指标,会计科目的设置还应保持相对稳定,不经常变动,同一企业会计科目的名称、内容、数量等应尽量不变,以便企业不同时期会计核算指标具有可比性。

5. 会计科目名称应简明适用,并要进行分类和编号

每一会计科目所涵盖的内容和范围,必须严格、明确地界定,名称要名副其实并且具有高度的概括性。同时,为满足会计电算化的需要,每一个会计科目要按照其经济内容的分类、项目的流动性或主次以及级次进行适当的分类和编号,以便编制会计凭证、登记账簿、查阅账目;企业不应当随意打乱重编。

(三) 会计科目的分类

为了在会计核算中正确地运用好会计科目,必须对会计科目进行科学的分类。会计科目的分类标准一般有两个:按经济内容分类和按其提供信息的详细程度分类。

1. 会计科目按经济内容分类

会计科目按反映的经济内容不同,可分为资产类、负债类、共同类、所有者权益类、成本类和损益类科目。

财政部颁布的《企业会计准则——应用指南》中设置了我国所有企业应用的 156 个会计科目。以制造企业为例,常用的会计科目如表 2-1 所示。

2. 会计科目按提供指标的详细程度分类

在生产经营过程中,会计科目不仅要按经济内容分类,分门别类地反映会计要素的增减变动情况及其结果,而且应根据经济管理所需要的核算指标的详细程度,进一步按照提供指标的详细程度进行分类。会计科目按提供指标的详细程度分为总分类科目和明细分类科目。

(1) 总分类科目。

总分类科目也称一级科目,或总账科目,是对会计要素的具体内容进行总括分类的会计科目,是进行总分类核算的依据。表 2-1 所列举的会计科目都是一级科目。为了满足国家宏观经济管理的需要,一级科目原则上由国家统一规定。

表 2 - 1 制造企业常用会计科目

顺序号	编 号	名 称	顺序号	编 号	名 称
一、资产类			二、负债类		
1	1001	库存现金	39	2001	短期借款
2	1002	银行存款	40	2201	应付票据
3	1012	其他货币资金	41	2202	应付账款
4	1101	交易性金融资产	42	2203	预收账款
5	1121	应收票据	43	2211	应付职工薪酬
6	1122	应收账款	44	2221	应交税费
7	1123	预付账款	45	2231	应付利息
8	1131	应收股利	46	2241	其他应付款
9	1132	应收利息	47	2176	其他应交款
10	1221	其他应收款	48	2501	长期借款
11	1231	坏账准备	49	2502	应付债券
12	1401	材料采购	50	2701	长期应付款
13	1402	在途物资	51	2801	预计负债
14	1403	原材料	三、共同类		
15	1404	材料成本差异	（略）		
16	1405	库存商品	四、所有者权益类		
17	1406	发出商品	52	4001	实收资本(或股本)
18	1407	商品进销差价	53	4002	资本公积
19	1408	委托加工物资	54	4101	盈余公积
20	1411	周转材料	55	4103	本年利润
21	1471	存货跌价准备	56	4104	利润分配
22	1501	持有至到期投资	五、成本类		
23	1502	持有至到期投资减值准备	57	5001	生产成本
24	1503	可供出售金融资产	58	5101	制造费用
25	1511	长期股权投资	六、损益类		
26	1512	长期股权投资减值准备	59	6001	主营业务收入
27	1521	投资性房地产	60	6051	其他业务收入
28	1531	长期应收款	61	6111	投资收益
29	1601	固定资产	62	6301	营业外收入
30	1602	累计折旧	63	6401	主营业务成本
31	1603	固定资产减值准备	64	6402	其他业务成本
32	1604	在建工程	65	6403	营业税金及附加
33	1605	工程物资	66	6601	销售费用
34	1606	固定资产清理	67	6602	管理费用
35	1701	无形资产	68	6603	财务费用
36	1702	累计摊销	69	6711	营业外支出
37	1801	长期待摊费用	70	6801	所得税费用
38	1901	待处理财产损溢	71	6901	以前年度损益调整

知 识 拓 展

总分类科目的设置方法,体现了总分类科目的分类与会计要素分类的关系,是对会计要素的再分类。

(2) 明细分类科目。

明细分类科目又分为二级科目和三级科目。

① 二级科目。二级科目也称子目,是在一级科目的基础上,对一级科目所反映的经济内容进行较为详细分类的会计科目。有些二级科目原则上也是由国家统一规定的,例如,"应交税费"一级科目下应设"应交增值税""应交城市维护建设税"等二级科目。有些二级科目是企业根据经营管理需要自行设置的。例如,在"原材料"总分类科目下,按材料类别开设"原料及主要材料""辅助材料""燃料"等二级科目。

② 三级科目。三级科目也称细目,是在二级科目的基础上对二级科目所反映的经济内容进一步详细分类的会计科目。例如,在"原料及主要材料"二级科目下,按材料的品种、规格开设"甲材料""乙材料"等三级科目。大多数的明细科目是由企业根据经营管理的需要自行设置的。但也有的明细科目是国家统一规定的,如"应交税费"是一级科目,下设"应交增值税"二级科目,在"应交增值税"二级科目下设"进项税额""销项税额"等三级科目。

综上所述,一级科目是最高层次的会计科目,控制或统驭二级科目和三级科目;二级科目是对一级科目的补充说明,控制或统驭三级科目,是介于一级科目和三级科目之间起沟通作用的会计科目;三级科目是对二级科目或一级科目更为详细的补充说明。应当说明的是,并不是所有的一级科目都需要分设二级科目和三级科目,根据信息使用者所需不同信息的详细程度,有些只需设一级科目,有些需设一级和二级,而不需要设置三级科目。

下面以原材料为例,说明总分类科目与明细分类科目之间的关系,如表 2-2 所示。

表 2-2 总分类科目与明细分类科目之间的关系

总分类科目 (一级科目)	明细分类科目	
	二级明细科目(子目)	三级明细科目(细目)
原材料	原料及主要材料	圆钢
		生铁
		方钢
		……
	辅助材料	油漆
		润滑油
		……

二、账户

(一)账户的概念及作用

1. 账户的概念

各单位在其经济活动和财务收支过程中经常不断地发生各种各样的经济业务。经济业务的发生又必然引起各会计要素发生增减变动。为了把各项经济业务的发生情况和由此引起的各会计要素增减变动及结果,序时、连续、分门别类地进行核算和监督,以便提供经营管理所需要的会计信息,就必须根据会计科目在账簿中开设账户。

账户,也称会计账户,是根据会计科目设置的,具有一定格式和结构,用于连续、系统、全面地记录会计交易事项,分类反映会计要素增减变动情况及其结果的载体。设置账户是会计核算的重要方法之一。

> **提 炼 点 睛**
>
> 会计账户就是用来记录经济交易或事项及其所引起的会计要素具体内容变动情况的一种工具,按照《企业会计准则——应用指南》中会计科目的分类方法,会计账户也可以相应地分为资产类账户、负债类账户、共同类账户、所有者权益类账户、成本类账户和损益类账户。

2. 账户的作用

各单位在会计核算工作中必须依据会计科目开设账户,设置账户在企业的会计工作中有着重要的作用,主要表现在以下几个方面:

(1)会计账户可用来核算经济业务。通过账户可以记录每笔或每类经济业务所引起的资金数量的增减变化及其结果,按会计准则的规定计算资金取得及使用情况等。

(2)会计账户可用来储存会计信息。账户以其特定的结构既可以反映资金运动的总括情况,也可以反映详细的情况;既可以反映每一笔经济业务的情况,也可以反映一定时期内全部经济业务的情况,从而储存了企业大量的会计信息。

(3)会计账户可以用来提供信息。用来开设会计账户的账簿是编制报表的依据,也是向利益相关者提供信息最主要的手段;会计人员可随时根据账户记录的内容,将其加工成各种有用的会计信息,在一定程度上保证会计信息提供的及时性。

(4)科学合理地设置账户可以压缩信息数量、确保会计信息质量。人们从经济活动中捕捉到的数据往往是零散的、单个的、缺乏有机联系的,不能反映价值运动之间的有机联系。通过设置账户,可以将相同的经济业务在同一个账户中分类、连续、系统地进行记录,使会计信息根据类别形成在本质上既有联系又有区别的信息群,减少会计信息的数量,这种有序的会计信息能够将企业价值运动的内在联系反映出来,在一定程度上提高了会计信息的质量。

(二)账户的基本结构

任何一项经济业务的发生,对会计要素的影响从数量上看不外乎是增加和减少两种情况。因此,用来分类记录经济业务的账户,在结构上也相应地分为左、右方两方,分别记录会计要素的增加数额和减少数额。也就是说,账户分为左右两方,一方登记增加数额,另一方登记减少数额,同时,还需要反映会计要素发生增减变动后的结果,即余额。至于哪一方登记增加数额,哪一方登记减少数额,是由不同的记账方法和所记录的经济业务决定的。采用不同的记账方法,账户的结构是有所不同的,即使采用同一种记账方法,账户性质不同,其结构也不尽相同。但是,不管采用何种记账方法,也不论是何种性质的账户,其基本结构都是相同的,即在账户中反映会计要素的增加、减少和余额。

在会计工作中,账户基本结构一般包括以下内容:

(1)账户的名称,即会计科目;

(2)日期栏,记录经济业务的发生时间;

(3)凭证号数栏,填写该笔账目记录所依据的记账凭证的编号;

(4)摘要栏,对经济业务的简要说明;

(5)增加栏、减少栏及余额栏,记录经济业务的增、减变动金额及变动后的金额。

账户的基本结构如表2-3所示。

表2-3　账户名称(会计科目)

年		凭　证		摘　　要	借方金额	贷方金额	借或贷	余　　额
月	日	字	号					

上列账户左右两方记录的主要内容是增加额和减少额。增减相抵后的差额,即为账户余额。因此,在每个账户中所记录的金额,可以分为期初余额、本期增加发生额、本期减少发生额、期末余额。本期增加额和本期减少额是指在一定的会计期间(如月份、季度或年度),账户在左右两方分别登记的增加金额合计和减少金额合计,也称为本期增加发生额和本期减少发生额。在期初余额的基础上加上或减去本期增加发生额和本期减少发生额相抵后的差额即为本期的期末余额。如果将本期的期末余额转入下一期,就是下一期的期初余额。上述四项金额的关系可以用公式表示如下:

$$期末余额=期初余额+本期增加发生额-本期减少发生额$$

为了便于教学,在学习中将账户的基本结构用简化格式T型来表示,T型账户的格式如图2-1所示。

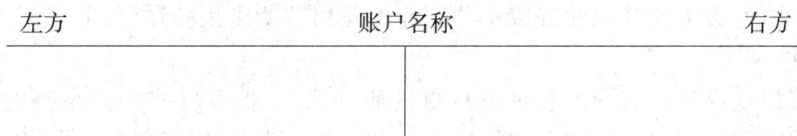

左方　　　　　　　　　　　　账户名称　　　　　　　　　　　右方

图2-1　账户的基本结构

(三)账户的分类

账户可以按不同的标准即从不同的角度进行分类,其中最常见的有账户按反映的经济内容、提供指标的详细程度以及用途和结构三种方式分类。

1. 账户按反映的经济内容分类

账户的经济内容是指账户反映会计对象的具体内容。账户按经济内容分类，就是按账户所反映的会计对象的具体内容进行分类。账户之间最本质的差别在于其反映经济内容的不同，按经济内容分类是对账户最基本的分类。账户按所反映的经济内容不同，可分为资产类账户、负债类账户、共同类账户、所有者权益类账户、成本类账户和损益类账户。

（1）资产类账户。

资产类账户是反映企业资产增减变动及结余情况的账户。按照资产的流动性，可分为反映流动资产的账户和反映非流动资产的账户两类。反映流动资产的账户有"库存现金""银行存款""应收账款""原材料""库存商品"等账户；反映非流动资产的账户有"长期股权投资""固定资产""无形资产""累计摊销""长期待摊费用"等账户。

（2）负债类账户。

负债类账户是反映企业负债增减变动及结余情况的账户。按照负债的流动性，可分为反映流动负债的账户和反映长期负债的账户两类。反映流动负债的账户有"短期借款""应付账款""应付职工薪酬""应交税费""应付利息""应付股利""其他应付款"等账户；反映长期负债的账户有"长期借款""应付债券""长期应付款"等账户。

（3）所有者权益类账户。

所有者权益类账户是反映企业所有者权益增减变动及结余情况的账户。包括反映投入资本的账户和反映资本积累的账户两类。反映投入资本的账户有"实收资本""资本公积"等账户；反映资本积累的账户有"盈余公积""本年利润""利润分配"等账户。

（4）成本类账户。

成本类账户是用来对生产经营过程中发生的费用进行归集，并计算归集到相应成本中去的账户。在制造业中，成本类账户按生产经营的阶段可以分为两类：供应过程中的成本账户，这类账户用来归集材料购入并达到可供使用状态所发生的价款及采购费用，从而计算材料的采购成本，如"材料采购"账户；生产过程中的成本账户，这类账户用来归集产品的生产费用，计算产品的生产成本，如"生产成本""制造费用"等账户。

（5）损益类账户。

损益类账户是指那些核算内容与损益的计算确定直接相关的账户，主要是指那些用来反映企业收入和费用的账户。反映收入的账户有"主营业务收入""其他业务收入""营业外收入""投资收益"等账户；反映费用的账户有"主营业务成本""销售费用""管理费用""营业税金及附加""财务费用""其他业务成本""营业外支出""所得税费用"等账户。

（6）共同类账户。

共同类账户是反映具有资产和负债双重性质的账户，按共同类账户余额的方向分为反映资产或反映负债的账户。比如，当"衍生工具""套期工具""被套期项目"等账户的期末余额在借方时，反映资产账户；反之，反映负债账户。

2. 账户按提供指标的详细程度分类

账户按提供指标的详细程度不同，可分为总分类账户和明细分类账户两类。

（1）总分类账户。

总分类账户是指根据总分类科目设置的,用于对会计要素具体内容进行总括分类核算的账户,简称总账账户或总账。

（2）明细分类账户。

明细分类账户是根据明细分类科目设置的,用来对会计要素具体内容进行明细分类核算的账户,简称明细账户或明细账。

总账账户称为一级账户,总账以下的账户称为明细账户。总分类账户与明细分类账户之间是一种统驭与被统驭的关系,二者既有区别又存在一定的内在联系。

3. 账户按用途和结构分类

账户的用途是指通过账户记录能够提供什么核算指标,即设置和运用账户的目的是什么。账户的结构是指账户的借方核算什么内容,贷方核算什么内容,期末余额在哪一方,具体表示什么内容。账户按用途和结构分类,可以分为盘存账户、结算账户、资本和资本增值账户、成本计算账户等九类。

（1）盘存账户。

盘存账户是核算和监督各项财产物资和货币资金的增减变动及其结存情况的账户。它是任何单位都必须设置的基本账户。属于盘存账户的有"库存现金""银行存款""原材料""库存商品""固定资产"等账户。

盘存账户的结构为:借方登记各项财产物资和货币资金的增加数,贷方登记其减少数,期末余额总在借方,反映各项财产物资和货币资金的实际结存数。盘存账户的结构,如图 2-2 所示。

借方	盘存账户	贷方
期初余额:期初货币资金或实物资产的结存额 发生额:本期货币资金或实物资产的增加额	发生额:本期货币资金或实物资产的减少额	
期末余额:期末货币资金或实物资产的结存额		

图 2-2　盘存账户结构图

盘存账户的特点是:

① 可以通过财产清查的方法,即实地盘点或对账的方法,核对货币资金和实物资产的实际结存数与账面结存数是否相符,并检查其经营管理上存在的问题。

② 除"库存现金"和"银行存款"账户外,其他盘存账户通过设置和运用明细账,可以提供实物和金额两种指标。

（2）结算账户。

结算账户是用来核算和监督企业同其他单位或个人之间在经济往来中发生结算而产生的债权、债务方面关系的账户。由于债权与债务的性质不同,因此,结算账户又可分为债权结算账户、债务结算账户和债权债务结算账户三类。

① 债权结算账户。

债权结算账户亦称资产结算账户,是用来核算和监督企业同其他单位或个人之间在经济往来中发生结算关系产生债权的账户。属于债权结算账户的有"应收账款""应收票据"

"预付账款""其他应收款"等账户。

该类账户的结构是:借方登记企业债权的增加数,贷方登记债权的减少数,期末余额一般在借方,表示企业已经取得尚未收回的债权的实有数。债权结算账户的结构,如图 2 - 3 所示。

借方	债权结算账户	贷方
期初余额:期初尚未收回的应收款项或尚未结算的预付款项的实有额 发生额:本期应收款项或预付款项的增加额	发生额:本期应收款项或预付款项的减少额	
期末余额:期末尚未收回的应收款或尚未结算的预付款项的实有额		

图 2 - 3 债权结算账户结构图

② 债务结算账户。

债务结算账户亦称负债结算账户,是用来核算和监督企业同其他单位或个人之间在经济往来中发生结算关系而产生的债务账户。属于债务结算账户的有"短期借款""应付账款""其他应付款""应付职工薪酬""应交税费"等账户。

该类账户的结构是:该类账户贷方登记企业各项债务的增加数,借方登记债务的减少数,期末余额一般在贷方,表示企业尚未清偿的债务的实有数。债务结算账户的结构,如图 2 - 4 所示。

借方	债务结算账户	贷方
发生额:本期借入款项、应付款项或预收款的减少额	期初余额:期初尚未偿还的借入款项、应付款项或尚未结算的预收款项的实有额 发生额:本期借入款项、应付款项或预收款项的增加额	
	期末余额:期末尚未偿还的借入款项、应付款项或尚未结算的预收款项的实有额	

图 2 - 4 债务结算账户结构图

③ 债权债务结算账户。

债权债务结算账户又称资产负债结算账户或往来结算账户,是用来核算和监督企业同其他单位或个人之间的往来结算业务的账户。这类账户既反映债权结算业务,又反映债务结算业务,是具有双重性质的结算账户。在实际工作中,一些经常与企业发生业务关系的单位或个人,有时是企业的债权人,有时是企业的债务人。例如,企业向某一单位销售商品,如果是先发货后收款,发生的应收而尚未收到的款项就构成了企业的债权;如果合同规定了购买方先预付货款,企业预收的款项就构成了企业的债务。在这种情况下,为了集中反映与该单位及个人发生的债权债务关系,有必要设置同一个账户核算与该单位及个人之间发生的债权债务情况。企业预收账款不多时,可不单设"预收账款"账户,而用"应收账款"账户同时核算企业应收账款和预收账款的增减变动情况及结存,此时"应收账款"账户就是一个债权债务结算账户。同样,如企业不设"预付账款"账户,而用"应付账款"账户同时核算企业应付账款和预付账款的增减变动情况及结存情况,则"应付账款"账户为债权债务结算账户。

该类账户的结构特点是:借方登记债权的增加数和债务的减少数,贷方登记债务的增加数或债权的减少数,其余额既可能在借方,也可能在贷方。余额如在借方,表示尚未收回的债权净额,即尚未收回的债权大于尚未偿付的债务的差额;余额如在贷方,表示尚未偿付的债务净额,即尚未偿付的债务大于尚未收回的债权的差额。该类账户所属明细分类账的借方与贷方的差额,应当同总分类账户的余额相等。债权债务结算账户的结构,如图2-5所示。

借方	债权债务结算账户	贷方
期初余额:期初债权大于债务的差额 发生额:① 本期债权的增加额 　　　　② 本期债务的减少额		期初余额:期初债务大于债权的差额 发生额:① 本期债务的增加额 　　　　② 本期债权的减少额
期末余额:期末债权大于债务的差额		期末余额:期末债务大于债权的差额

图2-5　债权债务结算账户结构图

设置该类总账账户的企业应注意:债权、债务结算账户的借方余额或贷方余额只是表示债权和债务增减变动后的差额,并不一定表示企业债权或债务的实际余额。因此,在编制资产负债表时,为了真实地反映企业债权债务的结算情况,应根据这类账户所属明细分类账户余额的方向,分析判断余额的性质,分别按资产项目或负债项目填列,而不能直接根据总账余额直接填列有关项目。

(3)资本和资本增值账户。

资本和资本增值账户是用来核算和监督企业所有者投资的增减变动及其结存情况的账户。该类账户的贷方登记所有者投资或公积金的增加数,借方登记所有者投资或公积金的减少数,其余额总是在贷方,表示所有者投资的实有数额。资本和资本增值账户的结构,如图2-6所示。

借方	资本和资本增值账户	贷方
发生额:本期所有者权益的减少额		期初余额:期初所有者权益的实有额 发生额:本期所有者权益的增加额
		期末余额:期末所有者权益的实有额

图2-6　资本和资本增值账户结构图

该类账户具体包括资本账户和资本增值账户两类。资本账户主要是指企业收到的投入资本,包括"实收资本""资本公积"账户;资本增值账户是指企业运用资本从事生产经营活动而获得的资本增值部分,它也是所有者权益的组成部分,故与资本归为一类,如"盈余公积"等账户。

在设置资本和资本增值账户时应注意:由于企业的盈亏是根据投资者的出资比例来分享和承担的,因此,"实收资本"账户必须按投资者分别设置明细分类账反映各投资者的投资额和出资比例。

(4)集合分配账户。

集合分配账户是用来归集和分配企业生产经营过程中某个阶段所发生的由多个成本计算对象共同负担的公共费用,并最终将这些费用分配到各产品的成本中去的账户。如"制造费用"账户,是用来核算和分配企业在生产经营过程中发生的应由各个成本计算对象共同负担的间接费用。它先通过集合分配账户进行归集,然后再按照一定标准分配计入各个成本计算对象。集合分配账户的借方登记费用的发生数,贷方登记费用的分配数,在一般情况下期末无余额。集合分配账户的结构,如图 2-7 所示。

借方	集合分配账户	贷方
发生额:本期某种费用的发生额		发生额:本期某种费用的分配数

图 2-7 集合分配账户结构图

集合分配账户的特点是:具有明显的过渡性质,平时用它来归集那些不能直接计入某个成本计算对象的间接费用,期末将费用全部分配出去,由有关成本计算对象负担,该账户期末无余额。

(5) 成本计算账户。

成本计算账户是用来核算和监督生产经营过程中某一阶段所发生,应计入成本的全部费用,并确定各个成本计算对象实际成本的账户。属于成本计算账户的有"材料采购""生产成本"等账户。

这类账户的结构是:借方登记生产经营过程中发生的应计入成本的全部费用,包括可直接计入成本的直接费用和通过集合分配账户分配转来的间接费用;贷方登记转出的实际成本,期末如有余额一定在借方,表示尚未完成某一过程的成本计算对象的实际成本。成本计算账户的结构,如图 2-8 所示。

借方	成本计算账户	贷方
期初余额:期初尚未完成某一过程的成本计算对象的实际成本		发生额:结转已完成某一过程的成本计算对象的实际成本
发生额:生产经营过程某一阶段所发生的应计入成本的费用		
期末余额:尚未完成某一过程的成本计算对象的实际成本		

图 2-8 成本计算账户结构图

值得注意的是,成本计算账户具有盘存账户结构,它的余额不仅表示尚未完成某一过程的成本计算对象的实际成本,而且表示在该阶段尚未结束的成本计算对象的实际占有,如"材料采购"账户借方余额表示在途物资,"生产成本"账户借方余额表示在产品。这些账户的期末余额均可通过账实核对得以检验和管理。因此,该类账户除应设置总分类账户以外,还应按照各个成本计算对象分别设置明细分类账户进行明细核算,既提供金额指标,又提供实物指标。

(6) 收入账户。

收入账户是用来核算和监督企业在一定会计期间所取得的各种收入的账户。属于收入账户的有"主营业务收入""其他业务收入""营业外收入"等账户。

这类账户的结构是:贷方登记本期收入的增加额,借方登记本期收入的减少额及期末转入"本年利润"账户的收入数额。结转后该类账户无余额。收入账户的结构,如图 2 - 9 所示。

借方	收入账户	贷方
发生额:① 本期收入的减少额 ② 期末转入"本年利润"账户的收入 　数额		发生额:本期收入的增加额

图 2 - 9　收入账户结构图

(7) 费用账户。

费用账户是用来核算和监督企业在一定会计期间所发生的应计入当期损益的各项费用的账户。这里的费用账户属于广义的范畴,既包括为取得主营营业收入而发生的各项耗费,还包括营业外的支出和所得税费用。属于这类账户的有"主营业务成本""营业税金及附加""管理费用""财务费用""销售费用""营业外支出"等账户。

该类账户的结构是:借方登记费用支出的增加额,贷方登记费用支出的减少额及期末转入"本年利润"账户的费用支出数额,结转后该类账户无余额。费用账户的结构,如图 2 - 10 所示。

借方	费用账户	贷方
发生额:本期费用支出的增加额		发生额:① 本期费用支出的减少额 ② 期末转入"本年利润"账户的费用支 　出数额

图 2 - 10　费用账户结构图

(8) 财务成果账户。

财务成果账户是用来核算和监督企业在一定期间所实现的经营成果或发生的亏损的账户,如"本年利润"账户。

该类账户的结构是:贷方登记期末从各收入账户转入的本期实现的各项收入,借方登记期末从各费用账户转入的各项费用支出,期末贷方余额表示本期实现的累计净利润;如出现借方余额,则表示本期发生的亏损额。财务成果账户的结构,如图 2 - 11 所示。

借方	财务成果账户	贷方
期初余额:期初的累计亏损 发生额:应计入本期损益的各项费用		期初余额:期初的累计利润 发生额:本期实现和各项收入
期末余额:期末的累计亏损		期末余额:期末的累计利润

图 2 - 11　财务成果账户结构图

(9) 调整账户。

调整账户是用来调整被调整账户的余额,以求得被调整账户的实际余额而设置的账户。属于调整账户的有"累计折旧""利润分配""材料成本差异""坏账准备"等账户。

设置调整账户是因为在会计核算中,由于经营管理或其他方面的原因,对于一些会计要素的具体内容,需要用两种数字从不同方面进行反映:一个账户反映其原始数字,另一个账户反映对原始数字的调整数字,将原始数字和调整数字相加或相减,即可求得调整后的实际数字,所以对于被调整账户来说,调整账户是不可或缺的。当然,调整账户紧密地依存于被调整账户,如果没有被调整账户,调整账户的存在就失去了意义。所以,在会计工作中,对于某些会计内容,只有把被调整账户和调整账户联系起来,才能全面地反映某一会计要素的完整情况,同时又为管理提供某些特定的指标。

调整账户按其调整方式的不同,可以分为备抵账户、附加账户和备抵附加账户三类。

① 备抵账户。

备抵账户亦称抵减账户,是用来抵减被调整账户的余额,以求得被调整账户的实际余额的账户。其调整方式,可用下列计算公式表示:

$$被调整账户余额-备抵账户余额=被调整账户的实际余额$$

被调整账户的余额与备抵账户的余额必定方向相反,如果被调整账户的余额在借方(或贷方),则备抵账户的余额一定在贷方(或借方)。

按照被调整账户的性质,备抵账户又可分为资产备抵账户和权益备抵账户。

a. 资产备抵账户。

资产备抵账户是用来抵减某一资产账户(被调整账户)的余额,以求得该资产账户的实际余额的账户。例如,"累计折旧"账户是"固定资产"这一资产账户的备抵账户。根据"固定资产"账户的记录,可以取得固定资产原始价值的数字,从"累计折旧"账户可以取得固定资产损耗价值的数字,用"固定资产"账户的借方余额减去"累计折旧"账户的贷方余额,其差额就是固定资产的实际价值(净值)。通过"固定资产"账户与"累计折旧"账户余额的对比分析,可以了解固定资产的新旧程度。这两个账户之间的关系,如图 2-12 所示。

借方	固定资产	贷方	借方	累计折旧	贷方
期末余额:固定资产原始价值 100 000					期末余额:固定资产累计损耗价值 25 000

调整结果为:

固定资产的原始价值	100 000
减:固定资产的累计损耗价值	25 000
固定资产的实际价值(净值)	75 000

图 2-12 "固定资产"账户与"累计折旧"账户关系图

属于资产备抵账户的还有"坏账准备"账户,它是"应收账款"账户的备抵账户;"累计摊销"账户是"无形资产"账户的备抵账户。

b. 权益备抵账户。

权益备抵账户是用来抵减某一权益账户(被调整账户)的余额,以求得该权益账户的实际余额的账户。例如,"利润分配"账户就是"本年利润"账户的备抵账户。"本年利润"账户的期末贷方余额,反映期末已实现利润,"利润分配"账户的期末借方余额,反映期末已分配的利润数。用"本年利润"账户的贷方余额减去"利润分配"账户的借方余额,其差额表示企业期末尚未分配的利润数。"本年利润"账户与"利润分配"账户的关系,如图 2-13 所示。

借方	本年利润	贷方		借方	利润分配	贷方
	期末余额:已实现的利润数 50 000				期末余额:已分配的利润数 40 000	

调整结果为:

已实现的利润数	50 000
减:已分配的利润数	40 000
未分配的利润数	10 000

图 2－13　"本年利润"账户与"利润分配"账户关系图

② 附加账户。

附加账户是用来增加被调整账户的余额,以求得被调整账户的实际余额的账户。其调整方式,可用下列计算公式表示:

$$被调整账户余额＋附加账户余额＝被调整账户的实际余额$$

被调整账户的余额与附加账户的余额必定在相同的方向。也就是说,如果被调整账户的余额在借方(或贷方),则附加账户的余额也必定在借方(或贷方)。在实际的会计工作中,纯粹的附加账户很少运用。

③ 备抵附加账户。

备抵附加账户是既用来抵减,又用来增加被调整账户的余额。以求得被调整账户的实际余额的账户。备抵附加账户既可以作为备抵账户,又可以作为附加账户来发挥作用,兼有两种账户的功能。

在实际运用中,该类账户在某一时刻执行的是哪种功能,取决于该账户的余额与被调整账户的余额在方向上是否一致,当其余额与被调整账户的余额在不同方向时,它所起的是备抵账户的作用;当其余额与被调整账户的余额在相同方向时,它所起的是附加账户的作用。例如,制造企业采用计划成本进行材料的日常核算时,所设置的"材料成本差异"账户就属于备抵附加账户。它用来调整"原材料"账户,使原材料按实际成本反映。当"材料成本差异"账户余额出现在借方,反映的是所发生的材料成本超支额,它就是"原材料"账户的附加调整账户;当"材料成本差异"账户余额出现在贷方,反映的是所发生的原材料成本节约额,它就是"原材料"账户的备抵调整账户。

综上所述,调整账户具有以下特点:

第一,调整账户与被调整账户所反映的经济内容相同,被调整账户反映会计要素的某个项目的原始数字,而调整账户反映对同一项目原始数字的调整数字。

第二,调整的方式是原始数字加上或者减去调整数字,借以求得具有特定含义的数字。

第三,调整账户不能离开被调整账户而独立存在,有调整账户就有被调整账户。

为了便于比较分析,现将账户按经济内容和按用途结构分类对照,如表 2－4 所示。

表 2－4　账户按经济内容和按用途结构分类对照表

按用途和结构分类	按经济内容分类				
	资产账户	负债账户	所有者权益账户	成本账户	损益账户
盘存账户	库存现金 银行存款 原材料 库存商品 固定资产				
结算账户	应收账款 应收票据 预付货款 其他应收款	短期借款 应付账款 其他应付款 应付职工薪酬 应交税费 长期借款			
资本和资本增值账户			实收资本 资本公积 盈余公积		
集合分配账户				制造费用	
成本计算账户				生产成本	
收入账户					主营业务收入 其他业务收入 营业外收入
费用账户					主营业务成本 营业税金及附加 其他业务成本 管理费用 财务费用 销售费用 营业外支出 所得税费用
财务成果账户					本年利润
调整账户	累计折旧 累计摊销 材料成本差异				利润分配

三、会计科目与账户的关系

会计科目和会计账户是两个既有区别又相互联系的概念。

两者的联系是：会计科目与账户都是对会计对象具体内容的项目分类，两者口径一致，性质相同，两者的名称和反映的经济内容相同；会计科目是账户的名称，也是设置账户的依据，账户是会计科目的具体运用。会计科目的名称、内容和性质决定会计账户的名称、内容和性质。

　　两者的区别是:会计科目仅仅是账户的名称,只能表明某项经济业务的内容,不存在结构与记账的方向等问题;而账户除了名称以外,则具有一定的格式和结构,还能连续地记录某项经济业务的增减变化情况及结果。

第二节　复式记账

一、复式记账的原理

　　记账方法,是指会计核算中在账户上记录经济业务的具体手段,即根据一定的原理和原则,运用一定的记账符号和记账规则,采用一定的计量单位,利用文字和数字记录经济业务的一种专门的方法。记账方法按记录经济业务的方式不同,可分为单式记账法和复式记账法两种。会计核算最早采用的记账方法是单式记账法。复式记账法则是随着经济的发展在单式记账法的基础上演变、发展而来的。近代会计产生之前,普遍采用单式记账法。复式记账法萌芽于12—13世纪,经不断发展和完善,于15世纪才得到推广。

(一)单式记账法

　　单式记账法是对发生的每一项经济业务所引起的会计要素的增减变动,往往只从一个方面进行记录的一种记账方法。这种单方面记录通常只限于货币收付和债权、债务的增减,对其他项目的变化则不作记录。因此,一般只设置"库存现金""银行存款""应收账款""应付账款"等账户。例如,以银行存款购买机器设备这项经济业务,采用单式记账法,只在"银行存款"账户上记录银行存款的减少而不记录固定资产的增加。单式记账法不是对所有经济业务都反映,账户之间就不能形成对应的相互平衡关系,所以不能全面、系统地反映经济业务的来龙去脉,也不便于检查账户记录的正确性。因此,单式记账法是一种简单、不完整、不科学的记账方法,故而逐渐被复式记账法所取代。

(二)复式记账法

　　复式记账法是相对单式记账法而言的,它是一种比较科学的记账方法,是指对发生的每一项经济业务,都以相等的金额,在相互关联的两个或两个以上的账户中进行记录的一种方法。例如,以银行存款购买机器设备时,按照复式记账规则应以相等的金额一方面在"银行存款"账户中记减少数,另一方面需在"固定资产"账户中记录增加数。

　　1. 复式记账法的特点

　　由于单式记账法在选择单方面记账时重点考虑的是货币资金及债权、债务的业务,而没有一套完整的账户体系,因此复式记账法比单式记账法有不可比拟的优点。复式记账法的特点是:

　　(1) 对每一项经济业务,都在两个或两个以上相互关联的账户中进行记录。由于每一项经济业务发生后,都是以相等的金额在两个或两个以上相互关联的账户中进行记录,这样不仅可以全面、系统地反映经济活动过程和经营成果,而且能够全面、清晰地反映出经济业务的来龙去脉。

（2）定期汇总的全部账户记录必然试算平衡。由于每一项经济业务发生后，都是以相等的金额在两个或两个以上相互关联的账户中进行记录，因此定期汇总全部账户记录的数据，必然会保持试算平衡。通过汇总平衡，有利于核对账户记录、检查账户记录是否正确。

知识拓展

复式记账法本身具有一种内在、自动的平衡机制，通过对不平衡的发现来检查账户记录的正确性，以防止差错。采用复式记账时，应遵循以下基本原则：① 必须以会计等式作为记账基础；② 对每项经济业务必须在两个或两个以上相互联系的账户中等额记录；③ 必须按经济业务影响会计等式的四种类型进行记录；④ 定期汇总的全部账户记录发生额、余额必须各自平衡。

2. 复式记账法的理论依据

每一项经济业务的发生都会引起有关会计要素的增减变化，会计要素的各种变化，最后都集中表现为"资产""权益"这两大类会计要素的增加或减少，而且能始终保持它们之间的总量平衡。每项经济业务的发生至少涉及两个方面，这两个方面可以用相对应的账户表示；加之变化的金额相等，以此为依据，对所发生的每项经济业务以相等的金额同时在两个或两个以上相互联系的账户中进行登记，就形成了复式记账。

复式记账法体现了基本会计等式"资产＝负债＋所有者权益"所表现出来的数量上的平衡关系，或者说它是以基本会计等式为依据设计的一种记账方法。它从基本会计等式的平衡关系开始，中间增减变动可能变化万千，但最终仍以基本会计等式的平衡而结束。即资金运动的内在规律性是复式记账的理论依据。

3. 复式记账法的种类

我国会计实务中，曾采用过增减记账法、收付记账法和借贷记账法三种。增减记账法是以"增""减"为记账符号，以"资金占用＝资金来源"为理论基础，直接反映经济业务所引起的会计要素增减变化的一种复式记账方法，它是在我国会计实务中实行的一种特有的记账方法。该法经过试行于1996年开始，在我国商业系统全面推行，工业企业和其他行业也有采用这种记账方法的。1993年7月1日，《企业会计准则——基本准则》实施后，增减记账法改为借贷记账法。收付记账法是以"收""付"作为记账符号，反映经济业务所引起会计要素增减变动的一种记账方法。这种记账方法被我国预算会计长期使用。收付记账法按其记账主体的不同，分为资金收付记账法（我国行政事业单位曾采用）、财产收付记账法和现金收付记账法（我国金融企业曾采用）。

尽管增减记账法、收付记账法曾在我国的商业企业、金融企业和行政事业单位广泛应用，但这两种复式记账方法在记账规则、试算平衡方面都不及借贷记账法科学、严密。借贷记账法是世界各国普遍采用的一种复式记账方法。1993年7月1日开始实施的《企业会计准则——基本准则》第八条规定"会计记账应采用借贷记账法"，至此借贷记账法成为我国各企事业单位所采用的唯一记账方法。

二、借贷记账法

据有关史料的记载和会计史学家们的考证,借贷记账法最初大约产生于12—13世纪资本主义开始萌芽的意大利北部城市佛罗伦萨,不过那时的记账方法基本上还是单式记账,复式记账还处于萌芽阶段。后来,这种记账方法传到了热那亚,热那亚人对该方法进行了改进,并且采用复式记账。之后该方法传到了意大利名城威尼斯,威尼斯商人在此基础上进行了进一步的改进,又加入了收入、费用等损益账户和资本(权益)账户,当时称该方法为意大利式借贷记账法,也称威尼斯记账法。1494年,意大利数学家卢卡·帕乔利出版了《算术、几何、比及比例概要》一书,该书的出版,为推动复式簿记在整个欧洲和全球范围的普及奠定了基础,该著作的出版标志着借贷记账法的产生。

(一)借贷记账法的概念

借贷记账法是以"借""贷"为记账符号,运用复式记账的原理,反映各项会计要素增减变动情况的一种记账方法。与其他复式记账方法相比,其特点主要体现在记账符号、账户设置与账户结构、记账规则和试算平衡等方面。

借贷记账法的
概念和账户结构

(二)借贷记账法的记账符号

借贷记账法是以"借""贷"二字作为记账符号,用以说明经济业务发生后应记入有关账户的方向,即"借方""贷方"。

"借""贷"二字虽然没有实际的意义,但作为记账符号,其作用和含义如下:

(1)表示记入账户的方向。账户的左方为借方,账户的右方为贷方。

(2)表示资金运动的来龙去脉。一般来说,贷方表示资本增加的来源,借方表示资本减少的去向。

(3)表示资金运动的数量变化。"借"一方面表示资产或费用的增加,另一方面表示负债、所有者权益、收入的减少;"贷"一方面表示负债、所有者权益、收入的增加,另一方面表示资产或费用的减少。

(4)表示账户的性质。"借"表示资产性质账户,"贷"表示负债、所有者权益性质账户,并据此可以得出结论:凡余额在借方的账户一般可判定为资产类账户;凡余额在贷方的账户一般可判定为负债、所有者权益类账户。

"借""贷"二字作为记账符号,它们所表示的增加、减少含义并不确定,而是取决于账户的经济性质。如果某账户的借方表示增加,则贷方一定表示减少;反之亦然。

(三)借贷记账法的账户结构

在借贷记账法下,每一账户都分为左右两方两个基本部分,通常左方为借方,右方为贷方,借贷方按相反的方向记录,即一方记增加数,另一方就记减少数。

哪一方登记增加,哪一方登记减少,取决于账户的经济性质。

1. 资产类账户的结构

资产类账户的结构是:账户的借方登记资产的增加额,贷方登记资产的减少额。由于资产的减少额不可能大于它的期初余额与本期增加额之和,所以这类账户期末如有余额,一般在借方。该类账户期末余额的计算公式如下:

资产类账户期末借方余额＝期初借方余额＋本期借方发生额－本期贷方发生额

资产类账户的结构如图 2-14 所示。

借方	资产类账户	贷方
期初余额 本期增加额	本期减少额	
本期发生额合计	本期发生额合计	
期末余额		

图 2－14 资产类账户结构图

2. 负债类及所有者权益类账户的结构

由"资产＝负责＋所有者权益"的会计等式所决定,负债及所有者权益类账户的结构与资产类账户相反,其贷方登记负债及所有者权益的增加额,借方登记负债及所有者权益的减少额。由于负债及所有者权益的增加额与期初余额之和通常大于其本期减少额,所以,这类账户期末如有余额,一般在贷方。该类账户期末余额的计算公式如下:

$$\text{负债类及所有者权益类账户期末贷方余额} = \text{期初贷方余额} + \text{本期贷方发生额} - \text{本期借方发生额}$$

负债类及所有者权益类账户的结构如图 2-15 所示。

借方	负债及所有者权益类账户	贷方
本期减少额	期初余额 本期增加额	
本期发生额合计	本期发生额合计	
	期末余额	

图 2－15 负债、所有者权益类账户结构图

3. 成本、费用类账户的结构

成本、费用类账户的结构是:账户的借方登记成本、费用的增加额;贷方登记成本、费用的减少额或转销额。由于借方登记的成本、费用的增加额一般都要通过贷方转出,所以成本、费用类账户通常没有期末余额,如有余额也表现为借方余额。

成本、费用类账户的结构如图 2-16 所示。

借方	成本、费用类账户	贷方
本期增加额	本期减少额	
本期发生额	本期发生额	

图 2－16 成本、费用类账户结构图

4. 收入类账户的结构

收入类账户的结构是：账户的贷方登记收入的增加额，借方登记收入的减少额和转销额。由于贷方登记的收入增加额一般都要通过借方转出，所以收入类账户通常没有期末余额。

收入类账户的结构如图 2-17 所示。

借方	收入类账户	贷方
本期减少额	本期增加额	
本期发生额	本期发生额	

图 2-17　收入类账户结构图

5. 利润类账户的结构

利润类账户的结构与负债及所有者权益类账户大致相同，其结构是：账户的贷方登记利润的增加额，借方登记利润的减少额。期末如有余额，一般在贷方。

利润类账户的结构如图 2-18 所示。

借方	利润类账户	贷方
本期减少额	期初余额 本期增加额	
本期发生额合计	本期发生额合计	
	期末余额	

图 2-18　利润类账户结构图

提炼点睛

资产类账户的余额在借方，权益类账户的余额在贷方，反过来余额在借方的账户就是资产类账户，余额在贷方的账户就是权益类账户。因此，在借贷记账法下，一般来讲可以根据账户的余额来判断账户的性质或类别。但有些账户比较特殊，如"累计折旧"账户，虽然属于反映固定资产损耗的账户，但其期末余额在贷方。

（四）借贷记账法的记账规则

借贷记账法以"有借必有贷，借贷必相等"作为记账规则。根据复式记账原理，任何一项经济业务的发生，都必须以相等的金额，按照相反的方向在两个或两个以上相互关联的账户中进行记录，即一方面记入一个账户的借方，另一方面记入一个或几个账户的贷方；或记入几个账户的借方，另一个账户的贷方。这样就必然形成"借贷必相等"的规则。

记账规则

下面举例说明：

【例 2-1】神禾公司于 2023 年 1 月 2 日获得所有者 A 追加投入资本 100 000 元存入开户银行。

这笔经济交易或事项的发生，引起资产方的"银行存款"增加了 100 000 元，应记入该账户借方；权益方的"实收资本"也增加了 100 000 元，应记入该账户的贷方。有借有贷，借贷金额相等。

【例 2－2】神禾公司于 2023 年 1 月 12 日从银行提取现金 5 000 元。

这笔经济交易或事项的发生，引起资产方的"库存现金"增加了 5 000 元，应记入该账户借方；"银行存款"减少了 5 000 元，应记入该账户的贷方。有借有贷，借贷金额相等。

【例 2－3】神禾公司于 2023 年 1 月 15 日开出支票动用银行存款 18 000 元，偿还前欠货款。

这笔经济交易或事项的发生，引起权益方的"应付账款"减少 18 000 元，应记入该账户的借方；资产方的"银行存款"减少 18 000 元，应记入该账户的贷方。有借有贷，借贷金额相等。

【例 2－4】神禾公司提出展期申请，银行于 2023 年 1 月 18 日同意其短期借款 30 000 元展期两年，变更为长期借款。

这笔经济交易或事项的发生，引起权益方的"短期借款"减少 30 000 元，应记入该账户借方；而"长期借款"则增加 30 000 元，应记入该账户贷方。有借有贷，借贷金额相等。

根据以上经济业务分析，在借贷记账法下，对任何一项经济业务的发生，都必须采用"有借必有贷，借贷必相等"的记账规则。现将这一规则用图 2－19 归纳如下。

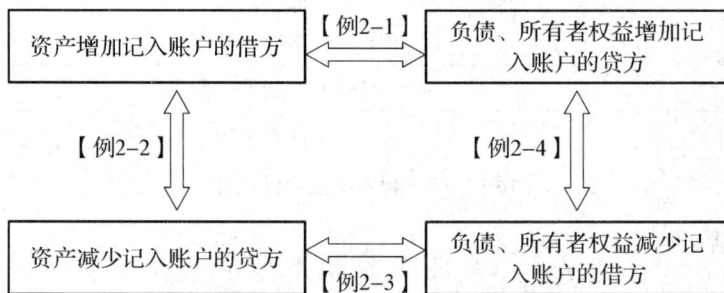

图 2－19　经济业务增减变化图

（五）账户的对应关系和会计分录

1. 账户的对应关系

运用借贷记账法记录经济业务时，对每项经济业务都要在两个或两个以上账户的借方和贷方进行反映，这样就使得有关账户之间形成了一定的应借、应贷的相互关系，这种账户之间的关系就称作账户的对应关系。存在对应关系的账户就叫对应账户。通过账户的对应关系，可以了解经济业务的内容。因此，在记录某项经济业务之前，首先应对该项经济业务分析，正确确定应借、贷什么账户及其对应关系，这有利于日后分析经济业务，检查经济业务的合法性、合理性。例如，购买新机器记入"固定资产"的借方，同时因为支付了银行存款，所以记入"银行存款"的贷方，这样，在"固定资产"和"银行存款"之间就形成了应借、应贷的关系，即账户的对应关系。

2. 会计分录

会计分录是指对某项经济业务事项标明其应借应贷账户及金额的记录，简称分录。在

实际工作中,为了保证账户记录的正确性,在把经济业务记入账户之前,应先在记账凭证中编制会计分录。在编制会计分录时,一般经过以下步骤:

(1) 分析经济业务所影响的会计要素及其具体的会计账户;

(2) 确定账户金额的变动方向,是增加还是减少;

(3) 根据账户的结构,确定所涉及的账户哪个记借方,哪个记贷方。

(4) 检查应借应贷账户是否正确,借贷方金额是否相等。

编制会计分录的格式,一般是先借后贷、上借下贷或左借右贷。一般"贷"字应对齐借方会计科目的第一个字,金额也要错开写。如上述四个简例的会计分录分别为:

【例 2-5】 2023 年 1 月 2 日,神禾公司获得所有者 A 追加投入资本 100 000 元存入开户银行。

借:银行存款　　　　　　　　　　　　　　　　　　　　100 000

　贷:实收资本　　　　　　　　　　　　　　　　　　　　100 000

【例 2-6】 2023 年 1 月 12 日,神禾公司从银行提取现金 5 000 元。

借:库存现金　　　　　　　　　　　　　　　　　　　　5 000

　贷:银行存款　　　　　　　　　　　　　　　　　　　　5 000

【例 2-7】 2023 年 1 月 15 日,神禾公司开出支票动用银行存款 18 000 元,偿还前欠货款。

借:应付账款　　　　　　　　　　　　　　　　　　　　18 000

　贷:银行存款　　　　　　　　　　　　　　　　　　　　18 000

【例 2-8】 2023 年 1 月 18 日,神禾公司提出展期申请,银行同意其短期借款 30 000 元展期两年,变更为长期借款。

借:短期借款　　　　　　　　　　　　　　　　　　　　30 000

　贷:长期借款　　　　　　　　　　　　　　　　　　　　30 000

在遇有复杂的经济业务时,需考虑登记一个账户的借方和几个账户的贷方或几个账户的借方和一个账户的贷方,借贷双方的金额也必须相等。

会计分录有简单会计分录与复合会计分录之分。简单会计分录是指一个账户的借方同另一个账户的贷方发生对应关系的会计分录,即一借一贷的会计分录。

想一想

神禾公司职员张明出差借差旅费 5 000 元,开现金支票付讫。试编制会计分录。

解析:

借:其他应收款　　　　　　　　　　　　　　　　　　　5 000

　贷:银行存款　　　　　　　　　　　　　　　　　　　　5 000

复合会计分录是由若干个简单会计分录组成的分录,即一个账户的借方同几个账户的贷方或一个账户的贷方同几个账户的借方发生对应关系的会计分录。为了保持账户对应关系清楚,一般不宜编制多借多贷的会计分录。

【例 2-9】 张明回单位报销差旅费 4 200 元,交回多余现金 800 元。

借:管理费用　　　　　　　　　　　　　　　　　　　　4 200

　库存现金　　　　　　　　　　　　　　　　　　　　　800

贷：其他应收款		5 000

以上复合会计分录是由两个简单会计分录复合而成的。

其会计分录如下：

借：管理费用	4 200	
贷：其他应收款		4 200
借：库存现金	800	
贷：其他应收款		800

(六) 登账和结账

对于每一项经济业务，在编制会计分录以后，即应计入有关账户，这个记账工作通常称为登账。登账之后，要在月末结算出各账户的本期借方、贷方发生额，并计算出各账户的期末余额，这个过程通常称为结账。

【例 2－10】 神禾公司 2023 年 1 月 1 日各总账账户余额如表 2－5 所示。

表 2－5 神禾公司 2023 年 1 月 1 日总账账户余额

账户名称	借方余额	账户名称	贷方余额
库存现金	1 000	短期借款	30 000
银行存款	100 000	应付账款	24 000
应收账款	70 000	长期借款	120 000
其他应收款	20 000	实收资本	600 000
原材料	83 000		
固定资产	500 000		
合 计	774 000	合 计	774 000

根据神禾公司 2023 年 1 月 1 日各总账账户余额及其 1 月份发生的四笔经济业务的会计分录（见[例 2－5]至[例 2－8]）记入各有关总分类账户，并结算出各账户的本期发生额和期末余额，如图 2－20 所示。

借方	库存现金	贷方
期初余额	1 000	
(2)	5 000	
本期发生额合计 5 000		本期发生额合计
期末余额	6 000	

借方	银行存款		贷方
期初余额	100 000	(2)	5 000
(1)	100 000	(3)	18 000
本期发生额合计	100 000	本期发生额合计	23 000
期末余额	177 000		

借方	应收账款	贷方
期初余额	70 000	
本期发生额合计		本期发生额合计
期末余额	70 000	

借方	其他应收款	贷方
期初余额	20 000	
本期发生额合计		本期发生额合计
期末余额	20 000	

借方		原材料		贷方
期初余额	83 000			
本期发生额合计		本期发生额合计		
期末余额	83 000			

借方		固定资产		贷方
期初余额	500 000			
本期发生额合计		本期发生额合计		
期末余额	500 000			

借方		短期借款		贷方
(4)	30 000	期初余额	30 000	
本期发生额合计	30 000	本期发生额合计		
		期末余额	0	

借方		应付账款		贷方
(3)	18 000	期初余额	24 000	
本期发生额合计	18 000	本期发生额合计		
		期末余额	6 000	

借方		长期借款		贷方
		期初余额	120 000	
		(4)	30 000	
本期发生额合计		本期发生额合计	30 000	
		期末余额	150 000	

借方		实收资本		贷方
		期初余额	600 000	
		(1)	100 000	
本期发生额合计		本期发生额合计	100 000	
		期末余额	700 000	

图 2 - 20

（七）借贷记账法的试算平衡

1. 试算平衡的含义

会计记录也许会发生错误,必须及时发现,及时处理。根据会计等式可知,采用借贷记账法,所有账户期初借方余额和期初贷方余额必然相等,而会计期间对于发生的每一项经济业务交易或事项都是用借贷相等的金额来记录,因此全部账户的借方发生额和贷方发生额也必然相等,从而全部账户的借方余额也必然与贷方余额相等,这就形成了账户之间的一系列的平衡关系。这种平衡关系主要包括三个方面:

（1）全部账户借方期初余额合计数＝全部账户贷方期初余额合计数。

（2）全部账户本期借方发生额合计数＝全部账户本期贷方发生额合计数。

（3）全部账户借方期末余额合计数＝全部账户贷方期末余额合计数。

上述三个方面的平衡关系,可以用来检查会计科目记录的正确性。如果三个方面都保持平衡,说明记账工作基本是正确的。通常把这种检查会计账户记录的工作方法称为试算平衡。

故而试算平衡可以定义为:以会计恒等式和借贷记账法为理论依据,根据资产与权益之间的平衡关系,按照记账规则的要求,通过对所有账户记录的汇总和计算,来检查各类账户的记录是否正确的一种方法。

2. 试算平衡的分类

试算平衡分为发生额试算平衡法与余额试算平衡法。

试算平衡

（1）发生额试算平衡法。

根据借贷记账法"有借必有贷，借贷必相等"的记账规则，每一笔交易或事项均以相等的金额记入两个或两个以上相关账户的借方和贷方，故而对每一笔交易或事项而言，计入借方的金额合计与计入贷方的金额合计必然相等。推而广之，一定时期内所有交易或事项全部记入账户后，所有账户的借方发生额合计与贷方发生额合计也必然是相等的。发生额试算平衡法正是基于这一原理来判断一定时期内会计记录是否正确的，即根据本期所有账户借方发生额合计与贷方发生额合计的恒等关系，来检验本期发生额记录是否正确。用公式表示为：

全部账户本期借方发生额合计数＝全部账户本期贷方发生额合计数

根据［例 2-5］至［例 2-8］，编制的发生额试算平衡表如表 2-6 所示。

表 2-6　总分类账户本期发生额试算平衡表

2023 年 1 月

单位：元

账　户	借方发生额	贷方发生额
库存现金	5 000	
银行存款	100 000	23 000
应付账款	18 000	
短期借款	30 000	
长期借款		30 000
实收资本		100 000
合　计	153 000	153 000

（2）余额试算平衡法。

余额试算平衡法所基于的原理是本期所有账户的借方余额合计与贷方余额合计应当恒等的关系，根据此来检验本期账户记录是否正确。根据余额实际的不同，余额试算平衡又分为期初余额平衡和期末余额平衡两类。公式分别为：

全部账户借方期初余额合计数＝全部账户贷方期初余额合计数

全部账户借方期末余额合计数＝全部账户贷方期末余额合计数

实务中，余额试算平衡是通过编制试算平衡表来完成的。假设神禾公司 2023 年 1 月 1 日所有账户期初余额如表 2-5 所示，1 月份发生的经济业务如［例 2-5］至［例 2-8］所列，则编制的试算平衡表如表 2-7 所示。

表 2-7　试算平衡表

2023 年 1 月

单位：元

账户名称	期初余额		本期发生额		期末余额	
	借　方	贷　方	借　方	贷　方	借　方	贷　方
库存现金	1 000		5 000		6 000	

续表

账户名称	期初余额		本期发生额		期末余额	
	借　方	贷　方	借　方	贷　方	借　方	贷　方
银行存款	100 000		100 000	23 000	177 000	
应收账款	70 000				70 000	
其他应收款	20 000				20 000	
原材料	83 000				83 000	
固定资产	500 000				500 000	
短期借款		30 000	30 000			0
应付账款		24 000	18 000			6 000
长期借款		120 000		30 000		150 000
实收资本		600 000		100 000		700 000
合　计	774 000	774 000	153 000	153 000	856 000	856 000

通过编制试算平衡表可以对一段时间内企业账户记录的正确性进行验证,如果借贷不平衡,说明账户的记录和计算肯定有错误,必须立即检查,进行更正。但试算平衡表也有其局限性,一些错记或漏记的情况是试算平衡表无法发现的。例如,一笔经济业务事项重复记录或借贷方同时漏记、账户的借贷方向被颠倒、用错账户名称等。

尽管试算平衡表存在上述这些局限性,但就目前而言,试算平衡表在检查会计记录的正确性方面,仍是其他方法所无法取代的。

三、总分类账户与明细分类账户

(一)总分类账户与明细分类账户的设置

在会计核算工作中,为了适应企业经济管理的需要,对于一切经济业务都要在有关账户中进行登记。不但要提供总括的核算资料,而且要提供详细的核算资料。各会计主体日常使用的账户,按提供资料的详细程度不同,需要开设总分类账户和明细分类账户两种。

总分类账户是根据一级会计科目开设的,用以记录各会计要素具体内容增减变动总括情况的账户,又称总账账户或一级账户。总分类账户只以货币为计量单位进行记录,该类账户所提供的是综合资料,如"原材料"总分类账户提供的是企业全部原材料的增减变化及结存情况。由于总分类账户没有实物指标,所以不可能对各项会计要素的增减变动过程及其结果的详细资料进行核算和监督,因此在应用总分类账户的同时,还必须应用明细分类账户。

明细分类账也称明细账,是按总账科目所属的明细科目开设的、用来分类登记某类经济业务详细情况、提供明细核算资料的账簿。明细分类账户不但以货币为度量单位,还可以用实物等为度量单位,提供详细而具体核算资料的账户。例如,为了具体了解各种资料的收、发、结存情况,就有必要在"原材料"总分类账户下,按照材料的品种分别设置明细分类账,它是对总分类账户的进一步补充。

(二)总分类账户与明细分类账户的关系

总分类账户与明细分类账户二者之间是密切相关的,总分类账户对所属明细分类账户起着控制和统驭作用,是明细分类账户的综合化;明细分类账户对其应属的总分类账户起详细的补充说明作用,是总分类账户的具体化。二者结合,构成了完整的账户应用体系。

1. 总分类账户与明细分类账户的联系

(1)总分类账户与明细分类账户所反映的经济业务的内容相同。例如,"原材料"总分类账户与其所属的明细分类账户都是反映材料收发业务的,两类账户在总金额上应当相等。

(2)总分类账户与明细分类账户登记账簿的原始依据相同。总分类账户与明细分类账户登记的原始凭证相同,如"原材料"总分类账户与其所属的明细分类账户都是根据企业当期的收发料原始凭证登记的。

2. 总分类账户与明细分类账户的区别

(1)总分类账户与明细分类账户反映经济内容的详细程度不同。总分类账户反映资金增减变动的总括情况,一律用货币计量单位进行核算;明细分类账户提供详细具体的资料,反映资金增减变动的详细情况,除采用货币计量单位外,还采用实物、劳动计量单位进行核算。

(2)总分类账户与明细分类账户的作用不同。总分类账户提供的经济指标,是明细分类账户资料的综合,对所属明细分类账户起着统驭和控制作用;明细分类账户是对有关总分类账户的补充,起着辅助和补充说明作用。

(三)总分类账户与明细分类账户的平行登记

在会计核算中,为了便于进行账户记录的核对,保证核算资料的完整性和正确性,总分类账户和明细分类账户之间必须采取平行登记的方法。平行登记是指在经济业务发生之后,一方面要登记相关的总分类账户,另一方面要在其所属的明细分类账户中进行登记的方法。平行登记的要点如下:

(1)同依据。对已经发生的经济业务,登记总分类账户与明细分类账户时都要以相同的原始凭证为依据,不能根据对方记录进行转记。

(2)同方向。每一项经济业务,在总分类账户和所属明细分类账户中进行登记时,其记账方向(借方或贷方)必须一致。也就是说,记入总分类账户借方的同时,也要记入明细分类账户会计科目的借方,如果是记贷方,同样要分别记入贷方,借贷方向相同。

(3)同时期。对于每项经济业务,在同一会计期间必须既要记入有关的总分类账户,又要记入该总分类账户所属的明细分类账户,以便总分类账户和明细分类账户之间能够互相验证和核对。

(4)同金额。每一项经济业务,记入总分类账户中的金额,必须与记入所属明细分类账户的金额之和相等。

思政小课堂

在漫长的历史发展过程中,会计数据处理一直由"算盘"为代表的手工工具来辅助,这种手工处理方式虽然具有良好的适应性,但会计业务处理速度较慢,会计人员的工作效率较低。随着社会经济的不断发展与科技的不断进步,传统的手工会计发展演变为以电子计算机为主体的电算化会计信息系统。20世纪50年代,电子计算机已被一些工业发达国家应用于会计领域。

我国会计信息化工作始于1979年,随着20世纪80年代计算机在全国各个领域的应用、推广和普及,计算机在会计领域的应用也得以迅速发展。我国会计电算化的发展主要分为以下三个阶段:1983年以前为缓慢发展阶段。计算机技术应用会计领域的范围十分狭窄,涉及的业务十分单一,最普遍的是工资核算的电算化。在这个阶段,由于会计电算化人员缺乏,计算机硬件比较昂贵,会计电算化没有得到高度重视。因此,会计电算化的发展比较缓慢。1983年至1987年为自发发展阶段。微型计算机在国民经济各个领域得到了广泛的应用。然而,由于应用电子计算机的经验不足,理论准备与人才培训不够,管理水平跟不上,在会计电算化过程中出现许多盲目的低水平重复开发的现象,浪费了许多人力、物力和财力。1987年至今为普及提高阶段。这一阶段相继出现了以开发经营会计核算软件为主的专业公司,而且业务发展很快,逐步形成了会计软件产业。

用友公司成立于1988年,为中国高端管理软件第一品牌,于2002年被认定为"中国驰名商标",并于2011年获"年度中国经济十大领军企业"。用友公司以"信息技术推动商业和社会进步"作为使命,致力于把先进信息技术的最佳管理与业务实践普及到客户的管理与业务创新活动中。作为中国企业集团转型升级的加速器,在中国及亚太地区超过150万家企业与机构正在运行着用友NC,中国500强企业超过60%使用用友软件,用友已成为中国集团大中型企业管理信息化应用系统的首选。金蝶国际软件有限公司始创于1993年,以"致良知、走正道、行王道"为核心价值观,曾连续十年被评为中国中小企业市场占有率第一名。金蝶通过管理软件与云服务,已为世界范围内超过680万家企业、政府组织提供服务。

通过了解我国会计电算化的发展以及国内知名会计软件公司,可以发现会计电算化是我国社会主义现代化道路进程中的必然结果,它是财务会计工作作为适应现代化管理需求而形成的产物。对于企业来讲,可以通过我国自主研发的会计软件来改善传统手工记账方式的不足,从信息质量、员工素质、企业管理和工作效率等方面不同程度地提升企业运营管理水平,同时帮助加快实现我国会计制度的改革,以此提升我们的民族自豪感和国家荣誉感。

本章总结

会计科目又称账户名称,是对会计要素的具体内容进行分类核算的项目。会计科目是为投资者、债权人、企业经营管理者等提供会计信息的重要手段,在设置过程中应努力遵循下列原则:第一,合法性原则;第二,相关性原则;第三,实用性原则。会计科目的分类标准一般有两个:按经济内容分类和按其提供信息的详细程度分类。会计科目按反映的经济内容不同,可分为资产类、负债类、共同类、所有者权益类、成本类和损益类。会计科目按提供指标的详细程度分为总分类科目和明细分类科目。

账户也称会计账户,是根据会计科目设置的,具有一定格式和结构,用于连续、系统、全面地记录会计交易事项,分类反映会计要素增减变动情况及其结果的载体。账户基本结构一般包括以下内容:① 账户的名称(会计科目);② 日期栏(经济业务的发生时间);③ 凭证号数栏(记账凭证的编号);④ 摘要栏(经济业务的简要说明);⑤ 增加栏、减少栏及余额变动金额栏。

会计科目和会计账户是两个既有区别又相互联系的概念。两者的联系是:会计科目与账户都是对会计对象具体内容的项目分类,两者口径一致,性质相同,两者的名称和反映的经济内容相同;会计科目是账户的名称,也是设置账户的依据,账户是会计科目的具体运用,会计科目的名称、内容和性质决定会计账户的名称、内容和性质。两者的区别是:会计科目仅仅是账户的名称,只能表明某项经济业务的内容,不存在结构与记账的方向等问题;而账户除了名称以外,具有一定的格式和结构,还能连续地记录某项经济业务的增减变化情况及结果。

复式记账法是相对单式记账法而言的,它是一种比较科学的记账方法,是指对发生的每一项经济业务,都以相等的金额在相互关联的两个或两个以上的账户中进行记录的一种方法。

借贷记账法是以"借""贷"为记账符号,运用复式记账的原理,反映各项会计要素增减变动情况的一种记账方法。资产类账户的借方登记资产的增加额,贷方登记资产的减少额,期末余额一般在借方,计算公式为:资产类账户期末借方余额=期初借方余额+本期借方发生额-本期贷方发生额;负债及所有者权益类账户的结构与资产类账户相反,其贷方登记负债及所有者权益的增加额,借方登记负债及所有者权益的减少额,期末余额一般在贷方,期末余额的计算公式如下:负债类及所有者权益类账户期末贷方余额=期初贷方余额+本期贷方发生额-本期借方发生额;成本、费用类账户的借方登记成本、费用的增加额,贷方登记成本、费用的减少额或转销额,该类账户通常没有期末余额,如有余额也表现为借方余额;收入类账户的结构是贷方登记收入的增加额,借方登记收入的减少额和转销额,收入类账户通常没有期末余额;利润类账户的结构与负债及所有者权益类账户大致相同,其结构是账户的贷方登记利润的增加额,借方登记利润的减少额,期末如有余额,一般在贷方。借贷记账法以"有借必有贷,借贷必相等"作为记账规则。

账户的对应关系指的是运用借贷记账法记录经济业务时,对每项经济业务都要在两个或两个以上账户的借方和贷方进行反映,这样就使得有关账户之间形成了一定的应借、应贷的相互关系,这种账户之间的关系就称作账户的对应关系。存在对应关系的账户就叫对应账户。

会计分录是指对某项经济业务事项标明其应借应贷账户及金额的记录,简称分录。

试算平衡是指以会计恒等式和借贷记账法为理论依据,根据资产与权益之间的平衡关系,按照记账规则的要求,通过对所有账户记录的汇总和计算,来检查各类账户的记录是否正确的一种方法。试算平衡分为发生额试算平衡法与余额试算平衡法,用公式表示为:全部账户本期借方发生额合计数=全部账户本期贷方发生额合计数;全部账户借方期初余额合计数=全部账户贷方期初余额合计数;全部账户借方期末余额合计数=全部账户贷方期末余额合计数。

总分类账户是根据一级会计科目开设的,用以记录各会计要素具体内容增减变动总括情况的账户,又称总账账户或一级账户;总分类账户只以货币为计量单位进行记录。明细分类账也称明细账,是按总账科目所属的明细科目开设的、用来分类登记某类经济业务详细情况、提供明细核算资料的账簿;明细分类账户不但以货币为度量单位,还可以用实物等为度量单位,提供详细而具体核算资料的账户。

在会计核算中,为了便于进行账户记录的核对,保证核算资料的完整性和正确性,总分类账户和明细分类账户之间必须采取平行登记的方法。

课前预习

一、单项选择题

1. 会计科目是对(   )的具体内容进行分类核算的项目。

A. 会计要素　　　　B. 会计账户　　　　C. 会计对象　　　　D. 会计方法

2. 会计账户的设置依据是(   )。

A. 会计对象　　　　B. 会计要素　　　　C. 会计科目　　　　D. 会计方法

3. 开设明细分类账户的依据是(   )。

A. 总分类科目　　　B. 明细分类科目　　C. 试算平衡表　　　D. 会计要素内容

4. 进行复式记账时,对任何一项经济业务登记的账户数量应是(   )。

A. 一个　　　　　　B. 两个　　　　　　C. 三个　　　　　　D. 两个或两个以上

5. 在借贷记账法下,所有者权益账户的期末余额等于(   )。

A. 期初贷方余额＋本期贷方发生额－本期借方发生额

B. 期初借方余额＋本期贷方发生额－本期借方发生额

C. 期初借方余额＋本期借方发生额－本期贷方发生额

D. 期初贷方余额＋本期借方发生额－本期贷方发生额

6. 在借贷记账法下,资产类账户的期末余额一般在(   )。

A. 借方　　　　　　B. 贷方　　　　　　C. 增加方　　　　　D. 减少方

7. 在借贷记账法下,账户的哪一方记增加,哪一方记减少,取决于(   )。

A. 账户的格式　　　B. 账户的结构　　　C. 账户的用途　　　D. 账户的经济性质

8. "应收账款"账户期初余额为 6 000 元,本期借方发生额为 5 000 元,贷方发生额为 4 000 元,则期末余额为(   )。

A. 借方 6 000 元　　B. 贷方 3 000 元　　C. 借方 7 000 元　　D. 贷方 2 000 元

9. 下列账户中,年度终了一般没有余额的是(   )。

A. 生产成本　　　　B. 本年利润　　　　C. 利润分配　　　　D. 应付债券

10. 那些既要进行总分类核算又要进行明细分类核算的经济业务发生后,在总分类账户和其所属的明细分类账户的登记必须采用(   )。

A. 平行登记　　　　B. 补充登记　　　　C. 试算平衡　　　　D. 复式记账

二、判断题

1. 会计科目是会计要素进一步分类的项目,也是账户的名称。　　　　　　　　(   )

2. 设置账户是会计核算的重要方法之一。　　　　　　　　　　　　　　　　(   )

3. 对每一个账户来说,期初余额只可能在账户的一方:借方或贷方。　　　　　(   )

4. 在借贷记账法下,"借"表示增加,"贷"表示减少。　　　　　　　　　　　(   )

5. 对于负债、所有者权益类账户,期末贷方余额＝期初贷方余额＋本期贷方发生额－本期借方发生额。　　　　　　　　　　　　　　　　　　　　　　　　　　(   )

6. 单式记账法下,任何一项交易或事项都不需要在两个或两个以上的账户中进行记录反映。 （   ）

7. 借贷记账法下,收入类账户一般有贷方余额。 （   ）

8. 按借贷记账法的记录方法,资产类账户的余额一定在借方。 （   ）

9. 编制试算平衡表,如果试算不平衡,则账户记录或计算一定有错误;如果试算平衡,可大体推断账户记录正确,但不能绝对肯定账户记录无误。 （   ）

10. 为了满足管理的需要,企业的会计账户设置得越细越好。 （   ）

三、名词解释

会计科目 总分类科目 明细分类科目 账户 复式记账法 调整账户 借贷记账法
会计分录 登账 结账 试算平衡 总分类账户 明细分类账户 平行登记

课后练习

一、单项选择题

1. 账户余额一般与（   ）在同一方向。

A. 增加额　　　　　B. 减少额　　　　　C. 借方增加额　　　　　D. 贷方增加额

2. 借贷记账法试算平衡的依据是（   ）。

A. 资金运动变化规律　　　　　B. 会计等式平衡原理

C. 会计账户基本结构　　　　　D. 平行登记基本原理

3. 下列错误中能够通过试算平衡查找的是（   ）。

A. 重记经济业务　　B. 漏记经济业务　　C. 借贷方向相反　　D. 借贷金额不等

4. 账户的贷方反映的是（   ）。

A. 费用的增加　　　　　B. 所有者权益的减少

C. 收入的增加　　　　　D. 负债的减少

5. 在复合会计分录中,"借:固定资产 50 000;贷:银行存款 20 000,贷:应付账款30 000",与"银行存款"存在账户对应关系的是（   ）。

A. "应付账款"　　　　　B. "银行存款"

C. "固定资产"　　　　　D. "银行存款"和"固定资产"

6. 费用类账户在会计期末一般（   ）。

A. 无余额　　　　　B. 有借方余额

C. 有贷方余额　　　　　D. 有借方或贷方余额

7. 某企业月初有应付账款贷方 100 000 元,本月赊购材料 200 000 元,以银行存款偿还150 000 元,则月末"应付账款"账户的余额为（   ）。

A. 借方 150 000 元　　　　　B. 贷方 150 000 元

C. 借方 50 000 元　　　　　D. 贷方 50 000 元

8. 下列经济业务发生时,不会导致会计等式两边总额发生变化的是（   ）。

A. 收回应收账款并存入银行　　　　　B. 从银行取得借款并存入银行

C. 以银行存款偿还应付账款　　　　　D. 收到投资者以无形资产进行的投资

9. 下列引起资产和负债同时增加的经济业务是（   ）。

A. 以银行存款偿还银行借款　　　　　　B. 收回应收账款存入银行

C. 购进材料一批,货款未付　　　　　　D. 以银行借款偿还应付账款

10. 下列属于集合分配账户的是(　　)。

A. 管理费用　　　　B. 财务费用　　　　C. 销售费用　　　　D. 制造费用

二、多项选择题

1. 会计科目设置的原则有(　　)。

A. 合法性原则　　　B. 相关性原则　　　C. 实用性原则　　　D. 谨慎性原则

2. 下列项目中,属于会计科目的有(　　)。

A. 固定资产　　　　B. 运输设备　　　　C. 原材料　　　　　D. 未完工产品

3. 下列会计科目中(　　)为资产类会计科目。

A. 预付账款　　　　B. 预收账款　　　　C. 原材料　　　　　D. 应收票据

4. "预收B公司购买商品的订金18 000元存入银行。"核算这一经济业务应设置的会计科目有(　　)。

A. 原材料　　　　　B. 银行存款　　　　C. 预付账款　　　　D. 预收账款

5. "用银行存款预付C公司材料的订金6 000元。"核算这一经济业务应设置的会计科目有(　　)。

A. 原材料　　　　　B. 银行存款　　　　C. 预付账款　　　　D. 预收账款

6. 账户结构基本内容包括(　　)。

A. 账户的名称　　　　　　　　　　　　B. 日期栏

C. 凭证号数栏和摘要栏　　　　　　　　D. 增加、减少及余额栏

7. 下列属于调整账户的有(　　)。

A. 坏账准备　　　　B. 累计折旧　　　　C. 材料成本差异　　D. 利润分配

8. 每一笔会计分录均包括(　　)。

A. 会计科目　　　　B. 金额　　　　　　C. 记账方向　　　　D. 单位

9. 总分类账户和明细分类账户之间采取平行登记的要点有(　　)。

A. 同依据　　　　　B. 同方向　　　　　C. 同时期　　　　　D. 同金额

10. 借贷记账法下的试算平衡有(　　)。

A. 发生额平衡　　　　　　　　　　　　B. 期初余额平衡

C. 期末余额平衡　　　　　　　　　　　D. 总额平衡

三、简答题

1. 简述设置会计科目的概念及原则。

2. 会计科目按不同的标准如何分类?

3. 什么是账户?账户的作用有哪些?试简述账户的基本结构。

4. 账户按不同的标准如何分类?

5. 简述会计科目和会计账户的关系。

6. 什么是复式记账?其理论依据是什么?

7. 什么是借贷记账法?借贷记账法下各类账户的结构是怎样的?请说明借贷记账法的记账规则。

8. 总分类账户与明细分类账户的关系是怎样的? 如何进行二者的平行登记?

9. 试说明账户的对应关系。

10. 什么是试算平衡? 如何对其进行分类? 这种平衡关系主要包括哪些方面?

四、实务操作

1. 填表业务

表 2 - 8　　　　　　　　　　　　　　　　　　　　　　　　单位:元

账户名称	期初余额		本期发生额		期末余额	
	借方	贷方	借方	贷方	借方	贷方
银行存款	120 000		160 000	96 000	A	
固定资产	640 000		380 000	B	700 000	
应收账款	80 000		C	120 000	45 000	
原材料	D		148 000	100 000	57 000	
短期借款		200 000	200 000	80 000		E
应付账款		156 000	170 000	F		93 000
预收账款		68 000	G	30 000		68 000
实收资本		H	—	300 000		1 500 000

【要求】根据借贷记账法的账户结构,计算并填列表中字母处的数字。

2. 计算题

神禾公司 2023 年 3 月份各账户期初余额如下(见表 2 - 9):

表 2 - 9　　　　　　　　　　　　　　　　　　　　　　　　单位:元

账户名称	期初余额	账户名称	期初余额
库存现金	20 000	短期借款	100 000
银行存款	190 000	应付账款	50 000
原材料	90 000	应交税费	10 000
固定资产	200 000	实收资本	340 000
合　计	500 000	合　计	500 000

该公司 3 月份发生下列交易或事项。

(1) 购入机器设备,价款 40 000 元,当即开出现金支票。

(2) 收到投资人投入资本 300 000 元,存入银行存款户。

(3) 购入原材料 50 000 元,已验收入库,货款尚未支付。

(4) 向银行借入短期借款 50 000 元,直接归还前欠某单位货款。

(5) 开出支票缴纳税金 8 000 元。

【要求】

(1) 根据以上资料所列的交易或事项,用借贷记账法编制会计分录。

（2）开设 T 型账户,登记期初余额和本期发生额,结计期末余额,并编制"本期发生额及余额试算平衡表"(见表 2-10)。

表 2-10　本期发生额及余额试算表
2023 年 3 月

账户名称	期初余额		本期发生额		期末余额	
	借方	贷方	借方	贷方	借方	贷方
库存现金						
银行存款						
原材料						
固定资产						
短期借款						
应付账款						
应交税费						
实收资本						
合　计						

模块三

企业基本经济业务核算

知识框架

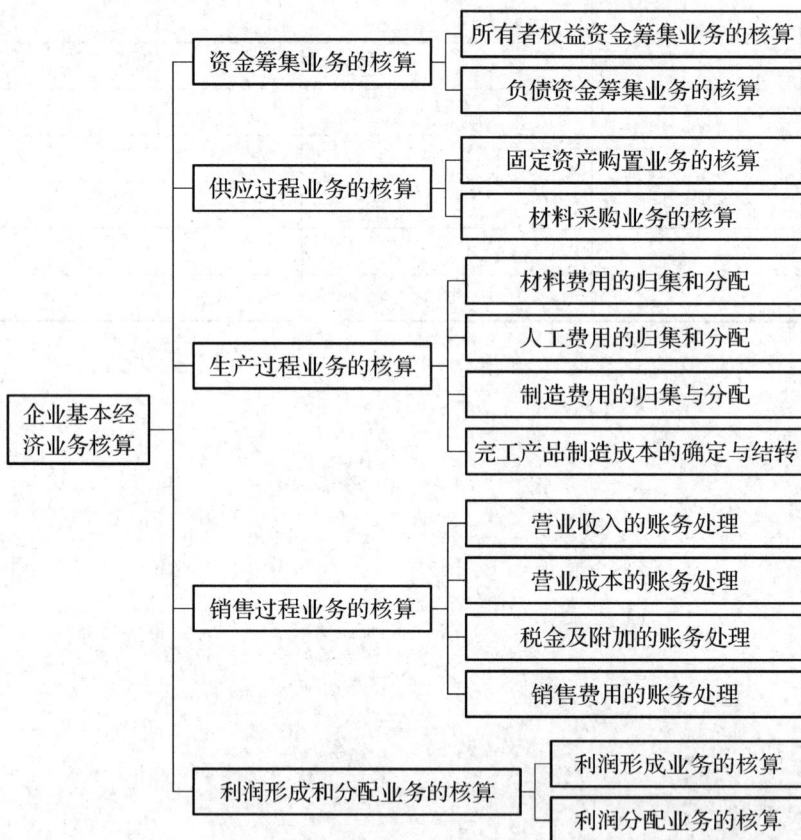

企业基本经济业务核算
- 资金筹集业务的核算
  - 所有者权益资金筹集业务的核算
  - 负债资金筹集业务的核算
- 供应过程业务的核算
  - 固定资产购置业务的核算
  - 材料采购业务的核算
- 生产过程业务的核算
  - 材料费用的归集和分配
  - 人工费用的归集和分配
  - 制造费用的归集与分配
  - 完工产品制造成本的确定与结转
- 销售过程业务的核算
  - 营业收入的账务处理
  - 营业成本的账务处理
  - 税金及附加的账务处理
  - 销售费用的账务处理
- 利润形成和分配业务的核算
  - 利润形成业务的核算
  - 利润分配业务的核算

知识目标

1. 了解制造业主要经济活动的环节以及各环节发生的主要经济业务；

2. 掌握借贷记账法下核算制造业各环节主要经济业务应设置的账户、账户的结构以及账务处理方法；

3. 明确资产、权益、生产费用、生产成本、期间费用、利润、利润分配等概念和相关内容。

能力目标

1. 能够熟练应用制造业主要经济活动各环节设置的账户；

2. 能够熟练编制制造业筹资、供应、生产、销售、利润的形成和分配的会计分录;

3. 能够正确归集与分配制造费用,正确计算产品生产成本,正确计算企业的营业利润、利润总额、净利润。

■ 思政目标

1. 培养学生端正的学习态度和对会计专业学习的浓厚兴趣;

2. 让学生养成规范的操作习惯和严谨、细致的工作作风。

■ 案例引导

神禾有限责任公司(简称神禾公司)是一家产品制造企业,开展经营业务活动,首先需要筹集资金,然后采购生产所需的设备和原材料,接着进行生产,制造完工后再组织商品销售,最后汇总计算经营盈亏,形成利润并进行利润的分配。假如你在该公司从事会计工作,请问经济业务的发生对不同的会计要素有哪些影响?对这些不同的经济业务进行核算需要设置哪些会计科目和账户?如何对制造企业的主要经营业务进行核算?

企业为了生产经营,首先必须拥有一定数量的经营资金,然后将其筹集的资金投入到供应过程,购买原材料和机器设备,为生产产品做好准备,资金的形态由货币资金转为储备资金。生产过程是制造业经营过程的中心环节,在这个过程中劳动者借助劳动工具对劳动对象进行加工,生产出适销对路的产品,因此生产过程既是产品的制造过程,又是物化劳动和活劳动的消耗过程,即费用、成本的发生过程,资金的形态由储备资金转化为生产资金再转化为成品资金。产品生产出来后还需要销售出去实现其价值,在销售过程中,企业销售产品收回货款或形成债权,资金的形态又由成品资金转化为货币资金,回到资金运动的起点,完成一次资金循环。企业在生产经营过程中的收入抵偿支出之后的差额,就形成了企业的利润,如果收不抵支就会发生亏损,则要按照法定的程序进行弥补。企业实现的利润一部分以税收的形式上缴国家,另一部分剩余的税后利润要按照法定的程序在有关各方之间进行合理的分配。通过利润分配,一部分资金以公积金等形式继续参加企业的资金周转,一部分资金退出了企业。

综上,制造业是以产品的生产和销售为主要活动内容的经济组织,经济业务内容完整,主要包括资金筹集、供应过程、生产过程、销售过程、利润形成与分配五个环节,每个环节都要发生相应的经济业务,都需要会计人员运用专门的方法及时、准确地做出相应的会计处理,即会计核算。

第一节 资金筹集业务的核算

企业作为独立核算、自负盈亏的实体,必须拥有一定数量的资金。有了资金,企业才能开展正常的生产经营活动。企业进行生产经营活动所需要的资金,其筹集渠道多种多样,但主要有两条渠道:一是投资者的投资及其增值,形成所有者的权益,该部分业务可以称为所有者权益资金筹集业务。二是向债权人借入的资金,形成债权人的权益,该部分业务可以称为负债资金筹集业务。投资者将资金投入企业进而对企业资产所形成的要求权为企业的所有者权益,债权人将资金借给企业进而对企业资产所形成的要求权为企业的负债。所谓所有者权益是指企业资产扣除负债后由所有者享有的剩余权益。公司的所有者权益又称为股东权益。在会计上,我们虽然将债权人的要求权和投资者的要求权统称为权益,但由于两者存在本质的区别,所以这两种权益在会计处理时也必然有着显著的差异。

一、所有者权益资金筹集业务的核算

企业从投资者处筹集资金是形成所有者权益的重要组成部分,企业的所有者权益按其核算内容和要求不同,可以分为所有者投入的资本、直接计入所有者权益的利得和损失、留存收益等。

所有者权益
筹资业务

所有者投入的资本包括实收资本(或股本)和资本公积;

直接计入所有者权益的利得和损失,是指不应计入当期损益的、会导致所有者权益发生增减变动的、与所有者投入资本或者与向所有者分配利润无关的利得或者损失;

留存收益是指企业在经营过程中所实现的利润留存于企业的部分,包括盈余公积和未分配利润。

本节的学习我们将重点介绍所有者权益中的实收资本和资本公积业务的核算,直接计入所有者权益的利得和损失、留存收益的内容我们将在后续进行阐述。

(一)实收资本业务的核算

1. 实收资本的含义

实收资本是指企业的所有者按照企业章程、合同或者协议的约定,实际投入企业的资本,即企业在工商行政管理部门登记注册的资金。有限责任公司称之为实收资本,股份有限公司称之为股本。实收资本代表着一个企业的实力,是创办企业的“本钱”,也是一个企业维持正常的经营活动、以本求利、以本负亏最基本的条件和保障,是企业独立承担民事责任的资金保证。因此,投资者投入的资本在企业经营期内,除法律、法规另有规定以外,一般不得收回。

2. 实收资本的分类

所有者向企业投入资本,即形成企业的资本金。企业的资本金按其资本投资主体不同,可分为国家资本金、法人资本金、个人资本金和外商资本金;企业的资本金按投入资本的形式不同,可分为货币资金资本金、实物资本金和无形资产资本金等。

3. 实收资本入账价值的确认

企业收到各方投资者投入资本金的入账价值的确定是实收资本核算中一个比较重要的问题。总体来说,投入资本是按照实际收到的投资额入账的,对于以货币资金形式投入的资本金,按照实际收到货币资金的金额入账;以非货币性资产投入的资本,按照合同或协议约定的价值入账。投资人投入的资本金超过其所认缴的资本金数额时,不能计入“实收资本”或“股本”,只能作为资本或股本溢价计入“资本公积”。必须注意,资本公积虽然是在投资者出资过程中形成的,但这部分出资并不经过法定的注册,不明确归属于谁的出资,也不作为利润分配的依据,只有在经过法定程序转增资本后才有注册资本的性质,因此属于准资本或

资本储备。例如,溢价发行股票。

4. 实收资本核算设置的账户

(1)"实收资本(股本)"账户。

① 性质:所有者权益类账户。

② 核算内容:核算和监督投资者投入资本的增减变动及结余情况。

③ 结构:贷方登记企业实际收到投资者的资本,以及按规定用资本公积金、盈余公积金转增资本的数额;借方一般没有发生额(按法定程序减资除外),登记因减资退还的资本金;期末余额在贷方,表示企业实际拥有的资本金额。

④ 明细设置:本账户按投资者设置明细分类账户,进行明细分类核算。

(2)"银行存款"账户。

① 性质:资产类账户。

② 核算内容:核算银行存款的增减变动及结余情况。

③ 结构:借方登记银行存款的增加;贷方登记银行存款的减少;期末余额在借方,表示银行存款的实有数额。

④ 明细设置:本账户不设明细账户,但应按开户银行及银行存款的种类分别设置"银行存款日记账"。

(3)"无形资产"账户。

① 性质:资产类账户。

② 核算内容:核算和监督企业无形资产的增减变动及结余情况。

③ 结构:借方登记无形资产的增加;贷方登记无形资产的减少;期末余额在借方,表示无形资产的实有数额。

④ 明细设置:本账户按无形资产的项目设明细账户,进行明细分类核算。

5. 实收资本核算的账务处理

【例 3-1】2023 年 1 月 2 日,神禾公司收到国家投入的 500 000 元货币资金,款项已存入银行。

这项经济业务属于接受投资业务,一方面,使企业的银行存款增加了 500 000 元,应计入"银行存款"账户的借方;另一方面,企业的资本金增加了 500 000 元,应计入"实收资本"账户的贷方。编制会计分录如下:

借:银行存款　　　　　　　　　　　　　　　　　　　　　　　500 000

　　贷:实收资本——国家资本　　　　　　　　　　　　　　　　　500 000

【例 3-2】2023 年 1 月 5 日,神禾公司收到雁塔公司投入的新设备一台,其价值为 180 000 元。

这项经济业务同样属于接受投资业务,一方面,使企业的固定资产增加了 180 000 元,应计入"固定资产"账户的借方;另一方面,企业法人对企业的投资增加了 180 000 元,应计入"实收资本"账户的贷方。编制会计分录如下:

借:固定资产　　　　　　　　　　　　　　　　　　　　　　　180 000

　　贷:实收资本——雁塔公司　　　　　　　　　　　　　　　　　180 000

【例 3-3】神禾公司在 2023 年 12 月份收到甲公司投入的货币资金 400 000 元,存入银行;收到乙公司投入的固定资产,经评估确认为 200 000 元;收到丙公司投入的专利权,经评估确认为 100 000 元。

这项经济业务也属于接受投资业务。这项经济业务使企业的银行存款增加 400 000 元、固定资产增加 200 000 元、无形资产增加 100 000 元,应分别计入"银行存款""固定资产"和"无形资产"账户的借方;同时,企业的实收资本增加 700 000 元,应计入"实收资本"账户的贷方。编制会计分录如下:

```
借:银行存款                                      400 000
    固定资产                                      200 000
    无形资产                                      100 000
    贷:实收资本——甲公司                                      400 000
              ——乙公司                                      200 000
              ——丙公司                                      100 000
```

(二) 资本公积业务的核算

1. 资本公积的含义

资本公积是投资者或他人投入到企业中、所有权归属投资者并且金额上超过法定资本部分的资本,是企业所有者权益的重要组成部分。

资本公积从本质上讲属于投入资本的范畴,其形成的主要原因是由于我国采用注册资本制度,限于法律的规定而无法将资本公积直接以实收资本(或股本)的名义入账。所以,资本公积从其实质上看是一种准资本,它是资本的一种储备形式。但是,资本公积与实收资本(或股本)又有一定的区别,实收资本(或股本)是公司所有者(股东)为谋求价值增值而对公司的一种原始投入,从法律上讲属于公司的法定资本;而资本公积可以来源于投资者的额外投入,也可以来源于除投资者之外的其他企业或个人等的投入。

2. 资本公积的来源

由于资本公积是所有者权益的重要组成部分,而且它通常会直接导致企业净资产的增加,因此,资本公积信息对于投资者、债权人等会计信息使用者做出正确的决策十分重要。企业的资本公积主要来源是所有者投入资本中超过法定资本份额的部分和直接计入资本公积的各种利得或损失等。

3. 资本公积的用途

资本公积的主要用途就在于转增资本,即在办理增资手续后,用资本公积转增实收资本,按所有者原有持股比例增加投资者的实收资本。按照《公司法》的规定,资本公积转增资本时,所留存的该项公积金不得少于转增前公司注册资本的 25%。

想 一 想

实收资本和资本公积同属于所有者权益,它们的来源、用途是否相同,为什么?

解答要点:实收资本是企业所有者按照企业章程或合同、协议的约定,实际投入企业并依法进行注册的资本。它表明了所有者对企业的基本产权关系。资本公积是投资者的出资超过其在注册资本中所占份额的部分,以及直接计入所有者权益的利得和损失。它不直接体现所有者对企业的基本产权关系。实收资本是企业的原始资本,其构成比例决定了所有者对企业应享有的权利和所承担的义务。资本公积是企业的储备资本,它的主要用途是转增资本,它不能反映各所有者的出资比例,也就无法作为所有者享有企业权利和承担相应义务的依据。

虽然资本公积与实收资本具有本质的区别,但是实收资本和资本公积都是企业所有者权益的构成内容,都属于投入资本范畴。

4. 资本公积核算设置的账户

公司的资本公积一般都有特定的来源。不同来源形成的资本公积,其核算方法也不同。为了反映和监督资本公积的增减变动及余额情况,会计上应设置"资本公积"账户,并设置"资本(或股本)溢价""其他资本公积"等明细账户。该账户的性质、核算内容等具体如下:

(1)性质:所有者权益类账户。

(2)核算内容:核算和监督企业资本公积的增减变动及结余情况。

(3)结构:贷方登记从不同渠道取得的资本公积金,即资本公积的增加额;借方登记资本公积转增资本,即资本公积的减少额;期末余额在贷方,表示资本公积的期末结存数额。

(4)明细设置:本账户按资本公积的项目设明细账户,进行明细分类核算。

5. 资本公积核算的账务处理

【例3-4】神禾公司原由甲、乙、丙三个投资者组成,分别投资400 000元、200 000元和100 000元。经营一年以后,丁投资者愿意加入该企业,经协商,企业将注册资本增加到1 000 000元,丁出资500 000元取得30%的股份。

这项经济业务使企业的银行存款增加500 000元,应计入"银行存款"账户的借方;同时,企业的实收资本增加300 000元(1 000 000×30%)、资本公积增加200 000元,应分别计入"实收资本""资本公积"账户的贷方。编制会计分录如下:

借:银行存款　　　　　　　　　　　　　　　　　　　500 000
　　贷:实收资本——丁公司　　　　　　　　　　　　　　300 000
　　　　资本公积——资本溢价　　　　　　　　　　　　　200 000

想一想

李刚同学为什么愿意出资150万元享有与张华和王伟同等的权利(张华和王伟出资100万元),李刚同学的投入资金应该全部计入"实收资本"账户吗?我们来看一下事情的经过吧。

张华和王伟两名大学生毕业后决定自己创业,各出资100万元在小寨商圈开一家火锅店,两人将火锅店经营得风生水起。三年以后,火锅店为扩大规模增资到300万元,李刚同学出资150万元加入了该火锅店,享有与张华和王伟两人相同的股份,即每人享有1/3的股份。

解答要点：因为火锅店经营的初期会面临生产经营、开辟市场等很大的风险，步入正常运营后，投资利润率往往要高于创业初期，所以新投资者往往要付出更大的代价，才能取得与原投资者相同的投资比例。李刚同学的投资不能全部计入"实收资本"账户，因为"实收资本"账户反映的是投资者按其出资比例计算的应享有的注册资本份额，超过份额的部分应计入"资本公积"账户，所以李刚同学投资的150万元中100万元原应计入"实收资本"账户，50万元应该计入"资本公积"账户。

二、负债资金筹集业务的核算

企业从债权人那里筹集到的资金形成企业的负债，即企业从债权人处借入资金投入企业的生产经营活动。借入资金是指企业通过发行债券、向银行或者其他金融机构借款等方式筹集的资金。借入资金形成企业的负债，它是企业自有资金的重要补充，对于满足企业生产经营的资金需要、降低资金成本等有着重要意义。企业从银行借入的款项，必须按银行规定办理手续，支付利息，到期归还本金。企业向银行或其他金融机构借入的款项按归还期限的长短不同可分为短期借款和长期借款。短期借款主要用于企业生产经营周转对资金的需要，偿还期限在1年以内（含1年）或者超过1年的一个营业周期以内，形成流动负债；长期借款主要是为了增添大型设备、购置房地产、进行技术改造等，偿还期限在1年以上，形成长期负债。

负债筹资业务

（一）账户设置

企业为了核算各种负债，反映借入资金的增减变化，应设置"短期借款""长期借款"等账户。

1."短期借款"账户

（1）性质：负债类账户。

（2）核算内容：核算和监督企业短期借款的借入和归还情况。

（3）结构：贷方登记取得的借款数额；借方登记已归还的借款数额；期末余额在贷方，表示尚未归还的借款数额。

（4）明细设置：本账户按借款种类设置明细账户，进行明细分类核算。

2."长期借款"账户

（1）性质：负债类账户。

（2）核算内容：核算和监督企业借入的长期借款及其应计利息和归还本息的情况。

（3）结构：贷方登记取得借款的本金和应计利息；借方登记偿还借款的本息；期末余额在贷方，表示尚未归还的本息。

（4）明细设置：本账户按借款单位和借款种类设置明细账户，进行明细分类核算。

3."财务费用"账户

（1）性质：损益类账户。

（2）核算内容：核算和监督企业为筹集生产经营所需资金等而发生的费用，包括利息支出(减利息收入)、汇兑损失(减汇兑收益)以及相关的手续费等。

(3) 结构:借方登记发生的利息支出、汇兑损失及相关的手续费;贷方登记发生的应冲减财务费用的利息收入、汇兑收益以及期末转入"本年利润"账户的财务费用的净额;期末结转后,本账户无余额。

(4) 明细设置:本账户按费用项目设置明细账户,进行明细分类核算。

(二)账务处理

【例3-5】 2023年1月1日,神禾公司向银行借入生产经营资金1 000 000元,年利率6%,期限3个月,款项已存入银行。

这项经济业务使企业的银行存款增加1 000 000元,应计入"银行存款"账户的借方;同时,企业的短期借款也增加1 000 000元,应计入"短期借款"账户的贷方。编制会计分录如下:

　　借:银行存款　　　　　　　　　　　　　　　　　　　　1 000 000
　　　贷:短期借款　　　　　　　　　　　　　　　　　　　　　　1 000 000

【例3-6】 承前例,2023年1月31日,计算1、2月的应付利息。假如上述神禾公司取得的借款利息按季支付。

这项经济业务的发生,首先应按照权责发生制会计基础的要求,计算1、2月应负担的利息额,即每月应负担的借款利息为5 000元(1 000 000×6%÷12)。借款利息属于企业的一项财务费用,由于利息是按季度结算的,所以本月的利息虽然在本月计算并由本月来负担,却不在本月实际支付,因而形成企业的一项流动负债,这项负债属于企业的应付利息。因此,这项经济业务涉及"财务费用"和"应付利息"两个账户,财务费用的增加属于费用的增加,应计入"财务费用"账户的借方;应付利息的增加属于负债的增加,应计入"应付利息"账户的贷方。1、2月份这两项经济业务相同,应编制的会计分录如下:

　　借:财务费用　　　　　　　　　　　　　　　　　　　　　5 000
　　　贷:应付利息　　　　　　　　　　　　　　　　　　　　　　5 000

【例3-7】 承前例,2023年3月31日,神禾公司用银行存款偿还到期的银行临时借款及利息共计1 015 000元。

这项经济业务的发生,一方面使得公司的银行存款减少1 015 000元,另一方面使得公司的短期借款减少1 000 000元;借款利息三个月共计15 000元,前两个月的利息费用已经计提10 000元,形成流动负债,计入本月应付利息,本月的利息费用5 000元计入本月财务费用。因此,这项经济业务涉及"银行存款""短期借款""应付利息"和"财务费用"四个账户。银行存款的减少是资产的减少,应计入"银行存款"账户的贷方;短期借款的减少是负债的减少,应计入"短期借款"账户的借方;应付利息的减少是负债的减少,应计入"应付利息"账户的借方;财务费用的增加是费用的增加,应计入"财务费用"账户的借方。应编制的会计分录如下:

　　借:短期借款　　　　　　　　　　　　　　　　　　　　1 000 000
　　　应付利息　　　　　　　　　　　　　　　　　　　　　　10 000
　　　财务费用　　　　　　　　　　　　　　　　　　　　　　5 000
　　　贷:银行存款　　　　　　　　　　　　　　　　　　　　　1 015 000

【例3-8】 2023年7月1日,神禾公司向银行借入长期借款1 000 000元,款项已存入银行。该款项用于改造一条生产线,期限为 3 年,年利率为 8%,借款利息按年计提,按年支付,借款本金到期一次归还。

这项经济业务使企业的银行存款增加 1 000 000 元,应计入"银行存款"账户的借方;同时,企业的长期借款增加 1 000 000 元,应计入"长期借款"账户的贷方。编制会计分录如下:

借:银行存款　　　　　　　　　　　　　　　　　　　　　　1 000 000
　　贷:长期借款　　　　　　　　　　　　　　　　　　　　　　　1 000 000

想一想

年末计提利息、支付利息时应该做哪些账务处理?

解答要点:按照合同利率计算确定长期借款的利息费用时,借记"在建工程""财务费用"等科目,贷记"应付利息"科目;支付利息时借记"应付利息"科目,贷记"银行存款"科目。

因此,年末计提利息时的账务处理为:

借:在建工程　　　　　　　　　　　　　　　　　　　　　　80 000
　　贷:应付利息　　　　　　　　　　　　　　　　　　　　　　　80 000

年末支付利息时的账务处理为:

借:应付利息　　　　　　　　　　　　　　　　　　　　　　80 000
　　贷:银行存款　　　　　　　　　　　　　　　　　　　　　　　80 000

【例 3-9】2026 年 6 月 30 日,神禾公司以银行存款归还到期的长期借款 1 000 000 元。

这项经济业务使企业的长期借款减少 1 000 000 元,应计入"长期借款"账户的借方;同时,企业的银行存款减少 1 000 000 元,应计入"银行存款"账户的贷方。编制会计分录如下:

借:长期借款　　　　　　　　　　　　　　　　　　　　　　1 000 000
　　贷:银行存款　　　　　　　　　　　　　　　　　　　　　　　1 000 000

第二节　供应过程业务的核算

为了进行产品的生产,企业必须建造厂房、建筑物、购置机械设备和进行材料采购,这实际上是为生产产品做多方面物资准备的过程,其中主要就是准备劳动资料(即购建固定资产)和准备劳动对象(即购买原材料等)。因此,固定资产购建业务的核算和材料采购业务的核算就构成了生产准备业务核算的主要内容。

一、固定资产购置业务的核算

固定资产是指为生产商品、提供劳务、出租或经营管理而持有的、使用寿命超过一个会计年度的有形资产。我国《企业会计制度》中的固定资产是指使用期限超过 1 年的房屋、建筑物、机器设备、机械、运输工具以及其他与生产、经营有关的设备、工具、器具等;不属于生产、经营主要设备的物品,单位价值

固定资产
概念、成本

在 2 000 元以上,并且使用期限超过 2 年的,也应作为企业的固定资产。

固定资产应该按取得时的实际成本(即原始价值)入账。这里的实际成本是指为构建某项固定资产达到可使用状态前所发生的一切合理必要的支出。它的构成包括买价、相关税金(不包括可以抵扣的增值税进项税额)、运杂费、包装费和安装费等。企业购入固定资产有两种情况:一种是不需要安装,即可投入生产使用;另一种是需要安装、调试以后才能投入生产使用。如果购入的是需要安装的设备,需要先通过"在建工程"账户来归集购进时支付的价款、包装费、运杂费、安装费等;在安装完工交付使用时,再将购进和安装时所发生的全部支出,也就是它的原始价值从"在建工程"账户转入"固定资产"账户。

(一) 账户设置

为了反映和监督企业固定资产的增减变动和结存情况,在会计核算中应当设置"在建工程"账户和"固定资产"账户。

1."在建工程"账户

(1) 性质:资产类账户。

(2) 核算内容:核算和监督企业自行建造和安装而形成的固定资产。

(3) 结构:借方登记建造和安装固定资产过程中实际所发生的全部支出;贷方登记结转已完工工程实际成本;期末余额在借方,反映尚未完工工程的实际支出。

(4) 明细设置:本账户按工程内容如建筑工程、安装工程、技术改造工程、大修理工程等设置明细账户,进行明细分类核算。

2."固定资产"账户

(1) 性质:资产类账户。

(2) 核算内容:核算和监督企业固定资产原价的增减变动及结余情况。

(3) 结构:借方登记增加的固定资产原价;贷方登记减少的固定资产原价;期末余额在借方,表示企业现有固定资产的原价。

(4) 明细设置:按固定资产类别、使用部门和每项固定资产采用卡片方式进行明细分类核算。

(二) 账务处理

【例 3-10】2023 年 12 月 3 日,神禾公司购入不需要安装的生产用机器设备一台,买价为 100 000 元,增值税为 13 000 元,包装费和运杂费为 2 000 元,全部款项已用银行存款支付。

固定资产的
账务处理

这项经济业务的发生,一方面使企业的固定资产增加了 102 000 元(100 000+2 000),应交税费——应交增值税(进项税额)增加了 13 000 元,另一方面使企业的银行存款减少了 115 000 元。因此,这项经济业务涉及"固定资产""应交税费"和"银行存款"三个账户。固定资产的增加是资产的增加,应该按其原始价值计入"固定资产"账户的借方;应交税费——应交增值税(进项税额)增加,应计入"应交税费"的借方;银行存款的减少是资产的减少,应该按照购置该项固定资产的全部支出,计入"银行存款"账户的贷方。应编制的会计分录如下:

　　借:固定资产　　　　　　　　　　　　　　　　　　　　　　102 000

应交税费——应交增值税(进项税额)   13 000

贷:银行存款   115 000

【例 3－11】 2023 年 12 月 4 日,神禾公司购入需要安装的生产用机器设备一台,买价和增值税分别是 20 000 元、2 600 元,包装费和运杂费为 1 000 元,全部款项已用银行存款支付,设备投入安装。

这项经济业务说明,购入需要安装的机器设备,一方面企业的在建工程支出增加 21 000 元(20 000＋1 000),应交税费——应交增值税(进项税额)增加 2 600 元,另一方面企业银行存款减少 23 600 元。因此,这项经纪业务涉及"在建工程""应交税费"和"银行存款"三个账户。在建工程支出增加,应计入"在建工程"账户的借方;银行存款的减少是资产的减少,应计入"银行存款"账户的贷方。应编制的会计分录如下:

借:在建工程   21 000

    应交税费——应交增值税(进项税额)   2 600

  贷:银行存款   23 600

【例 3－12】 承前例,上述需要安装的机器设备投入安装后,在安装过程中耗用材料 1 260 元,耗用人工 1 140 元。

这项经济业务说明,需要安装的机器设备投入安装,在安装中耗用了原材料和人工,一方面企业的在建工程支出增加了 2 400 元(1 260＋1 140),另一方面企业原材料减少了 1 260 元,而应付给职工的工资和福利增加了 1 140 元。因此,这项经济业务涉及"在建工程""原材料"和"应付职工薪酬"三个账户。在建工程支出增加,应计入"在建工程"账户的借方;原材料的减少是资产的减少,应计入"原材料"账户的贷方;应付给职工的工资和福利的增加是负债的增加,应计入"应付职工薪酬"账户的贷方。应编制的会计分录如下:

借:在建工程   2 400

  贷:原材料   1 260

    应付职工薪酬   1 140

【例 3－13】 承[例 3－11]、[例 3－12],2023 年 12 月 8 日,上述需要安装的设备安装完毕,经过验收合格交付使用。

这项经济业务说明,需要安装的机器设备投入安装,验收合格交付使用,形成固定资产。购进和安装时所发生的全部支出为固定资产的实际成本,一方面企业的固定资产增加了 23 400 元(21 000＋2 400),另一方面应结转完工工程实际成本 23 400 元。因此,这项经济业务涉及"固定资产"和"在建工程"两个账户。固定资产增加是资产的增加,应计入"固定资产"账户的借方;结转完工工程实际成本是在建工程的减少,即资产的减少,应计入"在建工程"账户的贷方。应编制的会计分录如下:

借:固定资产   23 400

  贷:在建工程   23 400

二、材料采购业务的核算

在材料采购过程中,一方面是企业从供应单位购进各种材料物资;另一方面是企业要支付材料的买价和各种采购费用,并与供应单位发生贷款结算关系。因此,材料采购过程核算的主要内容有:核算和监督材料物资的买价和采购费用,确定采购成本,考核有关计划的执行情况；核算和监督与供应单位的货款结算，以及供应阶段材料物资储备资金的占用情况。

（一）材料采购成本的构成

购入材料的采购成本是由材料的买价和采购费用构成的。

买价是供应单位开具的发票上标明的价格。需要注意的是：企业如果为一般纳税人，购买材料支付的增值税不能计入材料采购成本，应计入"应交税费"；企业如果为小规模纳税人，购买材料支付的增值税应计入材料采购成本，本教材如无特别提示，均为一般纳税人。

采购费用是企业在采购材料过程中支付的各种费用，包括材料的运输费、装卸费、保险费、包装费、仓储费、运输途中的合理损耗、入库前的挑选整理费用，以及购入原材料应负担的价内税和其他费用，如购进的材料中包含的消费税、关税等。需要注意的是采购人员的差旅费以及市内零星运杂费等不计入材料的采购成本，作为管理费用列支。

材料的采购成本的计算就是将企业采购材料所支付的买价和采购费用，按照材料的种类、品种加以归集，计算各种材料的实际采购总成本和单位成本。

知 识 拓 展

增值税是对我国境内销售货物或者提供加工、修理修配劳务、销售服务、无形资产或者不动产，以及进口货物的单位和个人，就其取得的货物、应税劳务、应税服务、无形资产或者不动产的销售额，以及进口货物的金额计算税款，并实行税款抵扣制度的一种流转税。增值税是对货物、应税劳务、应税服务、无形资产或者不动产的增值部分征收的一种税。有增值就征收，没有增值不征收。

增值税的纳税人分为一般纳税人和小规模纳税人两种，一般纳税人采用抵扣法计征，小规模纳税人采用简易法计征。我国现行增值税属于比例税率，根据应税行为一共分为13%、9%、6%三档税率及5%、3%两档征收率。

$$一般纳税人应纳税额＝当期销项税额－当期进项税额$$

销项税额指纳税人销售货物、提供加工修理修配劳务、销售服务、无形资产或者不动产，按照销售额或应税劳务、应税服务收入和规定的税率计算，并向购买方收取的增值税额，登记在"应交税费——应交增值税"账户贷方。进项税额是指纳税人购进货物、接受加工修理修配劳务、购进服务、无形资产或者不动产而支付的、准予从销项税额中抵扣的增值税额，登记在"应交税费——应交增值税"账户借方。因此，企业购进原材料时支付的增值税不构成采购成本，只有除增值税以外的其他价内税才是材料采购成本的构成内容。

$$小规模纳税人应纳税额＝销售额×征收率$$

小规模纳税人的销售额不包括其应纳税额。小规模纳税人销售货物或者应税劳务采用销售额和应纳税额合并定价方法的，按下列公式计算销售额：

$$销售额＝含税销售额÷（1＋征收率）$$

（二）账户设置

为了核算材料的增减变化情况以及与供应单位的货款结算等情况，正确计算材料采购成本,应设置和运用如下账户。

1."在途物资"账户

(1) 性质:资产类账户。

(2) 核算内容:核算和监督企业采用实际采购成本进行材料日常核算、货款已付但尚未验收入库的在途物资的买价和采购费用,并据以确定材料的采购成本。

(3) 结构:借方登记外购材料的买价和采购费用;贷方登记已验收入库材料的采购成本;期末一般没有余额,期末如果有余额在借方,表示尚未验收入库的在途物资的采购成本。

(4) 明细设置:本账户按供应单位和购入材料的类别或品种,设置明细分类账户,进行明细分类核算。

2."原材料"账户

(1) 性质:资产类账户。

(2) 核算内容:核算和监督企业库存材料的收入、发出和结存情况。

(3) 结构:借方登记已验收入库材料的实际成本;贷方登记出库材料的实际成本;期末余额在借方,表示结存材料的实际成本。

(4) 明细设置:本账户按材料的保管地点(仓库)及材料的类别、品种和规格设置明细账户,进行明细分类核算。

3."应付账款"账户

(1) 性质:负债类账户。

(2) 核算内容:核算和监督企业因购买材料、商品和接受劳务供应等而应付给供应单位的款项。

(3) 结构:贷方登记因购买材料、商品和接受劳务供应等而发生的应付未付的款项;借方登记偿还的应付款项;期末余额在贷方,表示尚未偿还的应付款项。

(4) 明细设置:本账户按供应单位设置明细账,进行明细分类核算。

4."应付票据"账户

(1) 性质:负债类账户。

(2) 核算内容:核算和监督企业因购买材料、商品和接受劳务供应等而开出、承兑的商业汇票,包括银行承兑汇票和商业承兑汇票。

(3) 结构:贷方登记开出、承兑的商业汇票;借方登记到期付款或转出的商业汇票;期末余额在贷方,表示尚未到期的商业汇票的票面金额。

(4) 明细设置:企业应设置"应付票据备查簿",详细登记每一张应付票据的种类、号数、签发日期、到期日、票面金额和票面利率等相关资料。应付票据到期结清时,应当在备查簿内逐笔注销。

5."应交税费"账户

(1) 性质:负债类账户。

(2) 核算内容:核算和监督企业应缴纳的各种税费,如增值税、消费税、营业税、所得税、城市维护建设税、教育费附加等。企业缴纳的印花税、耕地占用税以及其他不需要预计应交的税金,不计在本账户核算。

（3）结构：贷方登记应缴纳的税费数；借方登记实际缴纳的税费数；期末余额如果在贷方，为应交未交的税金数，期末余额如果在借方，则表示多交或尚未抵扣的税金数。

（4）明细设置：本账户按税种设置明细账，进行明细分类核算。

6."预付账款"账户

（1）性质：资产类账户。

（2）核算内容：核算和监督企业因购买材料、商品或接受劳务而按购货合同规定预付给供应单位的款项。

（3）结构：借方登记企业因购货而预付或补付给供应单位的款项；贷方登记所购材料、商品或接受劳务的金额及退回多付的款项；期末余额如果在借方，表示实际预付的款项，期末余额如果在贷方，反映企业尚未补付的款项。

（4）明细设置：本账户按供应单位设置明细账户，进行明细分类核算。预付款项不多的企业，也可以将预付的款项直接计入"应付账款"账户的借方，不设置本账户。

（三）账务处理

工业企业材料采购业务的会计处理，主要涉及收料和付款两个方面。收料是由材料仓库根据供应单位转来的发票，验收后填制"收料单"办理入库手续；付款是由会计部门根据材料仓库转来的收料单和供应单位开具的发票账单等凭证办理付款手续并登记入账。现以神禾公司为例说明材料采购业务的账务处理。

【例 3－14】2023 年 6 月 2 日，神禾公司购入甲材料 10 000 千克，每千克 50 元，并支付运杂费 5 000 元，支付增值税 65 000 元，采购成本及增值税额均以银行存款支付。

这项经济业务是材料购进业务。一方面，使企业的在途物资成本增加了 505 000 元（10 000×50＋5 000），应计入"在途物资"账户的借方；同时发生增值税的进项税额 65 000 元，它是准予从销项税额中抵扣的增值税，应计入"应交税费"账户的借方；另一方面，使企业银行存款减少了 570 000 元，应计入"银行存款"账户的贷方。编制会计分录如下：

借：在途物资——甲材料　　　　　　　　　　　　　　　505 000

　　应交税费——应交增值税（进项税额）　　　　　　　　65 000

　　贷：银行存款　　　　　　　　　　　　　　　　　　　　570 000

【例 3－15】上述甲材料到达神禾公司，已验收入库，结转其实际采购成本。

这项经济业务是材料入库业务，也是结转材料采购成本的业务。原材料的增加，应计入"原材料"账户的借方，其实际采购成本经过"在途物资"账户的归集，已形成 505 000 元，结转时，应计入"在途物资"账户的贷方，结转后该账户没有余额。编制会计分录如下：

借：原材料——甲材料　　　　　　　　　　　　　　　　505 000

　　贷：在途物资——甲材料　　　　　　　　　　　　　　505 000

【例 3－16】2023 年 6 月 3 日，神禾公司从神苗公司购入乙材料 2 000 千克，每千克买价 60 元，发票上注明增值税为 15 600 元，供货方代垫运杂费 2 000 元，材料已运到企业并验收入库，但款项尚未支付。

这项经济业务是材料购进业务。一方面，使企业库存原材料成本增加了 122 000 元（2 000×60＋2 000），应计入"原材料"账户的借方，同时发生增值税的进项税额 15 600 元，应计入"应交税费"账户的借方;另一方面,由于材料价款、运杂费和增值税费均未支付,致使企业的负债增加了137 600元,应计入"应付账款"账户的贷方。编制会计分录如下:

借:原材料——乙材料   122 000
  应交税费——应交增值税(进项税额)   15 600
  贷:应付账款——神苗公司   137 600

【例3-17】2023年6月5日,神禾公司向康华公司预付货款34 200元,以银行存款支付。

这是一笔预付货款的业务。一方面,使企业的预付账款增加了34 200元;另一方面,使企业的银行存款减少了34 200元。前者应计入"预付账款"账户的借方,后者应计入"银行存款"账户的贷方。编制会计分录如下:

借:预付账款——康华公司   34 200
  贷:银行存款   34 200

【例3-18】2023年6月15日,神禾公司收到康华公司发来的丙材料2 000千克,每千克15元,计30 000元,增值税额为3 900元,供货方代垫运杂费300元,总计34 200元,材料已验收入库。

该项经济业务属于材料购进业务。一方面,使企业的库存材料成本增加了30 300元(30 000+300),应计入"原材料"账户的借方,同时,发生增值税进项税额3 900元,应计入"应交税费"账户的借方;另一方面,应抵减以前预付的账款34 200元,计入"预付账款"账户的贷方。编制会计分录如下:

借:原材料——丙材料   30 300
  应交税费——应交增值税(进项税额)   3 900
  贷:预付账款——康华公司   34 200

【例3-19】2023年6月16日,神禾公司从荣华公司购入甲材料1 500千克,每千克50元,买价为75 000元,增值税为9 750元,购入乙材料3 500千克,每千克80元,买价为280 000元,增值税为36 400元,购入甲、乙两种材料的运杂费为2 500元,上述甲、乙材料的成本和相关费用均以银行存款支付,材料尚未运到企业。

这项经济业务的发生,一方面,使企业的在途物资成本增加了357 500元(75 000+280 000+2 500),应计入"在途物资"账户的借方,同时发生增值税的进项税额46 150元,它是准予从销项税额中抵扣的增值税,应计入"应交税费"账户的借方;另一方面,使企业银行存款减少了403 650元,应计入"银行存款"账户的贷方。编制会计分录如下:

借:在途物资——荣华公司   357 500
  应交税费——应交增值税(进项税额) 46 150
  贷:银行存款   403 650

【例3-20】承[例3-19],2023年6月25日,神禾公司购入的甲材料、乙材料已验收入库,结转其实际采购成本。

这项经济业务的发生,一方面使库存原材料增加了357 500元,应计入"原材料"账户的借方;另一方面使在途物资的成本减少了357 500元,应计入"在途物资"账户的贷方。但这项经济业务同前面各例相比,其不同之处在于发生的运费2 500元是企业购入甲、乙两种材料时共同发生的,为了正确确定每种材料的采购成本,应采用一定的方法在甲、乙材料之间对其进行分配。

应计入材料采购成本的采购费用,能够分清材料品种的,直接计入各种材料的采购成本;不能分清材料品种的,由各种材料共同负担的采购费用,可根据材料性质,按材料的重量、体积或买价进行分配。

首先,计算采购费用的分配率。计算公式如下:

$$采购费用分配率＝采购费用总额÷材料分配标准合计$$

其次,计算各种材料应分摊的采购费用。计算公式如下:

$$某种材料应分配的采购费用＝该种材料的分配标准×采购费用分配率$$

本例按重量比例分配采购费用,则:

运杂费分配率＝$\dfrac{2\,500}{1\,500＋3\,500}$＝0.5(元/千克)

甲材料应分配的运杂费＝1 500×0.5＝750(元)

乙材料应分配的运杂费＝3 500×0.5＝1 750(元)

在实际工作中,上述计算过程是通过编制入库材料的采购成本计算表来反映的,如表3－1所示。

表3－1　材料采购成本计算表　　　　　　　　　　2023年6月30日

项　目	甲材料(1 500 千克)		乙材料(3 500 千克)	
	总成本	单位成本	总成本	单位成本
买价	75 000	50	280 000	80
采购费用	750	0.50	1 750	0.50
采购成本	75 750	50.50	281 750	80.50

根据上述材料采购成本计算表,编制会计分录如下:

借:原材料——甲材料　　　　　　　　　　　　　　　　　　　75 750

　　　　——乙材料　　　　　　　　　　　　　　　　　　　281 750

　　贷:在途物资——荣华公司　　　　　　　　　　　　　　　　357 500

练一练

雁塔公司2023年5月份发生如下材料采购业务:

(1)5月8日,购入甲材料200千克,单价为50元/千克,增值税专用发票上所列的买价共计10 000元,增值税1 300元,支付运杂费800元,入库前发生的挑选整理人工费200元。所有款项均已支付,材料也已验收入库。

(2)5月15日,购入甲材料500千克,单价为52元/千克,增值税进项税额为3 380元;购入乙材料1 000千克,单价100元,增值税进项税额为13 000元;发生运杂费1 500元,按材料重量比例分配。款项已付。在验收入库时发现,由于途中的自然损耗,入库的甲材料为495千克。

计算本月购入甲材料的总成本和单位成本。

练习提示：

甲材料的总成本＝10 000＋800＋200＋26 000＋1 500÷(500＋1 000)×500＝37 500(元)

甲材料的单位成本＝37 500÷(200＋495)＝53.96(元)

第三节 生产过程业务的核算

一、生产过程业务核算的主要内容

产品生产是生产企业的主要经济活动。在生产过程中，生产工人要借助于劳动资料，把劳动对象加工成为适合于社会需要的产品。而企业为了生产产品必然要发生物化劳动和活劳动的耗费，如材料的消耗、支付工资，以及厂房、机器设备的折旧费、修理费等。企业在一定时期内产品生产过程中发生的各项耗费，称为生产费用。生产费用按一定种类和数量的产品进行归集，就形成了产品的生产成本(又称制造成本)。生产费用按其经济用途的分类，称为成本项目。成本项目可分为直接材料、直接人工、制造费用。

直接材料是指企业在产品生产过程中直接用于产品生产、构成产品实体的材料，包括原材料及辅助材料、外购半成品以及其他直接材料。

直接人工是指在企业直接从事产品生产的工人的薪酬。

制造费用是指企业各个生产单位(分厂、车间)为组织和管理生产所发生的各项费用，包括生产企业管理人员工资和福利费、折旧费、修理费、机物料消耗、办公费、差旅费、水电费、保险费、劳动保险费等。直接材料和直接工人又称直接费用；制造费用又称间接费用。

为某一特定产品所消耗、能够根据原始凭证直接计入该产品成本的费用即直接费用，在发生时直接计入产品的生产成本；为多种产品共同消耗、不能根据原始凭证直接计入各种产品成本的费用即间接费用，会计部门通常是先通过"制造费用"科目对这些费用进行归集，在每个会计期间终了，再按一定的标准(比如生产各种产品所耗的工时)将所归集的制造费用分配计入相关产品的生产成本之中。因此，产品生产成本的构成为：

产品生产成本＝直接费用(直接材料、直接人工等)＋分配计入的间接费用(制造费用)

生产费用虽然具有不同的经济内容和用途，但最终都要归集、分配到各种产品中去，形成产品的生产成本。因此，产品生产过程的主要经济业务是分配和归集各项生产费用、计算与结转各种产品的生产成本。

对于生产经营期间发生的为了维持一定的生产经营能力的费用，如管理费用、财务费用等，应当作为期间费用直接计入当期损益，不能计入产品成本。

想一想

生产费用和产品生产成本是不是同一概念，为什么？

解答要点：生产费用和产品生产成本不是同一概念。生产费用是指生产过程中发生的总支出，包括直接材料、直接人工、其他直接费用和制造费用。产品生产成本是归属到某一品种、规格产品的生产费用。生产费用是产品生产成本计算的基础。将发生的生产费用分配到某一品种、规格的产品上，才能形成产品生产成本。成本是对象化的费用。二者虽然性质相同，但生产费用按会计期间归集，产品生产成本按产品对象（某种产品）归集，一定期间的生产费用不一定等于该期间的产品生产成本。

联系

★ 生产费用是产品生产成本形成的基础。生产费用发生过程也是产品生产成本的形成过程。

区别

◆ 生产费用与发生的期间相关，研究生产费用强调"期间"。

◆ 产品生产成本是为生产一定的产品所产生的消耗，研究产品生产成本强调成本计算"对象"。

在产品生产过程中，费用的发生、归集和分配以及完工产品成本的形成，就构成了产品生产业务核算的主要内容，可具体化为：生产过程材料费用的归集和分配，人工费用的归集和分配，制造费用的归集与分配，完工产品制造成本的计算与结转等。

二、生产过程业务核算的账户设置

为了归集产品生产过程中所发生的各项费用，正确计算产品成本，应设置"生产成本""制造费用""管理费用""应付职工薪酬""累计折旧""库存商品"等账户。

（一）"生产成本"账户

（1）性质：成本类账户。

（2）核算内容：核算和监督企业为生产产品而发生的构成产品成本的各项生产费用。

（3）结构：借方登记为进行产品生产而发生的各项生产费用；贷方登记已经完成生产过程、验收入库的产成品的实际成本；期末如有余额在借方，表示尚未完工在产品的实际成本。

（4）明细设置：本账户按产品的种类设置明细账户，进行明细分类核算。

（二）"制造费用"账户

（1）性质：成本类账户。

（2）核算内容：核算和监督企业生产车间（分厂）为生产产品和提供劳务而发生的各项间接费用，包括车间管理人员的薪酬、车间固定资产的折旧费、车间办公费、水电费、机物料消耗、劳动保护费、季节性和修理期间的停工损失等。

（3）结构：借方登记车间（分厂）发生的各项间接费用；贷方登记期末分配转入生产成本的金额；期末转账后一般没有余额。

（4）明细设置：本账户按不同的生产车间（分厂）及制造费用的项目设置明细账户，进行明细分类核算。

（三）"管理费用"账户

（1）性质：损益类账户。

（2）核算内容：核算和监督企业为组织和管理生产经营所发生的各种费用，包括企业的董事会和行政管理部门在企业的经营管理中发生的或者应由企业统一负担的公司经费（行政管理部门职工工资、修理费、物料消耗、低值易耗品摊销、办公费和差旅费等）、董事会费（董事会成员津贴、会议费和差旅费等）、聘请中介机构费、咨询费（含顾问费）、诉讼费、业务招待费、技术转让费、矿产资源补偿费、职工教育经费、排污费等。

（3）结构：借方登记发生的各项管理费用；贷方登记期末转入"本年利润"账户的数额；期末结转后本账户无余额。

（4）明细设置：本账户按管理费用的项目设置明细账户，进行明细分类核算。

（四）"应付职工薪酬"账户

（1）性质：负债类账户。

（2）核算内容：核算和监督企业应付给职工的薪酬总额，包括各种职工工资、奖金、津贴和补贴、职工福利费、社会保险费、住房公积金、工会经费和职工教育经费、非货币性福利，因解除与职工的劳动关系给予的补偿等。

（3）结构：贷方登记应支付给职工的薪酬总额；借方登记实际支付的职工薪酬数额；该账户期末一般无余额。若有余额在贷方，表示企业应付未付的职工薪酬。

（4）明细设置：企业应当按照工资、职工福利、社会保险费、住房公积金、工会经费、职工教育经费、非货币性福利等项目设置明细账户，进行明细分类核算。

（五）"累计折旧"账户

（1）性质：资产类账户。

（2）核算内容：核算和监督企业固定资产的累计折旧。

（3）结构：贷方登记固定资产因计提折旧而减少的金额，即固定资产折旧的增加金额；借方登记各种原因转出固定资产（如出售、报废、盘亏等）注销的折旧额，即已提固定资产折旧的减少或转销数额；期末余额在贷方，表示现有固定资产已计提的累计折旧额。

（4）本账户只进行总分类核算，不进行明细分类核算。需要查明某项固定资产的已提折旧，可以根据固定资产卡片上所记载的该项固定资产原价、折旧率和实际使用年数等资料进行计算。

（六）"库存商品"账户

（1）性质：资产类账户。

（2）核算内容：核算和监督企业库存的各种商品的实际成本，包括外购商品、自制商品等。

（3）结构：借方登记外购和自制入库的各种商品的实际成本；贷方登记出库的各种商品的实际成本；期末余额在借方，表示库存的各种商品的实际成本。

（4）明细设置：本账户按库存商品的种类、品种和规格设置明细账户，进行明细分类核算。

三、生产过程业务核算的账务处理

(一) 材料费用的归集和分配

企业在生产经营过程中消耗的材料,应以仓储部门转来的"领料单"或"出库单"为依据,按照材料的具体用途,编制"材料费用汇总表",并据以进行会计处理。对于生产产品耗用的材料,计入"生产成本"账户;对于生产车间一般性耗用的材料,先计入"制造费用"账户,月末再分配到产品成本中去;对于管理部门、销售部门耗用的材料,应分别计入"管理费用""销售费用"账户。

【例 3-21】 神禾公司财务部门根据仓库转来的领料凭证,编制 2023 年 6 月份材料耗用汇总表,如表 3-2 所示。

表 3-2 材料耗用汇总表

2023 年 6 月

金额单位:元

用 途	甲材料		乙材料		丙材料		金额合计
	数量	金额	数量	金额	数量	金额	
A 产品耗用	1 000	20 000	200	6 000			26 000
B 产品耗用	2 000	40 000	400	12 000			52 000
车间一般耗用					200	4 000	4 000
行政部门耗用					500	10 000	10 000
合计	3 000	60 000	600	18 000	700	14 000	92 000

这是一笔发出材料的业务。一方面,使企业的原材料减少了 92 000 元;另一方面,使企业的费用增加了 92 000 元。生产费用的增加,应按其用途分别归集,用于 A 产品和 B 产品生产的,作为直接费用,计入"生产成本"账户的借方;车间发生的一般消耗性材料,属于间接费用,应计入"制造费用"账户的借方;行政管理部门消耗的材料,属于期间费用,应计入"管理费用"账户的借方;原材料的减少,应计入"原材料"账户的贷方。编制会计分录如下:

```
借:生产成本——A 产品                    26 000
         ——B 产品                    52 000
   制造费用——生产车间                   4 000
   管理费用                           10 000
   贷:原材料——甲材料                           60 000
          ——乙材料                           18 000
          ——丙材料                           14 000
```

(二) 人工费用的归集和分配

企业应支付的职工薪酬,作为工资费用应按职工的不同岗位计入各有关的成本、费用账户。一般来说,车间生产工人的工资费用,应直接计入"生产成本"账户;车间管理人员的工资费用,应先通过"制造费用"账户进行归集,待月末分配后再计入"生产成本"账户;企业行政管理人员的工资费用属于期间费用,应计入"管理费用"账户。

【例 3-22】神禾公司分配 2023 年 6 月份应付职工工资 41 000 元,其中生产 A 产品工人工资 15 000 元,生产 B 产品工人工资 18 000 元,制造车间管理人员工资 3 000 元,企业行政管理人员工资 5 000 元。

这是一笔工资费用分配业务。一方面,企业的人工费用增加了 41 000 元,其中产品生产工人的工资属于直接人工费,应计入"生产成本"账户的借方,车间管理人员的工资应计入"制造费用"账户的借方,企业行政管理人员的工资属于期间费用,应计入"管理费用"账户的借方;另一方面,企业的应付职工工资增加了 41 000 元,应计入"应付职工薪酬"账户的贷方。编制会计分录如下:

借:生产成本——A 产品   15 000
     ——B 产品   18 000
  制造费用——制造车间   3 000
  管理费用   5 000
  贷:应付职工薪酬——工资   41 000

【例 3-23】2023 年 6 月 30 日,神禾公司用银行存款转入职工工资卡 41 000 元,发放本月职工工资。

这是一笔发放工资的业务。一方面,使企业的应付工资减少了 41 000 元,应计入"应付职工薪酬"账户的借方;另一方面,使企业的银行存款减少了 41 000 元,应计入"库存现金"账户的贷方。编制会计分录如下:

借:应付职工薪酬——工资   41 000
  贷:银行存款   41 000

【例 3-24】神禾公司在 2023 年 6 月份以银行存款支付职工福利费 5 740 元。

这是一笔职工福利费的支付业务。一方面,企业的职工福利费支出,导致银行存款减少了 5 740 元,应计入"银行存款"账户的贷方;另一方面,企业的人工费用增加了 5 740 元,应计入"应付职工薪酬"的借方。

借:应付职工薪酬——职工福利   5 740
  贷:银行存款   5 740

【例 3-25】神禾公司 2023 年 6 月份支付的职工福利费 5 740 元中,生产 A 产品工人的福利费 2 100 元,生产 B 产品工人的福利费 2 520 元,生产车间管理人员的福利费 420 元,公司行政管理人员的福利费 700 元。

这是一笔职工福利费的确认业务。一方面,企业应付的职工福利费增加了 5 740 元,应计入"应付职工薪酬"账户的贷方;另一方面,企业的人工费用也增加了 5 740 元,其中生产工人的福利费应直接计入"生产成本"账户借方,生产车间管理人员的福利费应计入"制造费用"账户的借方,行政管理人员的福利费,应计入"管理费用"账户的借方。编制会计分录如下:

借:生产成本——A 产品   2 100
     ——B 产品   2 520
  制造费用——生产车间   420
  管理费用   700
  贷:应付职工薪酬——职工福利   5 740

（三）制造费用的归集与分配

制造费用是企业生产车间或生产部门为生产产品和提供劳务而发生的各种间接费用。当该费用发生时,不能直接计入"生产成本"账户,而是先通过"制造费用"账户进行归集,期末再按一定的方法分配计入相关产品成本。因此,制造费用的核算应包括制造费用的归集和制造费用的分配两部分。现举例说明制造费用的归集与分配方法。

1. 制造费用的归集

企业在生产过程中所发生的各项制造费用,应根据有关凭证借记"制造费用"账户,贷记"原材料""累计折旧""应付职工薪酬""银行存款"等账户。

【例3-26】神禾公司月末计提固定资产折旧费8 000元,其中生产车间应计提折旧费5 000元,行政管理部门应计提折旧费3 000元。

这是一笔计提固定资产折旧的业务。一方面,使企业原有固定资产价值减少了8 000元,为了适应固定资产的特点和管理要求,企业在计提固定资产折旧时,不能直接减少"固定资产"的账面余额,而是将固定资产损耗价值计入"累计折旧"账户的贷方,以保证"固定资产"账户为原始价值;另一方面,使企业的费用增加了8 000元,应按其费用发生地点归集,属于生产部门发生的固定资产折旧费,是一种间接费用,应计入"制造费用"账户的借方,属于管理部门发生的固定资产折旧费应计入"管理费用"账户的借方。编制会计分录如下:

```
借:制造费用——生产车间                           5 000
    管理费用                                       3 000
  贷:累计折旧                                               8 000
```

【例3-27】2023年6月30日,神禾公司以银行存款支付生产车间水电费4 300元。

这是一笔支付水电费的业务。一方面,使企业的生产费用增加了4 300元,应计入"制造费用"账户的借方;另一方面,使企业的银行存款减少了4 300元,应计入"银行存款"账户的贷方。编制会计分录如下:

```
借:制造费用——生产车间                           4 300
  贷:银行存款                                               4 300
```

【例3-28】2023年6月30日,神禾公司以银行存款支付本月办公费5 920元,其中生产车间5 120元,行政管理部门800元。

这是一笔支付办公费用的业务。一方面,使企业的费用增加了5 920元,生产车间发生的办公费,应计入"制造费用"账户的借方,行政管理部门发生的办公费,应计入"管理费用"账户的借方;另一方面,使企业的银行存款减少了5 920元,应计入"银行存款"账户的贷方。编制会计分录如下:

```
借:制造费用——生产车间                           5 120
    管理费用——办公费                             800
  贷:银行存款                                               5 920
```

2. 制造费用的分配

通过"制造费用"账户,将日常发生的各项间接费用归集后,期末还必须按一定的方法分配计入有关产品成本,即借记"生产成本"账户,贷记"制造费用"账户。具体分配公式如下:

$$制造费用分配率=\frac{制造费用总额}{各种产品分配标准总和}$$

某产品应分配的制造费用额＝该产品的生产工时(生产工人工资)×费用分配率

公式中的分配标准应根据产品的生产性质及工艺特点,选择生产工时、生产工人工资、机器工时等。这些标准的选择,应比较确切地体现各承担对象制造费用的收益比例关系。

【例 3－29】 2023 年 6 月生产车间共发生制造费用 21 840 元,按生产工时比例分配。A 产品生产工时 2 200 小时,B 产品生产工时 3 260 小时。

$$制造费用分配率=\frac{21\ 840}{2\ 200+3\ 260}=4(元/小时)$$

A 产品应分摊的费用＝2 200×4＝8 800(元)

B 产品应分摊的费用＝3 260×4＝13 040(元)

根据上述计算过程可编制"制造费用分配表",如表 3-3 所示

表 3－3 制造费用分配表
2023 年 6 月 30 日

金额单位:元

产品名称	分配标准(生产工时)	分配率	分配金额
A 产品	2 200	4	8 800
B 产品	3 260	4	13 040
合计	5 460	—	21 840

这项经济业务是将制造费用分配给 A、B 两种产品,一方面应增加 A、B 产品的生产成本,计入"生产成本"账户的借方;另一方面应减少制造费用,计入"制造费用"账户的贷方。编制会计分录如下:

借:生产成本——A 产品 　　　　　　　　　　　　　　　8 800
　　　　　　——B 产品 　　　　　　　　　　　　　　 13 040
　贷:制造费用——生产车间 　　　　　　　　　　　　　　21 840

想 一 想

[例 3-29]中制造费用的金额为什么是 21 840 元,你能根据本节的例题找到数据的来源吗?

解答要点:[例 3-21]中制造费用借方计入 4 000 元,[例 3-22]中制造费用借方计入 3 000 元,[例 3-25]中制造费用借方计入 420 元,[例 3-26]中制造费用借方计入 5 000 元,[例 3-27]中制造费用借方计入 4 300 元,[例 3-28]中制造费用借方计入 5 120 元,因此,将上述例题中计入制造费用的金额进行累计可得 21 840 元(4 000＋3 000＋420＋5 000＋4 300＋5 120)。

(四)完工产品制造成本的确定与结转

1. 完工产品制造成本的确定

企业经过对上述各项经济业务的核算,已将产品生产过程中发生的直接材料、直接人工

和制造费用计入了生产成本明细账。至此,生产成本明细账归集了全部生产费用(包括期初在产品生产成本和本月发生的生产费用),最后,还要对归集到某种产品的生产费用在本月完工产品和月末在产品之间进行分配,以便确定并结转完工产品制造成本。

在月末没有在产品的情况下,生产成本明细账内归集的生产费用总额就是完工产品的总成本。完工产品的总成本除以本月该种产品的产量,就是单位成本。

在月末既有完工产品又有在产品的情况下,应将计入各种产品的生产费用,在其完工产品和月末在产品之间采用适当的方法进行分配,求得完工产品成本和月末在产品成本。

完工产品成本和月末在产品成本的计算方法有多种,将在"成本会计"课程中介绍,这里不做介绍。

【例3-30】根据[例3-21]~[例3-29]的资料,神禾公司2023年6月份发生的生产费用已全部登记到生产成本明细账,假如本月投产的A产品全部完工,B产品全部尚未完工,则全部完工的A产品成本的确定如表3-4所示,月末B产品的在产品成本的确定如表3-5所示。

表3-4 生产成本明细账 产品名称:A产品

| 2023年 | | 凭证号数 | 摘要 | 借方 | | | | 贷方 | 借或贷 | 余额 |
月	日			直接材料	直接人工	制造费用	合计			
6	30	略	领用材料	26 000			26 000		借	26 000
6	30		生产工人工资		15 000		15 000		借	41 000
6	30		生产工人福利费		2 100		2 100		借	43 100
6	30		分配制造费用			8 800	8 800		借	51 900
6	30		本月生产费用合计	26 000	17 100	8 800	51 900		借	51 900
6	30		结转完工产品成本					51 900	平	0

表3-5 生产成本明细账 产品名称:B产品

| 2023年 | | 凭证号数 | 摘要 | 借方 | | | | 贷方 | 借或贷 | 余额 |
月	日			直接材料	直接工人	制造费用	合计			
6	30	略	领用原材料	52 000			52 000		借	52 000
6	30		生产工人工资		18 000		18 000		借	70 000
6	30		生产工人福利费		2 520		2 520		借	72 520
6	30		分配制造费用			13 040	13 040		借	85 560
6	30		本月生产费用合计	52 000	20 520	13 040	85 560		借	85 560

2.完工产品制造成本的结转

经过对完工产品成本的计算确定,应编制"产品成本计算单",并从"生产成本"账户的贷方转入"库存商品"账户的借方。

【例3-31】该公司本月生产的A产品完工200件,并验收入库。编制产品成本计算单如表3-6所示。

表3-6 产品成本计算单　　　产品名称:A产品　产量:200件

项　目	本月生产费用合计	完工产品总成本	单位成本
直接材料	26 000	26 000	130
直接工人	17 100	17 100	85.50
制造费用	8 800	8 800	44
合计	51 900	51 900	259.50

这是一笔结转完工产品成本的业务。依据"成本计算单"和"产品入库单",一方面,应增加企业的库存商品,计入"库存商品"账户的借方;另一方面,应将完工产品成本从"生产成本"账户转出,计入该账户的贷方。编制会计分录如下:

借:库存商品——A产品　　　　　　　　　　　　　　　　　　　　　　51 900
　　贷:生产成本——A产品　　　　　　　　　　　　　　　　　　　　　　51 900

练一练

雁塔公司2023年5月份投入生产甲产品80件、乙产品120件,各项耗费情况如下:

原材料:生产甲、乙两种产品领用材料50 000元,车间耗料400元;

人工费:生产工人工资10 000元,车间管理人员工资3 000元,厂部管理人员工资4 000元;

折旧费:车间厂房机器设备的折旧费1 400元,厂部办公楼的折旧费2 000元;

办公费:车间800元,厂部管理部门1 000元。

甲、乙两种产品共同耗用的材料、生产工人的工资按照两种产品生产的数量进行分配,制造费用按照两种产品生产工人的工资进行分配。假如甲产品全部完工,乙产品全部未完工,现有一家客户愿意按照每件500元的价格订购80件甲产品,请问该公司是否接受该订单?

练习提示:填列表3-7生产成本明细账,计算出本月完工甲产品的单位成本,然后和500元的单价进行比较,进而判断是否接受该订单。

表3-7 生产成本明细账　　　产品名称:甲产品

2023年		凭证号数	摘　要	借　方				贷方	借或贷	余额
月	日			直接材料	直接人工	制造费用	合计			
		略	领用材料	20 000			20 000		借	20 000
			生产工人工资		4 000		4 000		借	24 000
			分配制造费用			2 240	2 240		借	26 240
			本月生产费用合计	20 000	4 000	2 240	26 240		借	26 240
			结转完工产品成本					26 240	平	0

第四节　销售过程业务的核算

一、销售过程业务核算的主要内容

产品制造企业从产成品验收入库起至销售给购货方为止的过程,称为销售过程。在该过程中,企业以一定的方式将产品销售给购货单位,并按销售价格取得销售收入,是产品价值和使用价值的实现过程;在产品销售过程中,企业为取得一定数量的销售收入,必须付出相应数量的产品,这些产品的制造成本称为产品销售成本;为了推销这些产品,还要发生运输费、包装费、广告费等销售费用;在取得销售收入时应按照国家规定计算缴纳产品销售的相关税费。综上所述,销售过程核算的主要内容是:销售商品实现收入,即确认营业收入;结转营业成本;计算应交的税金及附加;支付销售费用。

二、销售过程业务核算的账户设置

为了全面核算企业在销售过程中发生的经济业务,应设置"主营业务收入""主营业务成本""销售费用""税金及附加""应收账款""预收账款""其他业务成本"以及"其他业务收入"等账户。

(一)"主营业务收入"账户

(1) 性质:损益类账户。

(2) 核算内容:核算和监督企业在销售商品、提供劳务等日常活动中所产生的收入。

(3) 结构:贷方登记企业实现的主营业务收入;借方登记销售退回冲销的收入及期末转入"本年利润"账户的数额;期末结转后本账户应无余额。

(4) 明细设置:本账户按主营业务的种类设置明细账户,主要产品销售还可按产品的种类设置明细账户,进行明细分类核算。

(二)"主营业务成本"账户

(1) 性质:损益类账户。

(2) 核算内容:核算和监督企业因销售商品、提供劳务等主营业务而发生的实际成本。

(3) 结构:借方登记已销售商品、提供劳务的实际成本数;贷方登记销售退回应冲减的销售成本和期末转入"本年利润"账户的数额;期末结转后本账户无余额。

(4) 明细设置:本账户按主营业务的种类设置明细账户,主要产品销售还可按产品的种类设置明细账户,进行明细分类核算。

(三)"税金及附加"账户

(1) 性质:损益类账户。

(2) 核算内容:核算和监督企业因销售商品、提供劳务等日常活动应负担的税金及附加,包括消费税、资源税、城市维护建设税、教育费附加、房产税、土地使用税、车船税、印花税等。

（3）结构：借方登记企业按规定计算的应负担的税金及附加，贷方登记期末转入"本年利润"账户的数额，期末结转后本账户无余额。

（4）明细设置：本账户按税种及附加项目设置明细账户，进行明细分类核算。

（四）"其他业务收入"账户

（1）性质：损益类账户。

（2）核算内容：核算和监督企业除主营业务收入以外的其他经营活动实现的收入，如材料销售、对外出租包装物或固定资产等收入。

（3）结构：贷方登记企业取得的其他业务收入；借方登记转入"本年利润"账户的数额；期末结转后本账户无余额。

（4）明细设置：本账户按其他业务的种类设置明细账户，进行明细分类核算。

（五）"其他业务成本"账户

（1）性质：损益类账户。

（2）核算内容：核算和监督企业除主营业务活动以外的其他经营活动所发生的成本，包括销售材料的成本、出租固定资产的折旧额、出租无形资产的摊销额、出租包装物的成本或摊销额。

（3）结构：借方登记发生的其他业务成本；贷方登记期末转入"本年利润"账户的数额；期末结转后本账户无余额。

（4）明细设置：本账户按其他业务的种类设置明细账户，进行明细分类核算。

（六）"销售费用"账户

（1）性质：损益类账户。

（2）核算内容：核算和监督企业在销售商品、提供劳务的过程中发生的费用，包括运输费、装卸费、包装费、保险费、展览费和广告费，以及为销售本企业商品而专设的销售机构的职工薪酬、业务费等经营费用。

期间费用

（3）结构：借方登记发生的销售费用，贷方登记期末转入"本年利润"账户的数额，期末结转后本账户无余额。

（4）明细设置：本账户按费用项目设置明细账户，进行明细分类核算。

（七）"应收账款"账户

（1）性质：资产类账户。

（2）核算内容：核算和监督企业因销售商品、提供劳务等，而应向购货单位或接受劳务单位收取的款项，包括应收的货款或劳务价款、应收的增值税销项税额、代垫的包装费、运杂费等。

（3）结构：借方登记应收账款的增加；贷方登记应收账款的减少；期末余额在借方，表示尚未收回的应收账款。

（4）明细设置：本账户按不同的购货单位或接受劳务单位设置明细账户，进行明细分类核算。

（八）"应收票据"账户

（1）性质：资产类账户。

（2）核算内容：核算和监督企业因销售商品、提供劳务等而收到的商业汇票，包括银行承兑汇票和商业承兑汇票。

（3）结构：借方登记收到的商业汇票；贷方登记汇票到期收回货款或转销（商业汇票到期对方无力付款的要转为应收账款）；期末余额在借方，表示尚未到期收回的商业汇票。

（4）明细设置：本账户的明细核算采用设置"应收票据备查簿"的方式进行，其登记方法与前面讲过的"应付票据备查簿"的登记方法相同。

（九）"预收账款"账户

（1）性质：负债类账户。

（2）核算内容：核算和监督企业按照合同规定向购货单位预收的款项。

（3）结构：贷方登记企业收到的预收款项以及销售实现时购货方补付的货款；借方登记销售实现时清偿的预收款项及退回多收的款项；期末余额如果在贷方表示应付货款数，如果在借方则表示应收货款数。

（4）明细设置：本账户按购货单位设置明细账户，进行明细分类核算。预收账款不多的企业，也可以将预收的款项直接计入"应收账款"账户的贷方，不设本账户。

想一想

"应收账款""预收账款""应付账款""预付账款"账户有何区别和联系？

解答要点：

1. 联系

"应收账款""预收账款""应付账款""预付账款"账户都属于往来类账户或债权债务类账户。一般情况下，"应收账款"和"预付账款"账户反映企业的资产，余额在借方，"应付账款"和"预收账款"账户反映企业的负债，余额在贷方。但也可能出现相反的情况，即"应收账款""预付账款"某些明细账户的余额在贷方，反映企业的负债；"应付账款""预收账款"某些明细账户的余额在借方，反映的是企业的资产。四者具体关系如下：

应收账款＝应收账款明细科目借方余额＋预收账款明细科目借方余额－相应的坏账准备

预收款项＝应收账款明细科目贷方余额＋预收账款明细科目贷方余额

应付账款＝应付账款明细科目贷方余额＋预付账款明细科目贷方余额

预付款项＝应付账款明细科目借方余额＋预付账款明细科目借方余额

2. 区别

应收账款是指企业在正常的经营过程中因销售商品、提供劳务等业务，应向购买单位收取的款项；

预收账款是指企业按照合同规定或交易双方约定，而向购买单位或接受劳务的单位在未发出商品或提供劳务时预收的款项；

应付账款是指企业因购买材料、商品和接受劳务供应等经营活动应支付的款项；

预付账款是指企业按照购货合同的规定，预先以货币资金或货币等价物支付供应单位的款项。

三、销售过程业务核算的账务处理

(一)营业收入的账务处理

企业的**营业收入**指在一定时期内,从事销售商品、提供劳务或让渡资产使用权等日常活动所获得的货币收入,包括主营业务收入和其他业务收入。**主营业务收入是指企业经常性的、主要经营业务取得的收入**,如工业企业的产品销售收入,它占企业整体收入的绝大部分;**其他业务收入是指主营业务收入以外的收入**,如销售材料、出租固定资产、出租无形资产取得的收入,它占企业整体收入的很小部分。通常情况下,当商品已发出,同时收取价款或取得收取价款的凭据或权利时,就可以确认销售的实现。销售商品的收入,应当按照销售发票的金额确定。

【例 3-32】 2023 年 6 月 8 日,神禾公司对外销售 A 产品 150 件,每件售价 520 元,开出增值税专用发票货款 78 000 元,增值税 10 140 元。货款及增值税款已收到并存入银行。

这是一笔产品销售业务。一方面,对企业销售 A 产品增加的收入,应计入"主营业务收入"账户的贷方;收取的增值税,应计入"应交税费——应交增值税(销项税额)"账户的贷方。另一方面,对存入银行的销售货款,应计入"银行存款"账户的借方。编制会计分录如下:

借:银行存款　　　　　　　　　　　　　　　　　　　　　　88 140
　　贷:主营业务收入——A 产品　　　　　　　　　　　　　　　　78 000
　　　　应交税费——应交增值税(销项税额)　　　　　　　　　　10 140

【例 3-33】 2023 年 6 月 10 日,神禾公司销售给力生公司 B 产品 50 件,每件售价 365 元,货款共 18 250 元,增值税专用票上注明的增值税款为 2 372.50 元。货已发出,货款及增值税款尚未收到。

这项业务同样是产品销售业务。一方面对企业销售 B 产品实现的收入,应计入"主营业务收入"账户的贷方;应收取的增值税,应计入"应交税费——应交增值税(销项税额)"账户的贷方。另一方面,由于销售产品的价税款尚未收到,应计入"应收账款"账户的借方。编制会计分录如下:

借:应收账款——力生公司　　　　　　　　　　　　　　　　20 622.50
　　贷:主营业务收入——B 产品　　　　　　　　　　　　　　　18 250
　　　　应交税费——应交增值税(销项税额)　　　　　　　　　2 372.50

【例 3-34】 2023 年 6 月 15 日,神禾公司收到北方公司预付 A 产品的货款 30 000 元,已存入银行。

这是一笔预收货款的业务。一方面,使企业的银行存款增加了,应计入"银行存款"账户的借方;另一方面,使企业的预收账款也增加了,预收账款属于企业负债类,应计入"预收账款"账户的贷方。编制会计分录如下:

借:银行存款　　　　　　　　　　　　　　　　　　　　　　30 000
　　贷:预收账款——北方公司　　　　　　　　　　　　　　　　30 000

【例 3-35】 2023 年 6 月 21 日,神禾公司向北方公司发出 A 产品 80 件,价款 30 400 元,增值税 3 952 元,共计 34 352 元。北方公司已预付 30 000 元,差额款 4 352 元已收到,并存入银行。

这项业务同样属于产品销售业务。一方面,由于企业已发出产品,则企业的销售收入已实现,应计入"主营业务收入"账户的贷方;收取的增值税应计入"应交税费——应交增值税(销项税额)"账户的贷方。另一方面,产品发出后,应抵减原预收账款,计入"预收账款"账户的借方。差额款 4 352 元已存入银行,应计入"银行存款"账户的借方。为了清楚地反映账户的对应关系和结算结果,编制如下两组会计分录:

借:预收账款——北方公司　　　　　　　　　　　　　34 352
　贷:主营业务收入——A 产品　　　　　　　　　　　30 400
　　　应交税费——应交增值税(销项税额)　　　　　3 952
借:银行存款　　　　　　　　　　　　　　　　　　　4 352
　贷:预收账款——北方公司　　　　　　　　　　　　4 352

【例 3 - 36】2023 年 6 月 26 日,神禾公司对外销售一批不需用的丙材料,增值税专用发票上注明的价款25 000 元,增值税款 3 250 元。货款及增值税款存入银行。

这笔材料销售业务的发生,一方面,使企业因销售材料获得收入,实现了其他业务收入,应计入"其他业务收入"账户的贷方;应收取的增值税,计入"应交税费——应交增值税(销项税额)"账户的贷方。另一方面,银行存款增加,应计入"银行存款"账户的借方。编制会计分录如下:

借:银行存款　　　　　　　　　　　　　　　　　　　28 250
　贷:其他业务收入　　　　　　　　　　　　　　　　25 000
　　　应交税费——应交增值税(销项税额)　　　　　3 250

(二)营业成本的账务处理

企业在取得营业收入的同时,要计算并结转相应的营业成本,以便与当期的营业收入进行配比,正确计算销售利润。营业成本是指与营业收入直接相关的,已经确定了归属期和归属对象的各种直接费用。营业成本主要包括主营业务成本、其他业务成本。主营业务成本是指企业因销售商品、提供劳务或让渡资产使用权等日常活动而发生的实际成本。企业一般在确认销售商品、提供劳务等主营业务收入时,或在月末,将已销售商品、已提供劳务的成本转入主营业务成本。其他业务成本是企业确认的除主营业务活动以外的其他经营活动所发生的支出,主要包括销售材料的成本、出租固定资产的折旧额、出租无形资产的摊销额等。

【例 3 - 37】神禾公司 6 月 30 日结转销售 A、B 两种产品的实际生产成本,A 产品的销售数量为 80 件,单位成本为 249.71 元,共计 19 976.80 元;B 产品的销售数量为 50 件,单位成本为 288.50 元,共计 14 425 元。

这是一笔结转已销售商品成本的业务,一方面使库存商品减少,应计入"库存商品"账户的贷方;另一方面使主营业务成本增加,应计入"主营业务成本"账户的借方。编制会计分录如下:

借:主营业务成本——A 产品　　　　　　　　　　　19 976.80
　　　　　　　　——B 产品　　　　　　　　　　　14 425
　贷:库存商品——A 产品　　　　　　　　　　　　19 976.80
　　　　　　　——B 产品　　　　　　　　　　　　14 425

【例3-38】在[例3-36]中所售材料的成本为18 000元,结转材料的销售成本。

这是一笔结转已销售材料成本的业务,一方面,企业销售材料将引起其他业务支出的增加,应计入"其他业务成本"账户的借方;另一方面,对于企业材料的减少,应计入"原材料"账户的贷方。编制会计分录如下:

借:其他业务成本   18 000
  贷:原材料——丙材料   18 000

(三)税金及附加的账务处理

按照我国税法的规定,企业在销售商品过程中实现了销售收入,就应计算缴纳有关税金,主要包括消费税、资源税、城市维护建设税(简称城建税)、房产税、土地使用税、车船税、印花税,同时还应计算缴纳教育费附加。具体计算方法将在《财务会计》中加以介绍。本书侧重其账务处理方法。

【例3-39】假设神禾公司本月销售的A、B两种产品属于消费税的征收范围,按规定应交消费税8 000元,应交城建税600元,应交教育费附加130元。

这是一笔计算应交税费的业务。一方面,企业因销售应税产品而缴纳的消费税、城建税以及教育费附加,应计入"税金及附加"账户的借方;另一方面,由于税金和教育费附加计算出来后尚未缴纳,构成负债,因此应计入"应交税费"账户的贷方。编制会计分录如下:

借:税金及附加   8 730
  贷:应交税费——应交消费税   8 000
      ——应交城建税   600
      ——应交教育费附加   130

想 一 想

增值税是否通过"税金及附加"账户核算,为什么?

解答要点:增值税虽然也是一种流转税,但它不通过"税金及附加"账户核算,"税金及附加"账户用来核算企业日常经营活动中应该负担的除了增值税以外的流转税,包括消费税、资源税、城市维护建设税、教育费附加、房产税、土地使用税、车船税、印花税等。购进货物或接受应税劳务而支付的准予抵扣的增值税应计入"应交税费——应交增值税(进项税额)"账户来核算;企业销售货物或提供应税劳务,应向购货方收取的增值税,应计入"应交税费——应交增值税(销项税额)"账户来核算。企业当期应交的增值税等于当期销项税额减去当期进项税额。

(四)销售费用的账务处理

销售费用是企业在销售商品过程中发生的各项费用。它包括企业销售商品过程中发生的运输费、装卸费、包装费、保管费、展览费和广告费,以及为销售本企业商品而专设的销售机构(含销售网点、售后服务网点等)的职工薪酬、业务费等费用。

【例 3-40】神禾公司以银行存款支付产品广告费 1 500 元。

这是一笔支付广告费的业务。一方面,企业的销售费用增加了 1 500 元,应计入"销售费用"账户的借方;另一方面,企业的银行存款减少了 1 500 元,应计入"银行存款"账户的贷方。编制会计分录如下:

借:销售费用——广告费　　　　　　　　　　　　　　　　　　1 500
　　贷:银行存款　　　　　　　　　　　　　　　　　　　　　　　1 500

【例 3-41】神禾公司以现金支付销售机构水电费 3 855.20 元。

这是一笔支付水电费的业务。一方面,企业的销售费用增加了 3 855.20 元,应计入"销售费用"账户的借方;另一方面,企业的现金减少了 3 855.20 元,应计入"库存现金"账户的贷方。编制会计分录如下:

借:销售费用——水电费　　　　　　　　　　　　　　　　　　3 855.20
　　贷:库存现金　　　　　　　　　　　　　　　　　　　　　　　3 855.20

第五节　利润形成和分配业务的核算

利润的计算及
损益结转

一、利润形成业务的核算

(一) 利润的构成

利润是指企业在一定期间的财务成果,包括收入减去费用后的净额、直接计入当期利润的利得和损失等。

收入与费用是企业在日常活动中所形成的经济利益的总流入和总流出,如制造企业制造并销售产品取得的收入、出售材料取得的收入及发生的主营业务成本、其他业务成本、管理费用等。该项收入减去费用后的净额形成企业的营业利润。

直接计入当期利润的利得和损失是指与企业日常活动没有直接关联的经济利益的净流入或净流出,如处置固定资产、无形资产取得的净流入或净流出等。利得和损失构成企业的营业外收支。

因此,企业的利润总额由营业利润和营业外收支净额两部分组成。利润总额扣除所得税后形成企业的净利润。根据《企业会计准则》的规定,利润包括营业利润、利润总额和净利润。

1. 营业利润

营业利润是指由于生产经营活动所取得的利润,是企业利润的主要来源。用公式表示如下:

营业利润＝营业收入－营业成本－税金及附加－销售费用－管理费用－财务费用－
　　　　资产减值损失－信用减值损失＋公允价值变动收益(－损失)＋
　　　　投资收益(－损失)＋资产处置收益(－损失)＋其他收益

其中,

$$营业收入＝主营业务收入＋其他业务收入$$

$$营业成本＝主营业务成本＋其他业务成本$$

2. 利润总额

利润总额是由营业利润和营业外收支净额组成的。用公式表示如下：

$$利润总额＝营业利润＋营业外收入－营业外支出$$

3. 净利润

净利润是由利润总额减去应交所得税费用后形成的余额。用公式表示如下：

$$净利润＝利润总额－所得税费用$$

（二）账户设置

利润形成业务的核算，需要将有关损益类账户的余额结转到"本年利润"账户，除销售业务中涉及的部分损益类账户外，还应设置如下账户。

1. "投资收益"账户

（1）性质：损益类账户。

（2）核算内容：核算和监督企业对外投资所取得的收益或发生的损失。

（3）结构：贷方登记企业对外投资所取得的收入；借方登记对外投资发生的损失；余额在贷方为投资净收益，余额在借方为投资净损失，期末转入"本年利润"账户后，本账户无余额。

（4）明细设置：本账户按投资收益种类设置明细账户，进行明细分类核算。

2. "营业外收入"账户

（1）性质：损益类账户。

（2）核算内容：核算和监督企业发生的与日常生产经营活动无直接关系的各项收入，如罚没收入、捐赠利得等。

（3）结构：贷方登记企业取得的各项营业外收入；借方登记期末转入"本年利润"账户的营业外收入；期末结转后本账户无余额。

（4）明细设置：本账户按收入项目设置明细账户，进行明细分类核算。

3. "营业外支出"账户

（1）性质：损益类账户。

（2）核算内容：核算和监督企业发生的与日常生产经营活动无直接关系的各项支出，如罚款支出、捐赠支出、非常损失、资产盘亏损失等。

（3）结构：借方登记企业发生的各项营业外支出；贷方登记期末转入"本年利润"账户的营业外支出；期末结转后本账户无余额。

（4）明细设置：本账户按支出项目设置明细账户，进行明细分类核算。

4. "所得税费用"账户

（1）性质：损益类账户。

（2）**核算内容**：核算和监督企业按税法规定计算确定的应计入当期损益的所得税费用。

（3）**结构**：借方登记企业发生的所得税费用；贷方登记期末转入"本年利润"账户的所得税费用；期末结转后本账户无余额。

（4）本账户不设明细账户。

5.**"本年利润"账户**

（1）**性质**：所有者权益类账户。

（2）**核算内容**：核算和监督企业在一定时期内实现的净利润（或发生的净亏损）。

（3）**结构**：贷方登记由"主营业务收入""其他业务收入"和"营业外收入"等收入类账户转入的当期实现或取得的收入、收益，以及年末结转的本年度发生的净亏损；借方登记由"主营业务成本""税金及附加""销售费用""管理费用""财务费用""其他业务成本""营业外支出""所得税费用"等费用类账户转入的各种费用支出，以及年末结转的本年度实现的净利润；期末余额如果在贷方表示企业从年初到本期末累计实现的净利润，期末余额如果在借方则表示企业从年初到本期末累计发生的净亏损。年度终了要将本账户反映的净利润或净亏损转入"利润分配——未分配利润"账户，结转后本账户无余额。

（4）本账户一般不设明细账户。

（三）账务处理

前面主要介绍了企业发生的与日常生产经营活动相关的各项收入和费用，利润的形成还包括营业外收支的核算、投资收益的核算，最终才能形成利润总额和净利润。

【例 3-42】2023 年 6 月 25 日，神禾公司取得一笔罚款收入 5 000 元，已存入银行。

这项业务的发生，一方面，对企业取得的罚款收入，应计入"营业外收入"账户的贷方；另一方面，对存入银行的款项，应计入"银行存款"账户的借方。编制会计分录如下：

借：银行存款　　　　　　　　　　　　　　　　　　　　　　　　　5 000

　贷：营业外收入　　　　　　　　　　　　　　　　　　　　　　　　　5 000

【例 3-43】2023 年 6 月 30 日，经董事会研究决定，拨付现金 3 000 元，捐赠给希望工程用于发展边远地区教育事业。

这是一笔对外捐赠业务。一方面，对企业的捐赠支出，应计入"营业外支出"账户的借方；另一方面，对以库存现金支付的款项，应计入"库存现金"账户的贷方。编制会计分录如下：

借：营业外支出　　　　　　　　　　　　　　　　　　　　　　　　　3 000

　贷：库存现金　　　　　　　　　　　　　　　　　　　　　　　　　　3 000

【例 3-44】2023 年 6 月 30 日，神禾公司收到被投资单位分来的利润 20 000 元，存入银行。

这是一笔从其他单位分来利润的业务。一方面，企业因对外投资从其他单位分来的利润，增加了本企业的投资收益，应计入"投资收益"账户的贷方；另一方面，对银行存款的增加，应计入"银行存款"账户的借方。编制会计分录如下：

借：银行存款　　　　　　　　　　　　　　　　　　　　　　　　　20 000

      贷:投资收益   20 000

【例3-45】期末,神禾公司本期各收支账户净发生额如下:

主营业务收入	243 000	主营业务成本	185 600
其他业务收入	25 000	税金及附加	3 400
投资收益	20 000	销售费用	1 200
营业外收入	5 000	管理费用	7 200
		财务费用	1 100
		其他业务成本	18 000
		营业外支出	3 000

期末将上述损益类账户净发生额转入"本年利润"账户。

这是一项期末结账业务,企业各项收入的实现,会增加企业的本年利润,应计入"本年利润"账户的贷方;企业各项费用支出发生,会抵减企业的本年利润,应计入"本年利润"账户的借方。所以,应编制如下两组会计分录。

期末将本期发生的各项收入转入"本年利润"账户时:

借:主营业务收入   243 000

   其他业务收入   25 000

   投资收益   20 000

   营业外收入   5 000

  贷:本年利润   293 000

期末将本期发生的各项成本费用转入"本年利润"时:

借:本年利润   219 500

  贷:主营业务成本   185 600

    税金及附加   3 400

    销售费用   1 200

    管理费用   7 200

    财务费用   1 100

    其他业务成本   18 000

    营业外支出   3 000

结转后,"本年利润"账户的贷方发生额与借方发生额相比较,可计算出该公司本期实现的总额为73 500元(293 000-219 500)。

【例3-46】月末,计算出本月应交所得税为18 375元。

这是一笔计提应交所得税的业务。一方面,对于所得税费用的增加,计入"所得税费用"账户的借方;另一方面,企业在未缴纳前应作为一项流动负债处理,计入"应交税费"账户的贷方。编制会计分录如下:

借:所得税费用   18 375

  贷:应交税费——应交所得税   18 375

月末,将所得税费用结转到"本年利润"账户时,应编制会计分录如下:

借:本年利润   18 375

  贷:所得税费用   18 375

结转当期所得税费用后，该公司本期"本年利润"账户的贷方余额为 55 125 元（73 500－18 375），反映为该公司实现的净利润。

【例 3－47】神禾公司年终将本年度实现的净利润 55 125 元转入"利润分配——未分配利润"账户。

年度终了，企业要将当年实现的净利润或亏损，转入"利润分配——未分配利润"账户。结转利润时，按实际的净利润额，借记"本年利润"账户，贷记"利润分配——未分配利润"账户；结转亏损时，则按实际产生的亏损额，借记"利润分配——未分配利润"账户，贷记"本年利润"账户。对这项经济业务，应根据上述要求编制会计分录如下：

借：本年利润   55 125

  贷：利润分配——未分配利润   55 125

二、利润分配业务的核算

(一) 利润分配的顺序

利润分配是企业按照国家有关法律法规以及企业章程的规定，对实现的可供分配的利润在企业和投资者之间进行分配。企业可供分配的利润是当期实现的净利润，加上年初未分配利润（或减去年初未弥补亏损）后的余额。企业的利润按照下列顺序分配：

(1) 提取法定盈余公积金。根据《公司法》的有关规定，企业应该按当年税后利润的 10% 提取法定盈余公积金，当法定盈余公积金累计达到注册资本 50% 以上时，可以不再提取。企业提取的法定盈余公积金主要用于弥补亏损、扩大生产经营、转增资本金或者派送新股等，法定盈余公积金转为资本时，所留存的盈余公积金不得少于转增前公司注册资本的 25%。

(2) 提取任意盈余公积金。企业根据企业发展的需要，经董事会或股东大会决议，还可以按税后利润的一定比例提取任意盈余公积金。

(3) 向投资者分配利润。可供分配的利润减去提取的盈余公积金，为可向投资者分配的利润。有限责任公司按固定的出资比例向股东分配利润，股份有限公司按股东持有的股份比例向股东分配股利。

想 一 想

企业提取盈余公积金的基数是否应包含年初未分配利润，为什么？

解答要点：盈余公积金是企业按照规定从净利润中提取的各种积累资金，包括法定盈余公积金和任意盈余公积金。《中华人民共和国公司法》规定，计提法定盈余公积金和任意盈余公积金的基数为本年度实现的净利润，不包括年初未分配利润，因为年初未分配利润是以前年度累计的未分配利润，如果企业以前年度亏损，就必须先弥补以前年度亏损后再提取法定盈余公积金。

(二) 利润分配的账户设置

为反映和监督企业利润的分配情况，应设置"利润分配""盈余公积""应付股利"等账户。

1."利润分配"账户

(1) 性质:所有者权益类账户。

(2) 核算内容:核算和监督企业利润的分配(或亏损的弥补)和历年分配(或亏损弥补)后的结存余额。

(3) 结构:借方登记利润分配的去向和从"本年利润"账户转入的亏损数;贷方登记从"本年利润"账户转入的全年实现的净利润和亏损的弥补情况;年末,贷方余额为企业历年积存的未分配利润,借方余额为历年积存的未弥补亏损。

(4) 明细设置:本账户按利润分配的去向设置明细账户,进行明细分类核算。

2."盈余公积"账户

(1) 性质:所有者权益类账户。

(2) 核算内容:核算和监督企业从净利润中提取的盈余公积金和公益金及其使用情况。

(3) 结构:贷方登记盈余公积金和公益金的提取数;借方登记用盈余公积金弥补亏损或转增资本数;期末余额在贷方,表示盈余公积金的实际结存数。

(4) 明细设置:本账户按盈余公积的种类设置明细账户,进行明细分类核算。

3."应付股利"账户

(1) 性质:负债类账户。

(2) 核算内容:核算和监督企业经董事会或股东大会,或类似机构决议确定分配的现金股利或利润(不包括股票股利)。

(3) 结构:贷方登记应支付的现金股利或利润;借方登记实际支付的现金股利或利润;期末余额在贷方,反映企业尚未支付的现金股利或利润。

(4) 明细设置:本账户按投资者设置明细账户,进行明细分类核算。

(三) 利润业务分配的账务处理

【例 3-48】神禾公司全年实现净利润为 55 125 元。根据公司分配方案,按净利润的 10%提取法定盈余公积金,按净利润的 5%提取任意盈余公积金,向公司投资人分配现金股利27 562.5 元。

提取法定盈余公积金=55 125×10%=5 512.5(元)

提取任意盈余公积金=55 125×5%=2 756.25(元)

借:利润分配——提取法定盈余公积　　　　　　　　　　5 512.5

　　　　　——提取任意盈余公积　　　　　　　　　　2 756.25

　贷:盈余公积——法定盈余公积　　　　　　　　　　　　5 512.5

　　　　　——任意盈余公积　　　　　　　　　　　　2 756.25

借:利润分配——应付现金股利　　　　　　　　　　27 562.5

　贷:应付股利　　　　　　　　　　　　　　　　　　　27 562.5

【例 3-49】神禾公司年终将"利润分配"账户的其他明细账户的余额转入"利润分配——未分配利润"账户。资料见[例 3-48]所列。

年度终了,企业需要将"利润分配"账户的其他明细账户的余额转入"利润分配——未分配利润"账户。结转时,借记"利润分配——未分配利润"账户,贷记"利润分配——提取法定

盈余公积、提取任意盈余公积、应付现金股利"等账户。这项经济业务,应根据上述要求编制会计分录如下:

借:利润分配——未分配利润　　　　　　　　　35 831.25

　　贷:利润分配——提取法定盈余公积　　　　　　5 512.5

　　　　　　　　——提取任意盈余公积　　　　　2 756.25

　　　　　　　　——应付现金股利　　　　　　27 562.5

　　假定"利润分配——未分配利润"账户期初余额为零,通过以上结转未分配利润后,"利润分配"账户的其他明细账户全部结清,此时该账户的贷方余额为 19 293.75 元(55 125－35 831.25),反映为该公司累计未分配的利润。该账户如果出现借方余额,则表示累计未弥补的亏损。

思政小课堂

华为手机芯片"断供"了!

　　从 2018 年 8 月,特朗普签署"国防授权法",禁止美国政府机构和承包商使用华为的某些技术到 2018 年 12 月华为总裁任正非的女儿孟晚舟在加拿大被捕,美国对华拉开了科技战的序幕。接着,2019 年 5 月 16 日,美国将华为列入"实体清单",在未获得美国商务部许可的情况下,美国企业不得向华为供应产品。这使华为手机无法使用高通芯片。谷歌停止与华为合作,微软下架华为笔记本。2020 年 5 月 15 日,美国对华为的制裁再度升级,严格限制华为使用美国的技术、软件设计和制造半导体芯片,华为遭遇了前所未有的"极限施压"。

　　华为的创始人任正非,接受采访时表示"断供"风波不会在尖端领域对华为造成影响,华为"泰山崩于前而面色不改"的表现来自其坚实的技术储备,来自多年前做出的"所有美国的先进芯片和技术将不可获得"的极限生存假设,并为此走上"科技最为悲壮的长征"。华为很早就开始研发最复杂最高端的芯片设计技术,每年拿出上千亿的资金,通过压缩和舍弃企业短期的利润,着眼未来发展和长远效益,掌握了先进的 5G 技术,申请了大量的专利,在核心技术上有了"备胎"。由于任正非的深谋远虑,坚持科技自立,注重创新研发,把关键技术、核心装备牢牢地掌握在自己手中,从根本上保障了企业的稳健发展。

　　华为在自主创新上的极致坚持,正是今天能力挽狂澜的强大能量。其处变不惊、从容淡定的"硬核"态度,不仅彰显了华为的底气,也给时刻关注华为命运的国人打了一剂"强心针"。如果不是凭借着未雨绸缪的态度,持续不断地进行研发,牢固掌握核心技术,面对断供风波的华为恐怕很难如此强硬。正如中国科学院院长白春礼在 2020 年 9 月 16 日(华为断供次日)在国新办新闻发布会上所说的"面临美国对中国高科技产业的打压,我们要把美国卡脖子的清单变成我们科研任务清单进行布局"。

　　今天,很多人佩服华为在 10 多年前就设想会出现"极端情况"的远见。殊不知,在当时,无论是企业内部还是行业竞争对手中,不乏认为这么做有点"傻"或者"太浪费"的声音。

　　总结强调:(1) 树立正确的人生观、价值观和世界观。激励学生做好科学文化知识储备,强基固本,用知识来改变命运,用知识来武装头脑,成为一个有理想有抱负的青年。同时引导学生关心时事、关心国家和社会变革,奋发图强,时刻准备着,要有"为天地立心,为生民立命,为往圣继绝学,为万世开太平"的志气。

(2) 打铁还需自身硬。华为从长远考虑,每年都花费一千多亿元来搞研发,自主创新,加强技术储备,面对挤压,提高应变能力,减少和规避风险。大学生应该锻炼独立思考能力、独立处事能力,不贪图安逸,不急功近利,不投机取巧,要沉得住气。只要坚持到底,就能克服一切艰难险阻,就能掌握自己的命运。

(3) "为之于未有,治之于未乱"。企业要谋长远发展就必须居安思危,对自身的短板要有清醒的认知,切不可被一时、一地、一事上的成功蒙蔽了眼睛。如果只顾眼前,缺乏布局未来的自觉和行动,等到"胎坏了"才考虑,恐怕连生存都成了问题。大学生也应该根据自己的优势和劣势做出职业生涯规划,增强忧患意识,尽早谋划,应对充满竞争的社会现实,实现自己的人生价值。

(参考资料:

https://www.sohu.com/a/396381839_711825

https://baijiahao.baidu.com/s? id=16756286421338623478&wfr=spider&for=pc)

本章总结

本章主要是运用我们已经学习并掌握的账户和借贷记账法的知识对制造业企业发生的主要经济业务进行核算,这也是本章学习的重点,其难点是有关账户的内容及其具体应用。

制造业企业的经济业务主要有资金筹集业务、供应过程业务、产品生产过程业务、产品销售过程业务、财务成果形成与分配业务等。

企业的资金筹集业务主要有接受投资人投入资本业务和向债权人借入资金业务。投入资本又包括实收资本和资本公积两部分。实收资本是企业投资者按照章程或合同、协议的约定,实际投入企业的资本金。为了核算实收资本的形成及其变化情况,需要设置"实收资本"账户。资本公积是投资者或他人投入到企业、所有权归属投资者并且金额上超过其在注册资本或股本中所占份额的部分。为了核算资本公积的形成及其使用情况,需要设置"资本公积"账户。向债权人借入资金主要包括短期借款和长期借款。短期借款是指企业为了满足其生产经营对资金的临时需要而向银行或其他金融机构借入的偿还期限在 1 年以下(含 1 年)的各种借款。为了核算短期借款的本金和利息,需要设置"短期借款""财务费用""应付利息"等账户。长期借款是企业向银行及其他金融机构借入的偿还期限在 1 年以上或超过 1 年的一个营业周期的各种借款。对于按规定的利率和使用期限计算的利息,一方面应作为"长期借款——利息调整"入账(注意此处与短期借款的区别),另一方面要注意利息资本化和费用化的不同。

企业的供应过程业务主要就是准备劳动资料(即购建固定资产)和准备劳动对象(即购买原材料等)。对于固定资产购入业务,要注意两点:一是固定资产原始价值的具体构成内容即买价、税金、包装费、运杂费和安装费等,购买机器设备等固定资产涉及的增值税是可以作为进项税额予以抵扣的。二是购入的固定资产在核算时一定要区分不需要安装和需要安装两种情况。对于材料采购业务,按照企业会计准则的规定,企业的材料一般按实际成本计价核算。按实际成本核算时,要注意实际成本包括的具体内容,即"实际采购成本=实际买价+实际采购费用",需要设置的账户主要有"在途物资""应交税费"。

企业的产品生产过程业务的核算,其核心内容就是通过"生产成本"账户和"制造费用"账户归集生产费用,计算产品的生产成本。根据"生产成本"账户所核算的各项直接或间接费用,采用一定的方法即可计算出完工产品的生产成本,并随着完工产品的验收入库,其生产成本也随之转入"库存商品"账户。在生产过程的核算中,注意"累计折旧"账户的应用。由于固定资产在使用过程中,其价值是逐渐转移的,这种转移又不能减少固定资产的原始价值,因而对于提取的固定资产折旧,一方面将其作为一种费用记入"制造费用"等有关账户,表示折旧费用的增加;另一方面记入"累计折旧"账户,以便抵减"固定资产"账户的借方余额,求得现有固定资产的净值。在将制造费用分配给各种产品成本负担之后,"生产成本"账户的借方归集了各种产品所发生的直接材料、直接人工和制造费用的全部内容。在此基础上就可以进行产品成本的计算了。完工产品成本的简单计算公式为:

完工产品生产成本＝期初在产品成本＋本期发生的生产费用－期末在产品成本

企业产品的销售过程中主要经济业务是:销售商品实现收入,即确认营业收入;结转营业成本;计算应交的税金及附加;支付销售费用。通常情况下,当商品已发出,同时收取价款或取得收取价款的凭据或权利时,就可以确认销售的实现。销售商品的收入,通常按照销售发票上的金额确定计入"主营业务收入"账户。企业在取得营业收入的同时,要计算并结转相应的营业成本,一方面减少了库存商品,另一方面将销售发出的产品成本转为"主营业务成本"账户。应遵循配比原则的要求,也就是说,主营业务成本的结转不仅应与主营业务收入在同一会计期间加以确认,而且应与主营业务收入在销售商品数量上保持一致。主营业务成本的计算公式如下:

本期应结转的主营业务成本＝本期销售商品的数量×单位商品的生产成本

财务成果是企业各项收入与各项支出相互配比的结果。为了观察企业各项收支对利润或亏损的影响程度,便于分析利润构成因素的增减变动情况,企业利润指标是分层次计算确定的,必须牢牢记住各项利润指标的计算公式。由于构成企业利润的各项收支业务平时分散在有关损益账户中,期末计算利润时应将各损益账户"余额"转入"本年利润"账户,"本年利润"账户借、贷方金额相抵后,如为贷方余额,即为本期实现的净利润,否则即为亏损。这里应注意:在年度中间,"本年利润"账户的余额保留在该账户,表示截至本期,本年度累计实现的净利润或发生的亏损;年末,应将该账户余额转入"利润分配"账户。为了使"本年利润"账户既能反映利润形成的原始数据,又能借此计算企业的未分配利润余额,就需要专门设置"利润分配"账户,用以反映利润的分配(或亏损的弥补)以及历年结存的未分配利润。"利润分配"账户一般需要下设"盈余公积补亏""提取法定盈余公积""提取任意盈余公积""应付现金股利""转作资本的股利""未分配利润"等明细账户进行明细核算。年末,应将"利润分配"账户下的其他明细账户的余额转入"未分配利润"明细账户,经过结转后,除"未分配利润"明细账户有余额外,其他各明细账户均无余额。

课前预习

一、单项选择题

1. 我们一般将企业所有者权益中的盈余公积和未分配利润合称为(　　　)。

A. 实收资本   B. 资本公积

C. 留存收益   D. 所有者权益

2. 企业从税后利润中提取法定盈余公积时,应贷记（　　）。

A. "营业外收入"账户   B. "实收资本"账户

C. "资本公积"账户   D. "盈余公积"账户

3. 某企业年初所有者权益总额为 1 200 万元,本年度实现净利润 800 万元,提取盈余公积金 200 万元,向投资人分配股票股利 100 万元,年内用盈余公积金转增资本 300 万元。假设不考虑其他因素,则该企业年末的所有者权益总额为（　　）万元。

A. 1 800   B. 1 900   C. 2 000   D. 2 200

4. 有限责任公司增资扩股时,如果有新的投资者加入,则新加入的投资者交纳的出资额大于按约定比例计算的其在注册资本中所占份额部分,应记入的贷方账户是（　　）。

A. "实收资本"账户   B. "股本"账户

C. "资本公积"账户   D. "盈余公积"账户

5. 某企业 2023 年 10 月 31 日的所有者权益情况如下:实收资本 1 000 万元,资本公积 85 万元,盈余公积 190 万元,未分配利润 160 万元,则该企业 10 月 31 日的留存收益为（　　）万元。

A. 160   B. 190   C. 350   D. 435

6. 企业计提短期借款的利息支出时应借记的账户是（　　）。

A. "财务费用"账户   B. "短期借款"账户

C. "应付利息"账户   D. "在建工程"账户

7. 企业设置"固定资产"账户是用来反映固定资产的（　　）。

A. 磨损价值   B. 累计折旧   C. 原始价值   D. 净值

8. 企业的盈余公积按规定应从企业的（　　）。

A. 营业利润中提取   B. 税后利润中提取

C. 利润总额中提取   D. 税前利润中提取

9. 仓库发出材料用于车间一般性消耗,应贷记（　　）。

A. "生产成本"账户   B. "原材料"账户

C. "管理费用"账户   D. "制造费用"账户

10. 某制造业企业为增值税一般纳税人。本期外购原材料一批,发票注明买价 20 000 元,增值税税额为 2 600 元,入库前发生的挑选整理费用为 1 000 元,则该批原材料的入账价值为（　　）元。

A. 20 000   B. 22 600   C. 21 000   D. 23 600

11. 某有限责任公司由 A、B 两个股东各出资 50 万元而设立,设立时实收资本为 100 万元,经过 3 年运营,该公司盈余公积和未分配利润合计为 50 万元,这时 C 投资者有意加盟本公司,经各方协商确定 C 投资者以 80 万元现金出资,占该公司 C 投资后的有表决权资本的 1/3,该公司在接受 C 投资者投资时,应借记"银行存款"账户 80 万元,贷记（　　）。

A. "实收资本"账户 80 万元

B. "实收资本"账户 75 万元,"资本公积"账户 5 万元

C. "实收资本"账户 50 万元,"资本公积"账户 30 万元

D. "实收资本"账户 55 万元,"资本公积"账户 25 万元

12. 下列账户中与"制造费用"账户不可能发生对应关系的是(　　)。

A. "库存现金"账户　　　　　　　　　B. "银行存款"账户

C. "应付职工薪酬"账户　　　　　　　D. "库存商品"账户

13. 某企业为增值税一般纳税人,企业本月购进原材料 400 千克,货款为 24 000 元,增值税为 3 120 元,发生的保险费为 1 400 元,入库前发生的挑选整理费用为 520 元,验收入库时发现数量短缺 10%,经查属于运输途中的合理损耗,企业确定的该批原材料的实际单位成本为(　　)元/千克。

A. 62.80　　　　　　　　　　　　　　B. 66

C. 70.56　　　　　　　　　　　　　　D. 72

14. 企业签发并承兑的商业承兑汇票如果不能如期支付,应在票据到期并未签发新的票据时,将应付票据账面余额(　　)。

A. 转入"应收账款"账户　　　　　　　B. 转入"应付账款"账户

C. 转入"坏账准备"账户　　　　　　　D. 继续保留在"应付票据"账户

15. 下列费用中,不构成产品成本,而应直接计入当期损益的是(　　)。

A. 直接材料费　　　　　　　　　　　B. 直接人工费

C. 期间费用　　　　　　　　　　　　D. 制造费用

16. 企业按月计提固定资产折旧时,应贷记(　　)。

A. "固定资产"账户　　　　　　　　　B. "制造费用"账户

C. "累计折旧"账户　　　　　　　　　D. "管理费用"账户

17. 企业出租固定资产所取得的租金收入,属于(　　)。

A. 主营业务收入　　　　　　　　　　B. 其他业务收入

C. 投资收益　　　　　　　　　　　　D. 营业外收入

18. 下列内容中属于其他业务收入的是(　　)。

A. 销售商品收入　　　　　　　　　　B. 出售材料收入

C. 委托代销商品收入　　　　　　　　D. 清理固定资产净收益

19. 年末结账后,"利润分配"账户的贷方余额表示(　　)。

A. 本年实现的利润总额　　　　　　　B. 本年实现的净利润额

C. 本年利润分配总额　　　　　　　　D. 年末未分配利润额

20. 企业年初所有者权益总额为 2 000 万元,年内接受投资 160 万元,本年实现利润总额 500 万元(假设没有纳税调整项目),所得税税率为 25%,按 10% 提取盈余公积金,决定向投资人分配利润 100 万元,则企业年末的所有者权益总额为(　　)万元。

A. 2 460　　　　　　B. 2 435　　　　　　C. 2 660　　　　　　D. 2 565

21. "本年利润"账户年内贷方余额表示(　　)。

A. 利润总额　　　　　　　　　　　　B. 亏损总额

C. 未分配利润额　　　　　　　　　　D. 累计净利润额

22. 下列内容不属于企业营业外支出的是(　　)。

A. 非常损失　　　　　　　　　　　　B. 坏账损失

C. 公益性捐赠支出　　　　　　　　　D. 固定资产盘亏损失

23. B公司为有限责任公司,于3年前成立,公司成立时注册资本为1 000万元,M公司现在欲向B公司投入资本800万元,占B公司接受投资后全部有表决权资本的1/3,则B公司接受M公司投资时,发生的资本溢价为( )万元。

    A. 400　　　　　　B. 300　　　　　　C. 500　　　　　　D. 200

24. 某企业年初未分配利润为200万元,本年实现的净利润为2 000万元,按10%计提法定盈余公积金,按5%计提任意盈余公积金,宣告发放现金股利160万元,则企业本年末的未分配利润为( )万元。

    A. 1 710　　　　　B. 1 734　　　　　C. 1 740　　　　　D. 1 748

25. 某企业为增值税一般纳税人,2023年应交的各种税费分别为:增值税700万元,消费税300万元,城市维护建设税70万元,房产税20万元,车船税10万元,所得税500万元。上述各种税金应记入"税金及附加"账户的金额为( )万元。

    A. 1 070　　　　　B. 400　　　　　　C. 1 100　　　　　D. 370

26. 某企业2023年8月实现的主营业务收入为500万元,投资收益为50万元,营业外收入为40万元;发生的主营业务成本为400万元,管理费用为25万元,资产减值损失为10万元。假定不考虑其他因素,该企业8月份的营业利润为( )万元。

    A. 65　　　　　　　B. 75　　　　　　　C. 90　　　　　　　D. 115

27. 某一般纳税人企业销售一批商品,增值税专用发票上标明的价款为300万元,适用的增值税税率为13%,为购买方代垫运杂费10万元,款项尚未收回,该企业确认的应收账款为( )万元。

    A. 300　　　　　　B. 310　　　　　　C. 339　　　　　　D. 349

28. 企业发生的下列交易或事项,不应确认为营业外支出的是( )。

    A. 公益性捐赠支出　　　　　　　　　　B. 非流动资产报废损失

    C. 固定资产盘亏损失　　　　　　　　　D. 固定资产减值损失

29. 某企业年初所有者权益总额为800万元,当年以其中的资本公积转增资本180万元,当年实现净利润1 500万元,提取盈余公积金150万元,向投资人分配现金股利400万元,则该企业年末的所有者权益总额为( )万元。

    A. 1 800　　　　　B. 2 200　　　　　C. 1 900　　　　　D. 2 000

30. 某企业只生产一种产品,2023年5月1日,期初在产品成本为7万元,5月份发生下列费用:生产产品领用材料12万元,产品生产工人工资4万元,制造费用2万元,管理费用3万元,广告费用1.6万元,月末在产品成本6万元。该企业5月份完工产品的生产成本为( )万元。

    A. 16.6　　　　　　B. 18　　　　　　　C. 19　　　　　　　D. 23.6

31. 某企业"生产成本"账户的期初余额为80万元,本期为生产产品发生直接材料费用640万元,直接人工费用120万元、制造费用160万元、企业行政管理费用80万元,本期结转完工产品成本640万元。假定该企业只生产一种产品,则企业期末"生产成本"账户的余额为( )万元。

    A. 200　　　　　　B. 280　　　　　　C. 360　　　　　　D. 440

32. 对于一般纳税人企业,下列各项内容中,符合收入要素确认要求、应确认为企业其他业务收入的是( )。

A. 出售材料收入　　　　　　　　　B. 接受捐赠收入

C. 出售商品收入　　　　　　　　　D. 向购货方收取的增值税税额

33. 某企业为增值税一般纳税人,2023 年实际已缴纳税金情况如下:增值税 420 万元,消费税 180 万元,城市维护建设税 50 万元,印花税 2 万元,所得税 100 万元。上述各项税金应记入"应交税费"账户借方的金额是(　　)万元。

A. 752　　　　　　B. 750　　　　　　C. 332　　　　　　D. 330

34. 某企业 2023 年主营业务收入为 2 000 万元,主营业务成本为 1 200 万元,税金及附加为 100 万元,其他业务收入为 500 万元,其他业务成本为 300 万元,期间费用为 150 万元,投资收益为 250 万元,营业外收入为 180 万元,营业外支出为 230 万元,所得税费用为 300 万元,则该企业的营业利润为(　　)万元。

A. 650　　　　　　B. 1 200　　　　　C. 1 000　　　　　D. 950

35. 某企业只生产和销售 A 产品,2023 年 8 月 1 日在产品成本为 17.5 万元,8 月份发生如下费用:产品领用材料 30 万元,产品生产工人工资 10 万元,负担的制造费用 5 万元,行政管理部门物料消耗 7.5 万元,专设销售机构固定资产折旧费 4 万元,月末在产品成本 15 万元,则该企业 8 月份完工 A 产品的生产成本为(　　)万元。

A. 45　　　　　　B. 47.5　　　　　C. 41.5　　　　　D. 59

36. 企业用当年实现的净利润弥补亏损时,应(　　)。

A. 借记"本年利润"账户,贷记"利润分配"账户

B. 借记"利润分配"账户,贷记"本年利润"账户

C. 借记"利润分配"账户,贷记"未分配利润"账户

D. 无须作专门的会计处理

二、名词解释

管理费用　财务费用　销售费用　期间费用　生产成本　主营业务收入　利润　制造费用　主营业务成本　营业外收入　营业外支出

课后练习

一、多项选择题

1. 制造费用包括(　　)。

A. 车间管理人员工资　　　　　　　B. 车间设备折旧费

C. 管理部门职工工资　　　　　　　D. 车间水电费

E. 包装费

2. 期末结转后无余额的账户有(　　)。

A. 管理费用　　　　　　　　　　　B. 财务费用

C. 库存商品　　　　　　　　　　　D. 生产成本

E. 应付职工薪酬

3. "其他应收款"账户,包括(　　)。

A. 预借差旅费　　　　　　　　　　B. 租入时支付的押金

C. 应收出租物租金　　　　　　　　D. 销售原材料

4. 材料的采购成本包括(　　)。

A. 材料的运输费　　　　　　　　　B. 材料的装卸费

C. 材料的包装费　　　　　　　　　D. 材料入库前的挑选整理费

E. 材料的买价

5. 管理费用包括(　　)。

A. 车间管理人员的工资　　　　　　B. 厂部管理人员的工资

C. 厂部耗用的材料　　　　　　　　D. 厂部办公用房的租金

E. 车间人员的工资

6. 职工薪酬包括(　　)。

A. 职工工资　　　　　　　　　　　B. 职工奖金

C. 职工社会保险费　　　　　　　　D. 职工住房公积金

E. 职工福利费

7. "在途物资"账户借方登记(　　)。

A. 材料的增值税　　　　　　　　　B. 材料买价

C. 材料仓库保管人员的福利费　　　D. 材料运费

E. 材料仓库保管人员的工资

8. 直接记入当期损益的账户包括(　　)。

A. 管理费用　　　　　　　　　　　B. 财务费用

C. 销售费用　　　　　　　　　　　D. 制造费用

E. 采购费用

9. "应付利息"账户的余额(　　)。

A. 一定在借方　　　　　　　　　　B. 可能在借方

C. 一定在贷方　　　　　　　　　　D. 可能在贷方

E. 借贷双方并存

10. 下列项目中能计入"其他应收款"账户借方的有(　　)。

A. 预付购料款　　　　　　　　　　B. 租入包装物支付的押金

C. 给职工代垫的水电费　　　　　　D. 预付差旅费

E. 预收下半年的包装物租金

11. "营业利润"由(　　)构成。

A. 营业成本　　　　　　　　　　　B. 销售费用

C. 营业收入　　　　　　　　　　　D. 管理费用

E. 营业税金及附加

12. 下列项目中属于"其他业务收入"的有(　　)。

A. 出租固定资产实现的收入　　　　B. 销售材料实现的收入

C. 出租无形资产实现的收入　　　　D. 销售产品的收入

E. 技术转让实现的收入

13. 期末账户余额一般在借方的是(　　)。

A. 其他应收款　　　　　　　　　　B. 预付账款

C. 应付利息　　　　　　　　　　　D. 累计折旧

E. 预收账款

14. 属于生产过程中使用的成本类账户是（　　　）。

A. 在途物资

B. 原材料

C. 应收票据

D. 生产成本

E. 制造费用

15. "销售费用"的内容包括（　　　）。

A. 销售广告费

B. 销售网点人员的工资

C. 进货的运输费用

D. 销售网点人员的福利费

E. 销售过程中的保险费

二、判断题

1. 企业在生产经营过程中所取得的收入和所发生的费用和损失，可以直接增减投入资本。　　　　　　　　　　　　　　　　　　　　　　　　　　　　　（　　）

2. "制造费用"账户属于损益类账户，所以期末一定没有余额。　　　（　　）

3. 企业出售无形资产应缴纳的营业税，应记入"营业税金及附加"账户。（　　）

4. 因为"制造费用"属于损益类账户，所以期末一定没有余额。　　（　　）

5. 所得税费用是一种费用。　　　　　　　　　　　　　　　　　　（　　）

6. "主营业务收入"期末结账后，余额在贷方。　　　　　　　　　（　　）

7. 凡不是本期支付的费用，均不能计入本期产品的生产成本。　　　（　　）

8. "本年利润"属于损益类账户。　　　　　　　　　　　　　　　　（　　）

9. 产品制造企业在供应过程中支付的各项采购费用，应计入期间费用进行核算。

　　　　　　　　　　　　　　　　　　　　　　　　　　　　　　（　　）

10. 企业的消费税和增值税计税依据相同，会计处理方法也相同。　（　　）

11. "累计折旧"账户余额一般在贷方，所以属于负债类账户。　　　（　　）

12. "应付账款"账户和"预付账款"账户同属于负债类账户。　　　（　　）

13. "应付股利"的期末余额在贷方表示企业尚未分配的利润净额。　（　　）

14. 基本生产车间管理人员的工资及福利费不属于直接人工费用。　（　　）

15. 收付实现制不考虑收入和费用的收支期间与其归属期间是否一致的问题。（　　）

16. 在权责发生制下，本月预支下月存入银行的货款应记入本月收入。（　　）

17. 生产费用和产品成本是同一个概念。　　　　　　　　　　　　（　　）

18. 营业外收入与营业外支出之间存在配比关系。　　　　　　　　（　　）

19. 企业无法支付的应付款项属于营业外收入。　　　　　　　　　（　　）

20. 投资损益属于营业外收入。　　　　　　　　　　　　　　　　（　　）

三、简答题

1. 制造费用如何分配？

2. 在制造业企业供应过程中需要设置的账户有哪些？

3. 在制造业企业生产过程中哪些账户期末结转后没有余额？

4. 简述"本年利润"账户的用途及结构。

5. 生产过程的核算主要设置哪些账户？如何进行处理？

四、实务操作

实训一

【目的】练习资金筹集业务的核算。

【资料】某产品制造企业 2023 年 10 月份发生的经济业务如下：

1. 1 日，企业收到国家投入的货币资金 560 000 元存入银行。

2. 5 日，企业收到甲投资方投入资金 560 000 元存入银行。

3. 9 日，企业收到乙投资方投入的商标权一项，经投资各方确认价值为 100 000 元。

4. 16 日，企业决定将 50 000 元盈余公积用于转增资本。

5. 19 日，企业向银行借入期限为 6 个月的款项 80 000 元存入银行；计提本月短期借款利息，年利率为 8%。

6. 23 日，企业因购置生产设备需要，向银行借入期限为 2 年的款项 150 000 元存入银行。

7. 25 日，企业用银行存款 86 000 元归还已到期的短期贷款。

8. 28 日，企业投资人丙撤资，企业用银行存款支付其撤资 50 000 元。

【要求】根据上述经济业务编制会计分录。

实训二

【目的】练习"供应过程"业务的核算。

【资料】某产品制造企业 2023 年 10 月份发生的经济业务如下（注意该企业月末一并办理入库材料的成本）：

1. 企业购入不需要安装的机器设备一台，买价 150 000 元，应支付增值税进项税额是买价的 13%，途中的运杂费为 6 000 元，上述款项均用银行存款支付。

2. 企业购入需要安装的机器设备一台，买价 80 000 元，增值税进项税额是买价的 13%，途中的运杂费为 50 000 元，上述款项均用银行存款支付。在安装过程中，用现金支付安装人员的工资 6 000 元，领用生产用的原材料 3 500 元，安装完毕，交付使用。

3. 向甲工厂购进 A 材料 300 吨，单价 130 元，增值税进项税额为 5 070 元。材料已验收入库，款项已通过银行支付。

4. 向乙工厂购进 A 材料 400 吨，单价 130 元，增值税进项税额为 6 760 元；向丙工厂购进 A 材料 600 吨，单价 130 元，增值税进项税额为 10 140 元。材料未入库，货款尚未支付。

5. 用银行存款 2 000 元支付上述购买 A 材料的运杂费。

6. 向丁工厂购进 B 材料 2 000 千克，单价 5 元，增值税进项税额为 1 300 元；购进 C 材料 1 000 千克，单价 6 元，增值税进项税额为 780 元。材料已经验收入库，开出商业承兑汇票一张用于支付货款。

7. 用现金支付丁工厂上述材料的运杂费 3 300 元（按重量进行分配）。

8. 用银行存款偿还前欠乙工厂货款和丙工厂货款（接业务 4）。

9. 结转上述入库材料的采购成本。

【要求】根据上述经济业务编制会计分录。

实训三

【目的】练习"生产过程"业务的核算。

【资料】飞跃工厂 2023 年 11 月份发生的经济业务如下：

1. 2 日，仓库发出材料情况如表 3 - 8 所示。

表 3 - 8　材料发出

项　目	甲材料		乙材料		金额合计/元
	数量/千克	金额/元	数量/千克	金额/元	
生产 A 产品耗用	520	52 000	400	20 000	72 000
生产 B 产品耗用	360	36 000	150	7 500	43 500
车间耗用	90	9 000			9 000
行政部门耗用	50	5 000			5 000
合　计		10 200		27 500	129 500

2. 3 日，用银行存款支付银行结算手续费 700 元。

3. 4 日，用银行存款支付水电费 60 000 元，增值税进项税额为 7 800 元。其中，管理部门耗用 45 000 元，车间耗用 15 000 元。

4. 6 日，用现金 800 元购买办公用品，管理部门领用 400 元，车间领用 400 元。

5. 8 日，计算本月应付职工薪酬 35 000 元，其中生产 A 产品工人工资 20 000 元，生产 B 产品工人工资 10 000 元，车间管理人员工资 3 000 元，厂部管理人员工资 2 000 元。

6. 8 日，本月以银行存款支付职工福利费 4 900 元，其中生产工人的福利费 4 200 元（A 产品生产工人福利费为 2 800 元，B 产品生产工人福利费为 1 400 元），车间管理人员的福利费 420 元，厂部管理人员的福利费 280 元。

7. 10 日，开出现金支票提取现金 35 000 元备发工资。

8. 15 日，用现金发放本月职工工资 35 000 元。

9. 16 日，计提本月固定资产折旧 5 200 元，其中车间计提固定资产折旧 3 500 元，企业管理部门计提固定资产折旧 1 700 元。

10. 17 日，银行通知代扣支付本月贷款利息 3 000 元，已扣付。

11. 30 日，将本月发生的制造费用转入"生产成本"账户。（制造费用按 A、B 两种产品工人工资的比例进行分配）

12. 30 日，本月生产的产品全部完工验收入库，结转完工入库产品的生产成本。

【要求】根据上述经济业务编制会计分录。

实训四

【目的】练习"销售过程"业务的核算。

【资料】某制造企业 2023 年 10 月份发生的经济业务如下：

1. 2 日，销售给甲工厂 A 产品 70 件，单价 2 000 元，B 产品 80 件，单价 3 000 元，增值税税率为 13%，款项通过银行收讫。

2. 4 日，销售给乙工厂 A 产品 100 件，单价 2 000 元，B 产品 50 件，单价 3 000 元，增值税税率为 13%，货款尚未收到。

3. 5 日，乙工厂以一张 1 个月期限的商业承兑汇票来抵偿前欠货款。

4. 9 日，用银行存款支付销售 A、B 产品的装运费 800 元。

5. 11 日,签发 3 000 元支票支付广告费用。

6. 16 日,销售材料一批,售价 20 000 元,增值税 2 600 元,款项已收存银行。该材料的实际采购成本为 12 000 元,同时结转已售材料的采购成本。

7. 16 日,收到丙工厂购买商品的预付款 50 000 元,存入银行。

8. 30 日,结转已售 A、B 产品的销售成本 360 000 元,其中 A 产品销售成本为 190 000 元,B 产品销售成本为 170 000 元。

【要求】根据上述经济业务编制会计分录。

实训五

【目的】练习"利润形成及分配过程"业务的核算。

【资料】某制造企业 2023 年 10 月份发生的经济业务如下:

1. 1 日,企业没收逾期未还的包装物押金 2 000 元。

2. 4 日,企业本月发生非常损失 5 600 元,以银行存款支付。

3. 8 日,收到某购货单位罚款现金 700 元。

4. 13 日,收取本月出租包装物租金 3 000 元,存入银行。

5. 14 日,销售 A 产品 80 台,单位售价 1 900 元,销售 B 产品 150 台,单位售价 1 800 元,增值税税率为 13%,货款及税金收到存入银行。

6. 31 日,结转本月收入到本年利润账户。

7. 31 日,将本月发生的费用转入"本年利润"账户,其中主营业务成本 80 000 元,其他业务成本 5 000 元,销售费用 3 000 元,管理费用 6 000 元,财务费用 500 元,税金及附加 1 260 元,营业外支出 12 000 元。

8. 31 日,计算本年利润,按 25% 的企业所得税税率计算本月应缴纳的所得税,并结账。

9. 31 日,计算净利润,并结转本年利润。

10. 31 日,按净利润 10% 的比例计提盈余公积金。

11. 31 日,按净利润 10% 的比例计应付投资者利润。

【要求】根据上述经济业务编制会计分录。

实训六

【目的】综合经济业务的核算。

【资料】M 企业 2023 年 12 月份发生的经济业务如下:

1. 12 月 1 日,从银行提取现金 100 000 元,备发工资。

2. 12 月 1 日,员工小王出差预借差旅费 1 000 元。

3. 12 月 2 日,员工小王出差回来,报销差旅费 900 元,交回剩余现金 100 元。

4. 12 月 3 日,以现金 100 000 元向职工支付工资。

5. 12 月 4 日,用现金 1 000 元购买办公用品。

6. 12 月 4 日,向甲企业销售产品一批,货款为 200 000 元,增值税为 26 000 元,货款和税金尚未收到。

7. 12 月 5 日,收到甲公司所欠账款 226 000 元,存入银行。

8. 12 月 5 日,用银行存款支付罚款 1 000 元。

9. 12 月 6 日,购入甲材料 2 000 千克,价款 30 000 元,乙材料 1 000 千克,价款 20 000 元,增值税税率为 13%。材料已验收入库,款项用银行存款支付。

10. 12月6日,A产品生产完工2 000件,成本合计100 000元,验收入库。

11. 12月份"发料凭证汇总表"如下(见表3-9):

表3-9　　　　　　　　　　　　　　　　　　　　　　　　　　　单位:元

项　目	原材料		
	甲材料	乙材料	合计
A产品耗用	20 000	10 000	30 000
销售部门耗用	2 000	1 500	3 500
行政部门耗用	2 000	1 000	3 000
合计	24 000	12 500	36 500

根据"发料凭证汇总表"编制会计分录。

12. 12月7日,购入需要安装的设备一台,价款100 000元,增值税税额为13 000元,运输费用为3 000元,安装费5 000元,款项均以银行存款支付。

13. 12月7日,计提本月固定资产折旧11 000元,其中生产部门8 000元,管理部门2 000元,销售部门1 000元。

14. 12月8日,从外单位购入一项商标权,支付价款120 000元,款项用银行存款支付。

15. 12月9日,向银行借入一年期短期借款100 000元存入银行,年利率为5%。

16. 12月9日,向银行借款250 000元,直接用以偿还前欠货款。

17. 12月9日,应付本月份短期借款利息10 000元。

18. 12月10日,归还上年借入的一年期短期借款60 000元。

19. 12月10日,向银行借入两年期借款100 000元,借款暂时存入银行。

20. 12月11日,签发商业承兑汇票一张,购买不需安装的机器设备一台,该设备价款为80 000元,增值税税额为10 400元。

21. 12月12日,向B公司购入甲材料一批,价款为20 000元,增值税税额为2 600元,款项尚未支付。

22. 12月13日,以银行存款归还所欠B公司货款22 600元。

23. 10月14日,购入C材料2 000千克,买价为30 000元,增值税税额为3 900元。材料已验收入库,企业开出商业汇票支付货款。

24. 12月15日,支付商业汇票票款33 900元。

25. 12月16日,外购材料一批,价款为10 000元,增值税税额为1 300元,款项已用银行存款支付。

26. 12月17日,按合同向Y企业预付货款15 000元用于采购B材料。

27. 12月18日,收到向Y企业购入的B材料及发票账单,价款为40 000元,增值税税额为5 200元,材料已验收入库,原已预付货款15 000元,余款已通过银行转账结算。

28. 12月19日,根据"工资结算汇总表"分配本月工资,金额为90 000元,其中生产工人工资60 000元,车间管理人员工资20 000元,企业行政管理部门人员工资10 000元。

29. 12月21日,收到国家投入企业的资本200 000元,已存入银行。

30. 12月23日,收到企业所有者投入的机器一台,价值40 000元。

31. 12月23日,B公司用商标权向M公司投资,经专家评估确认价值为80 000元。

32. 12月24日,接受C公司捐赠的设备一台,价值60 000元。

33. 12月25日,销售A产品一批,价款300 000元,增值税39 000元,款项收到并存入银行。

34. 12月27日,将本月发生的由A产品承担的制造费用280 000元结转到生产成本。

35. 12月31日,结转本月销售A产品的销售成本300 000元。

36. 12月31日,计算应承担的城市维护建设税10 000元,教育费附加费3 000元。

37. 12月31日,结转损益(主营业务收入500 000元、主营业务成本300 000元、税金及附加13 000元、管理费用20 700元、销售费用3 500元、财务费用25 000元、投资收益借方29 000元、营业外支出15 000元)。

38. 12月31日,计算本月应缴纳的所得税金额为30 000元。

39. 12月31日,结转所得税费用30 000元。

40. 12月31日,结转"本年利润"(本年利润余额为贷方121 800元)

41. 按法定程序减少注册资本100 000元,用银行存款向所有者支付。

42. 决定以盈余公积80 000元弥补亏损。

43. 经批准将企业原发行的200 000元应付债券转为实收资本。

44. 经批准企业用盈余公积70 000元转增资本。

45. 经批准用资本公积50 000元转增资本。

【要求】根据上述经济业务编制会计分录。

实训七

【目的】综合经济业务的核算。

【资料】某企业2023年12月份发生的经济业务如下:

1. 生产产品领用原材料13 968元,其中:甲产品耗用8 112元,乙产品耗用5 856元。

2. 分配本月工资费用总额6 000元,其中:甲产品生产工人工资2 400元,乙产品生产工人工资1 200元,车间管理人员工资1 200元,厂部管理人员工资1 200元。

3. 月末计提固定资产折旧费2 880元,其中:车间应计提2 160元,厂部应计提720元。

4. 将本月发生的制造费用总额3 528元,按生产工人工资比例分配计入甲、乙产品生产成本。

5. 本月生产甲、乙两种产品各1 200件,全部完工验收入库,结转甲、乙产品的生产成本(假定"生产成本"账户无月初、月末余额)。

6. 本月销售甲、乙两种产品各960件,价款总额40 320元,增值税销项税额5 241.6元,款项存入银行。

7. 以银行存款600元支付本月厂部水电费。

8. 计算并结转本月已销售产品的实际生产成本。

9. 月末结转本月发生的各种收入、费用。

10. 计算利润总额,并按25%的税率计算应缴纳的所得税。

11. 将"所得税费用"账户金额转入本年利润。

12. 年末计算净利润,结转本年利润账户余额。

13. 按净利润10%提取盈余公积金(假定该月发生的收入、费用即为全年发生额,保留两位小数)。

14. 年末,企业决定分配给投资者利润8 000元。

【要求】根据上述经济业务编制会计分录。

实训八

【目的】综合经济业务的核算。

【资料】M企业2023年10月份发生的经济业务如下:

1. 企业销售甲材料一批,销售收入为1 000元,增值税额为130元,款项已收到并存入银行。材料的实际成本为800元。

2. 企业按有关规定取得罚款收入2 000元存入银行。

3. 企业以现金支付罚款800元。

4. 月末,结转有关收入账户余额入"本年利润"账户(其中:主营业务收入43 000元,其他业务收入1 000元,营业外收入2 000元)。

5. 月末,结转有关成本费用账户余额入"本年利润"账户(其中:主营业务成本24 214元,主营业务税金及附加800元,其他业务成本800元,管理费用7 400元,财务费用1 000元,销售费用986元,营业外支出800元)。

6. 计算利润总额,并按25%的税率计算应缴纳的所得税。

7. 将"所得税费用"账户金额转入本年利润。

8. 年末计算净利润,结转本年利润账户余额。

9. 按净利润10%提取盈余公积金(假定该月发生的收入、费用即为全年发生额)。

10. 年末,企业决定分配给投资者利润1 000元。

【要求】根据上述经济业务编制会计分录。

第二部分　会计工作流程

项目一

期初建账

■ 知识框架

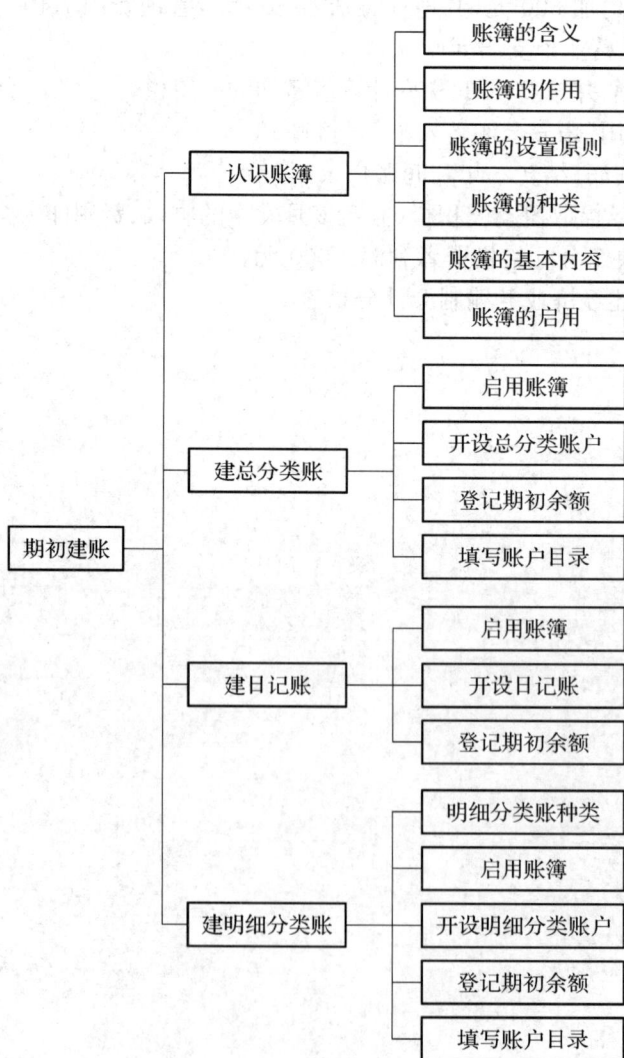

▨ 知识目标

1. 掌握会计账簿的概念、主要内容和种类。
2. 掌握会计账簿设置的原则、基本程序。

▨ 能力目标

1. 能够掌握各类账簿的用途及设置的基本程序。
2. 能够科学合理地设置总账、日记账和明细账。

▨ 思政目标

1. 培养学生高尚的会计职业道德、端正的工作态度。
2. 培养学生爱岗敬业、诚实守信、坚持准则、认真负责的态度。

▨ 案例导入

神禾有限责任公司(简称神禾公司)是一家产品制造企业,需要开展各类经营业务活动,作为会计工作人员的你,在记录各项经济业务之前需要做哪些工作? 你知道什么是建账吗?

任务一　认识账簿

会计账簿内容、分类

一、账簿的含义

会计核算中,经济业务发生后,首先要取得或填制会计凭证,并加以审核确认,然后在有关账户中进行登记。而账户则是按照规定的会计科目在账簿中分别设立的,根据会计凭证把经济业务记入有关的账户,就是指把经济业务记入设立在会计账簿中的账户。所谓账簿是指以会计凭证为依据,序时、连续、系统、全面地记录和反映企业、机关和事业等单位经济活动全部过程的簿籍。这种簿籍是由若干具有专门格式,又相互联结的账页组成的。账页一旦标明会计科目,这个账页就成为用来记录该科目所核算内容的账户。账页是账户的载体,账簿则是若干账页的集合。根据会计凭证在有关账户中进行登记,就是指把会计凭证所反映的经济业务内容记入设立在账簿中的账户,即通常所说的登记账簿,也称记账。

二、账簿的作用

设置账簿是会计工作的一个重要环节,登记账簿则是会计核算的一种专门方法。科学设置账簿和正确地登记账簿对于全面完成会计核算工作具有重要意义。

(一)账簿是系统总结凭证资料的重要手段

在会计核算中,通过会计凭证的填制和审核,可以反映和监督每项经济业务的完成情况。凭证所提供的信息是零星的、片段的,不能把某一时期的全部经济活动完整地反映出来。

而账簿既能够提供总括的核算，又能够提供详细的资料；既能够提供分类核算资料，又能够提供序时核算资料，进而反映经济活动的轨迹，这对于企业、单位加强经济核算、提高管理水平、探索资金运动有重要的作用。

（二）账簿是考核企业经营情况的重要依据

通过登记账簿，可以发现整个经济活动的运行情况，完整地反映企业的经营成果和财务状况，评价企业的总体经营情况；同时，可以监督和促进各企业遵纪守法、依法经营。

（三）账簿是编制会计报告资料的主要来源

企业定期编制的资产负债表、利润表、现金流量表等会计报表的各项数据均来源于账簿的记录。企业在编制财务报表及其附注时，对于生产经营状况、利润实现和分配情况、税金缴纳情况、各种财产物资变动情况如欲说明的，也主要以账簿记录的数据为依据。从这个意义上说，账簿的设置和登记是否准确、真实、齐全，直接影响到财务报告的质量。

三、账簿的设置原则

账簿的设置，包括确定账簿的种类和数量、账页格式、登记的内容和方法。任何企业不论规模大小、业务繁简，只要进行会计工作，就必须正确地设置账簿。一般来说，设置账簿应遵循如下原则。

（一）统一性原则

各企业应当按照国家统一会计制度的规定和会计业务的需要设置账簿，账簿的核算内容必须与会计规章制度的要求相吻合，而且设置的会计账簿前后各期要一致。这样，保证了信息的可比性，满足了企业连续考核经济活动情况的需要，也便于国家进行宏观经济调控。

（二）科学性原则

各企业账簿的设置要组织严密、层次分明、体系完整。账簿之间要互相衔接、互相补充、互相制约，能够体现各账簿的内在联系和勾稽关系，能清晰地反映账户的对应关系，便能提供完整、系统的资料。

（三）实用性原则

账簿的设置要符合企业的实际情况，在满足会计核算和经营管理需要的前提下，既要避免重复设账，也要防止过于简化。对于经济活动频繁、规模较大、会计人员较多、分工较细的企业，其账簿的设置可以细一些；而对于经济业务简单、规模较小、会计人员较少的企业，账簿设置则相应简化一些。账簿的格式应按所记录的经济业务的内容和需要提供的会计信息进行设计，力求简明实用，以利于提高核算的效率和质量。

（四）合法性原则

账簿的设置必须符合国家会计法律制度的规定。《会计法》《会计基础工作规范》《企业会计准则》等规定，各单位发生的各项经济业务事项应当在依法设置的会计账簿上统一登记、核算,不得违反规定私设会计账簿。

四、账簿的种类

账簿的种类繁多,不同的账簿,其用途、形式、内容和登记方法都各不相同。为了更好地了解和使用各种账簿,有必要对账簿进行分类。在实际工作中,账簿可以按其用途、账页格式和外形特征等不同标准进行分类。

(一) 按用途分类

账簿按其用途的不同,可以分为序时账簿、分类账簿和备查账簿三类。

1. 序时账簿

序时账簿又称日记账,是按照经济业务发生或完成时间的先后顺序逐日逐笔进行登记的账簿。序时账簿可以用来核算和监督某一类型经济业务或全部经济业务的发生或完成情况。

序时账簿按其记录的内容不同,可分为普通日记账和特种日记账。

(1) 普通日记账是用来记录各单位全部业务的日记账。

(2) 特种日记账是用来记录某一特定项目经济业务的日记账。例如,记录现金收付业务及其结存情况的现金日记账,记录银行存款收付业务及其结存情况的银行存款日记账。在我国,大多数企业一般只设现金日记账和银行存款日记账,而不设置普通日记账。

日记账的格式有三栏式和多栏式两种。三栏式现金日记账设借方、贷方和余额三个基本的金额栏目,一般将其分别称为收入、支出和结余三个基本栏目。为了更清晰地反映账户之间的对应关系,了解业务变化的来龙去脉,可在"借方"和"贷方"栏下分别设置对应科目进行登记,形成多栏式日记账。

2. 分类账簿

分类账簿又称分类账,按其反映指标的详细程度,分为总分类账簿和明细分类账簿两种。

(1) 总分类账簿,又称总分类账,简称总账,是根据总分类科目开设的,用以记录全部经济业务,总括核算内容的分类账簿。

(2) 明细分类账簿,又称明细分类账,简称明细账,是根据总账科目及其所属的明细科目开设的,用以记录某一类经济业务详细核算内容的分类账簿。总分类账提供总括的会计信息,明细分类账提供详细的会计信息,两者相辅相成,互为补充。

3. 备查账簿

备查账簿(或称辅助登记簿),简称备查簿,是对某些在序时账簿和分类账簿等主要账簿中都不予登记或登记不够详细的经济业务进行补充登记时使用的账簿,对序时账簿和分类账簿起补充作用。例如,租入固定资产备查簿,是用来登记那些以经营租赁方式租入、不属于本企业财产、不能记入本企业固定资产账户的机器设备。

（二）按账页格式分类

按账页格式不同，账簿可分为两栏式、三栏式、多栏式和数量金额式四种。

1. 两栏式账簿

两栏式账簿即只有"借方"和"贷方"两个基本金额栏目的账簿。普通日记账一般采用两栏式。其格式如表4-1所示。

表4-1 普通日记账

年		凭证号数	摘　要	对应账户	金　额		过　账
月	日				借方	贷方	

2. 三栏式账簿

三栏式账簿是指设有"借方""贷方"和"余额"三个基本栏目的账簿。各种日记账、总分类账以及资本、债权、债务明细账多采用三栏式账簿。其格式如表4-2所示。

表4-2 三栏式账簿

年		凭　证		摘　要	借　方	贷　方	借或贷	余　额
月	日	字	号					

3. 多栏式账簿

多栏式账簿是在账簿的两个基本栏目借方和贷方按需要分设若干专栏的账簿，如多栏式日记账、多栏式明细账。但是，专栏设置在借方还是设置在贷方，或是两方同时设专栏，设多少栏，则根据需要确定。收入、费用明细账一般采用这种格式的账簿，如表4-3所示在借方设置专栏；如表4-4所示两方同时设置专栏。

表 4-3　多栏式账簿

年		凭证		摘要	借方		余额
月	日	字	号			合计	

表 4-4　多栏式账簿

年		凭证		摘要	借方		贷方		余额
月	日	字	号			合计		合计	

4. 数量金额式账簿

这种账簿的借方、贷方和余额三个栏目内都设数量、单价、金额三个小栏,借以反映财产物资的实物数量和价值量。原材料、库存商品等明细账一般都采用数量金额式账簿,如表 4-5 所示。

表 4-5　数量金额式账簿

年		凭证		摘要	借方			贷方			余额		
月	日	字	号		数量	单价	金额	数量	单价	金额	数量	单价	金额

(三) 按外形特征分类

按其外形特征不同,账簿可分为订本账、活页账和卡片账三种。

1. 订本账

订本账是启用之前就已经按顺序编号并固定装订成册的账簿。订本账的优点是能够避免账页散失和防止抽换账页；其缺点是不能准确地为各账户预留账页，预留太多，造成浪费，预留太少，影响连续登记。这种账簿一般适用于总分类账、现金日记账、银行存款日记账。

2. 活页账

活页账是在账簿登记完毕之前并不固定装订在一起，而是装在活页账夹中，可以随时取放账页的账簿。当账簿登记完毕之后（通常是一个会计年度结束之后），才将账页予以装订，加具封面，并给各账页连续编号。这类账簿的优点是记账时可根据实际需要随时将空白账页装入账簿，或抽去不需用的账页，也便于分工记账；其缺点是如果管理不善，可能会造成账页散失或故意抽换账页。各种明细分类账一般采用活页账形式。

3. 卡片账

卡片账是将账户所需格式印刷在硬纸卡片上。严格地说，卡片账也是一种活页账，只不过它不是装在活页账夹中，而是装在卡片箱内。其优缺点与活页账基本相同。使用卡片账一般不需要每年更换。卡片账多用于固定资产等实物资产的明细分类核算。

想 一 想

一个企业究竟应设计和使用何种账簿呢？

解答要点：一个企业究竟应设计和使用何种账簿，要视企业规模大小、经济业务繁简、会计人员分工、经济核算形式以及记账的机械化程度等因素而定。企业基本账户设置如表4-6所示。

表4-6 企业基本账户设置

账簿名称与数量	账页格式	账簿形式	备　注
一本库存现金日记账	三栏式，也可多栏式	必须订本式	
一本银行存款日记账	三栏式	必须订本式	
一本总分类账	三栏式	一般订本式	所有科目
多本明细分类账	三栏式、多栏式或数量金额式	订本式、活页式、卡片式	主要科目

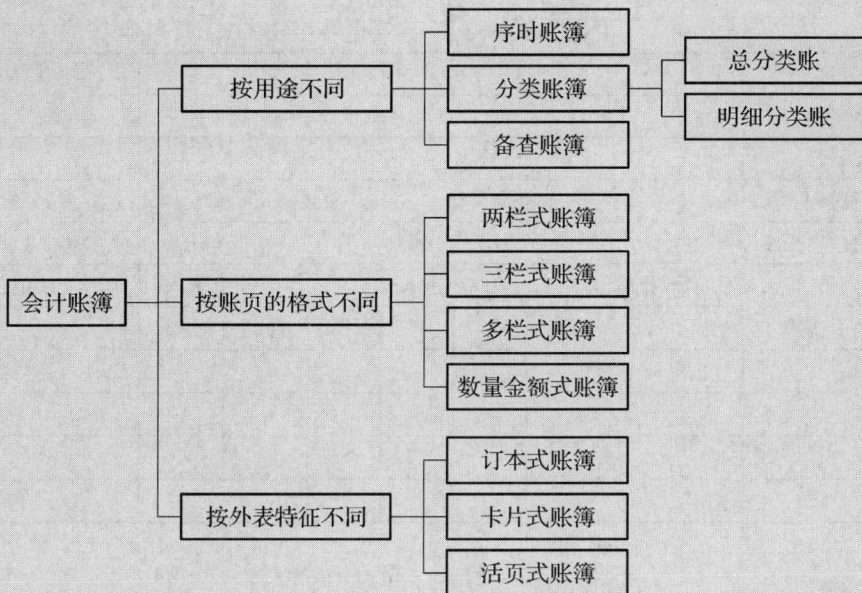

图 4-1　会计账簿分类图

五、账簿的基本内容

（一）封面

封面主要是用来标明会计账簿的名称、记账单位和会计名称。例如,总分类账、固定资产明细账、现金日记账、银行存款日记账等。

（二）扉页

扉页主要是用来填写账簿启用和经管人员一览表及账户目录(科目索引),包括的主要内容有:账簿启用的日期和截止日期、页数、册次;账簿启用登记表及其签章;会计主管人员姓名和签章;账户目录等。格式参见表 4-7。

（三）账页

账页是会计账簿最主要的组成部分,可以说是会计账簿的主体,会计账簿就是由若干的账页组成的,因反映经济业务内容不同,账页有不同的格式。各种账页格式一般包括以下六个方面:① 账户的名称(总分类账户、二级账户或明细账户);② 登记账户的日期栏(记录经济业务发生的日期);③ 凭证种类和号数栏(记录记账凭证的种类及凭证编号);④ 摘要栏(记录经济业务内容的简要说明);⑤ 金额栏(记录经济业务引起账户发生额或余额增减变动的数额);⑥ 总页次和分户页次。

表 4-7　账簿启用和经管人员一览表及账户目录

账 簿 启 用 表

单位名称								印 花 粘 贴 处
账簿名称								
账簿编号	字第　　号第　　册共　　册							
账簿页数	本账簿共计　　　　页							
启用日期	年　　月　　日							
经管人员	接管			移交			会计负责人	单位公章
姓名	盖章	年	月	日	年	月	日	姓名	盖章	

目　　录

编　号	科　　目	起讫页次	编　号	科　　目	起讫页次	编　号	科　　目	起讫页次

六、账簿的启用

会计工作中账簿的启用是一项非常重要的工作,对于新成立的经济单位,应依法建账并启用账簿;对于持续经营的单位,在每个新的会计年度开始时,除固定资产明细账等少数明细分类账簿和备查账簿可以连续使用旧账外,其他的分类账簿和库存现金、银行存款日记账均要启用新账,不能跨年度使用,以利于账簿的归档保管和日后查阅。

账簿是重要的会计档案,为了确保账簿记录的合法、安全、完整,明确记账责任,账簿要有专人负责登记。账簿启用主要包括以下内容:

启用新账时,记账人员应在账簿封面上写明单位名称和账簿名称;

在账簿扉页的"账簿启用和经管人员表"上详细填写单位名称、账簿名称、启用日期、账簿册数、账簿编号、账簿页数等内容。填写完毕后,由记账人员在"经管人员"栏内签名盖章,再交由会计机构负责人(会计主管人员)审核后签名盖章,最后加盖单位公章和法人名章。签名盖章后由记账人员在"印花粘贴处"粘贴印花税票,并划线完税。

总账采用的是订本式账簿,一般情况下其起止页数已经印好,否则应当从第一页到最后一页顺序编定页数,不得跳页、缺号。启用时,在账户目录中按照会计科目顺序填写科目名称及启用页号;启用活页式明细账应当按账户的顺序编号,并须定期装订成册,装订后再按实际使用的账页顺序编定页码,另加账户目录,记明每个账户的名称和页次。单位在银行开设的账户可能不止一个,比如基本存款户、一般存款户、临时存款户等,为了分别反映各银行账户存款的增减变动情况,银行存款日记账应按单位在银行开立的账户设置,每个银行账户设置一本日记账。

想 一 想

会计工作人员工作变动了,应该怎么做呢?

解答要点:记账人员调离岗位时,必须与接管人员办理交接手续;在交接记录栏内填写交接日期、交接人员和监交人员姓名,并由交接双方签字盖章;一般会计人员办理交接手续,由会计机构负责人监交;会计机构负责人办理交接手续,由单位负责人监交。

任务二　建总分类账

设置和登记账簿是会计核算中重要的方法之一,是会计核算工作的重要环节,它能提供系统完整的会计核算资料,为编制会计报表提供依据。

总分类账是按照总分类账户登记以提供总括会计信息的账簿。总账中的账页是按照总账账户(一级账户)开设的总分类账户。应用总分类账可以全面、系统、综合地反映企业所有的经济活动情况和财务收支情况,可以为编制会计报表提供所需的资料。总分类账簿最常用的格式为三栏式账页的订本账,设置借方、贷方和余额三个基本金额栏目。其账簿由封面、扉页和账页等组成。账簿名称一般已印制在封面上,无须手工填写。总分类账的具体设置过程如下。

一、启用账簿

启用账簿时,首先填写扉页,扉页上有"账簿启用及交接表"。主要填写两方面内容:一是要详细填写单位名称、账簿名称、账簿号码、账簿页数和启用日期等;二是要填写单位主管、财务主管和记账人员等并加盖姓名章和单位公章。

记账人员调动工作时,应由会计机构负责人监交,由交接双方填写交接日期并签名盖章,以明确双方的经济责任。

启用总分类账时,还应缴纳并粘贴印花税票。企业将购置的印花税票粘贴在"印花粘贴处"并画两条平行横线注销。若企业使用缴款书缴纳印花税,只需在"印花粘贴处"注明印花税已缴以及缴款金额即可。"账簿启用及交接表"如图4-2所示。

单位名称				神禾有限责任公司					印花粘贴处
账簿名称				总分类账					
账簿编号				字第01号　第一册共一册					
账簿页数				本账簿共计100页					
启用日期				2023年1月1日至2023年12月31日					
经管人员		接管			移交			会计负责人	单位公章
姓名	盖章	年	月	日	年	月	日	姓名	盖章
李红	李红								

图4-2　账簿启用及交接表

二、开设总分类账户

企业会计核算所涉及的总账账户,无论期初是否有余额,都需在总账中设置相应账户并根据实际需要预留账页。也就是在总账账簿中相应账页的"会计科目及编号"处填上会计科目名称及编号,如"1001库存现金"等,如表4-8所示。

表4-8 开设库存现金总账

总分类账 第1页

会计科目及编号 __1001库存现金__

年		凭 证		摘 要	借 方	贷 方	借或贷	余 额
月	日	字	号					

> **想一想**
>
> 请大家想一想:在日常经营活动中,会计账簿与账户是什么关系?
>
> **解答要点:** 账簿与账户有着十分密切的关系。账簿与账户的关系是形式和内容的关系。账户是根据会计科目开设的,账户存在于账簿之中,账簿中的每一个账页就是账户的存在形式和载体,没有账簿,账户就无法存在;账簿序时、分类地记载经济业务,是在个别账户中完成的。因此,账簿只是一个外在形式,账户才是它的真实内容。也就是说,账簿是由若干账页组成的一个整体,而开设于账页的账户则是这个整体中的个别部分。

三、登记期初余额

对于企业上年年末有余额的总账账户,应将上年年末余额作为本年度期初余额登记在第一行。具体方法是:日期栏填入期初日期,摘要栏填入"上年结转"(非年初建账的填入"期初余额"),借或贷方向栏填入"借"或"贷",余额栏填入余额。对于没有余额的账户,无须登记,如表4-9所示。

表4-9 填写库存现金总分类账期初余额

总分类账 第1页

会计科目及编号 __1001库存现金__

2023年		凭 证		摘 要	借 方	贷 方	借或贷	余 额
月	日	字	号					
1	1			上年结转			借	2 000

四、填写账户目录

所有总分类账户设置完毕后,应在账簿启用页后的"账户目录"中填入各账户的编码、名称和页码,以便查找,如表4-10所示。

表 4-10 账户目录

账户目录

序号	编码	名 称	页码	序号	编码	名 称	页码
1	1001	库存现金	1	34	1801	长期待摊费用	57
2	1002	银行存款	3	35	1901	待处理财产损溢	59
3	1012	其他货币资金	5	36	2001	短期借款	61
4	1101	交易性金融资产	7	37	2202	应付账款	63
5	1121	应收票据	9	38	2203	预收账款	66
6	1122	应收账款	13	39	2211	应付职工薪酬	68
7	1123	预付账款	15	40	2221	应交税费	71
8	1131	应收股利	17	41	2231	应付利息	72
9	1132	应收利息	19	42	2241	其他应付款	73
10	1221	其他应收款	21	43	2176	其他应交款	74
11	1231	坏账准备	25	44	2501	长期借款	75
12	1401	材料采购	28	45	2502	应付债券	76
13	1402	在途物资	30	46	2701	长期应付款	78
14	1403	原材料	33	47	4001	实收资本	79
15	1404	材料成本差异	35	48	4002	资本公积	80
16	1405	库存商品	36	49	4101	盈余公积	81
17	1406	发出商品	37	50	4103	本年利润	82
18	1407	商品进销差价	38	51	4104	利润分配	83
19	1408	委托加工物资	40	52	5001	生产成本	84
20	1411	周转材料	41	53	5101	制造费用	85
21	1471	存货跌价准备	42	54	6001	主营业务收入	86
22	1511	长期股权投资	43	55	6051	其他业务收入	88
23	1512	长期股权投资减值准备	45	56	6111	投资收益	89
24	1521	投资性房地产	47	57	6301	营业外收入	90
25	1531	长期应收款	48	58	6401	主营业务成本	91
26	1601	固定资产	49	59	6402	其他业务成本	92
27	1602	累计折旧	50	60	6403	税金及附加	93
28	1603	固定资产减值准备	51	61	6601	销售费用	94
29	1604	在建工程	52	62	6602	管理费用	95
30	1605	工程物资	53	63	6603	财务费用	96
31	1606	固定资产清理	54	64	6711	营业外支出	97
32	1701	无形资产	55	65	6801	所得税费用	98
33	1702	累计摊销	56	66	6901	以前年度损益调整	99

练 一 练

案例1：

神禾公司为增值税一般纳税人，设有一个基本生产车间，生产 A、B 两种产品；库存现金只有人民币一个币种，银行存款只有一家开户银行，存货发出时按先进先出法；采用科目汇总表账务处理程序。其他相关业务资料如下：

（1）2023 年公司总分类账户 1—12 月份部分账户累计发生额及 12 月末余额如表 4-11 所示。

（2）2023 年公司部分明细分类账户 1—12 月份部分账户累计发生额及 12 月末余额如表 4-12～表 4-16 所示。

表 4-11　总分类账户余额　　　　　　　　　　单位:元

账　户	1—12 月份累计发生额		12 月末余额
库存现金	8 339	9 400	1 700
银行存款	140 619	135 600	265 470
交易性金融资产	124 606	12 650	60 000
应收账款	438 100	481 600	115 000
原材料	867 275	822 500	685 000
库存商品	1 578 100	1 732 500	771 800
固定资产	2 600 000	1 500 000	3 200 000
累计折旧	75 000	130 000	1 309 000
无形资产	1 300 000	50 000	250 000
短期借款			100 000
应付账款	404 000	430 000	118 500
应付票据	154 500	154 500	80 000
应付职工薪酬	590 000	590 000	27 810
应交税费	507 500	601 100	93 600
长期借款	1 200 000	1 200 000	240 000
实收资本			2 535 000
资本公积		2 979	157 500
盈余公积			308 360
本年利润	4 169 390	4 846 550	677 160
生产成本	1 575 000	1 575 000	
制造费用	325 000	325 000	
主营业务收入	4 812 500	4 812 500	
主营业务成本	3 332 500	3 332 500	
管理费用	123 510	123 510	
销售费用	34 100	34 100	
财务费用	33 700	33 700	

表 4-12　应收账款明细账　　　　　　　　　　　单位:元

明细账户	1—12月份累计发生额		12月末余额	
	借方	贷方	借方	贷方
金华有限责任公司	300 000	250 000	100 000	
新鑫有限责任公司	138 100	231 600	15 000	
合计	438 100	481 600	115 000	

表 4-13　原材料明细账　　　　　　　　　　　　单位:元

明细账户	单位	收入	发出	结存		
				数量	单价	金额
甲材料	千克	325 000	300 000	12 600	20	252 000
乙材料	千克	350 000	315 000	28 000	10	280 000
丙材料	件	196 775	207 500	10 200	15	153 000
合计		871 775	822 500			685 000

表 4-14　库存商品明细账　　　　　　　　　　　单位:元

明细账户	单位	收入	发出	结存		
				数量	单价	金额
A产品	件	850 000	950 000	3 278	100	327 800
B产品	辆	728 100	782 500	200	2 220	444 000
合计		1 578 100	1 732 500			771 800

表 4-15　应付账款明细账　　　　　　　　　　　单位:元

明细账户	1—12月份累计发生额		12月末余额	
	借方	贷方	借方	贷方
兴业有限责任公司	204 000	225 000		115 000
远洋有限责任公司	200 000	205 000		3 500
合计	404 000	430 000		118 500

表 4-16　生产成本明细账　　　　　　　　　　　单位:元

明细账户	1—12月份累计发生额		
	直接材料	直接人工	制造费用
A产品	300 000	250 000	150 000
B产品	500 000	200 000	175 000
合计	800 000	450 000	325 000

请根据以上资料,为神禾公司建立新一年的总账。

其他客户关系公司资料如下:

(1) 金华有限责任公司:开户银行为中国银行雁塔路支行;账号为88231256。

(2) 新鑫有限责任公司:纳税人识别号为151201012219728;地址为南京市永宁路28号,电话为83211089;开户行及账号为:中国银行永宁路支行,88362236。

要求:

(1) 根据表4-11建"库存现金"总账,如表4-17所示。

(2) 根据表4-11建"短期借款"总账,如表4-18所示。

表4-11中其他总账账户的建账方法同上。

表4-17　库存现金总账

总分类账　　　　　　　　　　　　　　　　　　　　　第1页

会计科目及编号　　1001库存现金

2023年		凭证		摘　要	借　方	贷　方	借或贷	余　额
月	日	字	号					
1	1			上年结转			借	1 700.00

表4-18　短期借款总账

总分类账　　　　　　　　　　　　　　　　　　　　　第1页

会计科目及编号　　2001短期借款

2023年		凭证		摘　要	借　方	贷　方	借或贷	余　额
月	日	字	号					
1	1			上年结转			贷	100 000.00

任务三　建日记账

日记账可以用来连续记录全部经济业务的完成情况,也可以用来连续记录某一类经济业务的完成情况。各单位一般应设置特种日记账,常见的特种日记账有现金日记账、银行存款日记账和转账日记账。企业常用日记账主要包括库存现金日记账和银行存款日记账两类。会计工作人员,期初要为企业建立总分类账、日记账和各种明细分类账。其中,建日记账主要是选择合适的日记账簿,并按建账步骤规范完成日记账簿的设置。

为了加强货币资金的管理,企业应设置库存现金和银行存款日记账各一本,一般均采用订本式账簿、三栏式账页,其账簿均由封面、扉页和账页等组成。账簿名称一般已印制在封面上,无须手工填写。

一、启用账簿

日记账启用方法、登记方法和填写方法与总分类账相同。

二、开设日记账

库存现金日记账按现金币种开设账户,每个账户均需要预留一定数量的账页;银行存款日记账按单位在银行开立的账户和币种开设账户,每个账户均需要预留一定数量的账页。开设方法与总分类账相同。

三、登记期初余额

日记账期初余额登记方法与总分类账相同。

练 一 练

根据案例1资料,为神禾有限责任公司建立库存现金日记账和银行存款日记账(见表4-19、表4-20)。

表4-19 库存现金日记账

库存现金日记账

2024 年		凭 证		摘 要	借 方	贷 方	借或贷	余 额
月	日	字	号					
1	1			上年结转			借	1 700.00

表4-20 银行存款日记账

银行存款日记账

2024 年		凭 证		摘 要	借 方	贷 方	借或贷	余 额
月	日	字	号					
1	1			上年结转			借	265 470.00

参考以上示例,自己动手,根据案例相关资料,使用真实账簿为神禾有限责任公司建好库存现金日记账和银行存款日记账。想一想:在期初建账的时候如何登记期初余额?

解答要点: 结合日记账建账要求,在真实账簿上建银行存款日记账。

对于企业上年年末有余额的总账账户,应将上年年末余额作为本年度期初余额登记在第一行。具体方法是:日期栏填入期初日期,摘要栏填入"上年结转"(非年初建账的填入"期初余额"),借或贷方向栏填入"借"或"贷",余额栏填入余额。对于没有余额的账户,无须登记。

任务四　建明细分类账

　　企业会计人员在建立明细分类账的过程中,主要任务是为各种明细分类账选择合适账簿形式和账页格式,同时,按照建账步骤规范完成明细分类账账簿的设置。

　　明细分类账账簿简称明细账,是根据总分类科目所属的明细分类科目开设的,用来详细记录某一类经济业务的簿籍。明细分类账对于加强监督财产物资的收发和保管、往来款项的结算、收入的取得以及费用的开支等,都起着重要的作用,是总分类账簿的必要补充。因此,各个单位在设置总分类账的基础上,还应根据会计核算和经营管理的需要设置明细分类账,进行明细分类核算。

　　明细分类账账簿的形式一般采用活页式账簿,其账页格式有三栏式、数量金额式和多栏式三种,也有的采用卡片式账簿,如固定资产明细账。只需在相关账簿中设置期初余额明细账户。对期初无余额的明细账户可暂不开设,待日常账务处理用到时再设置。

一、明细分类账种类

(一) 三栏式明细分类账

　　三栏式明细分类账的账页只设借方、贷方和余额三个金额栏,不设数量栏。这种格式用于那些只需要进行金额核算而不需要进行数量核算的账户,如"应收账款""应付账款"等债权债务结算账户的明细分类核算,其格式如表 4-21 所示。

表 4-21　三栏式明细分类账

××明细分类账

会计科目或编号:　　　　　　　　　　　　　　　　　　　　　　　　　　　　总第　页
子母、户名或编号:　　　　　　　　　　　　　　　　　　　　　　　　　　　　分第　页

年		凭　证		摘　要	借　方	贷　方	借或贷	余　额
月	日	字	号					

(二) 数量金额式明细分类账

　　数量金额式明细分类账的账页,在借方(收入栏)、贷方(发出栏)和余额(结存栏)三大栏内,再分设"数量""单价"和"金额"三个小栏。这种格式适用于既要进行金额核算,又要进行实物数量核算的各种财产物资账户,如"原材料""库存商品"等账户的明细分类核算,其格式如表 4-22 所示。

表4－22　数量金额式明细分类账

××明细分类账

类别：　　　　　　　编号：

品种或规格：　　　　存放地点：　　　　　　　　　　　　　　　　　总第　页

储备定额：　　　　　最高储备量：　　　最低储备量：　　　计量单位：　　　分第　页

年		凭证		摘要	借方			贷方			余额		
月	日	字	号		数量	单价	金额	数量	单价	金额	数量	单价	金额

（三）多栏式明细分类账

多栏式明细分类账不是按明细科目分设账页，而是根据经济业务的特点和经营管理的需要，一张账页的借方、贷方金额栏内，按照某一总账科目所属的各明细科目或明细项目分设若干专栏，以便在同一张账页上集中反映各有关明细科目或明细项目的详细资料。这种格式适用于只进行金额核算，不进行数量核算，而且管理上需要了解其构成内容的费用、收入和利润等账户的明细分类核算。

多栏式明细分类账按记录的经济内容不同，又分为借方多栏式、贷方多栏式和借贷方均多栏式三种格式。

1. 借方多栏式明细分类账

在账页的借方设若干专栏，贷方设为一栏；或者只设借方专栏，不设贷方专栏，从贷方转出业务，用红字在借方登记，适用于成本、费用类明细账。其格式如表4－23所示。

表4－23　借方多栏式明细分类账

××明细分类账

总第　页

分第　页

年		凭证		摘要	借方		贷方	余额
月	日	字	号			合计		

2. 贷方多栏式明细分类账

在账页的贷方设若干专栏，借方设为一栏；或者只设贷方专栏不设借方专栏，从借方转出业务，用红字在贷方登记，适用于收入类明细账。其格式如表4－24所示。

表 4－24　贷方多栏式明细分类账

××明细分类账

总第　页
分第　页

年		凭证		摘　要	借　方	贷　方			余　额
月	日	字	号					合　计	

3. 借贷方多栏式明细分类账

在账页的借方、贷方均设若干专栏,适用于"本年利润""利润分配"等账户的明细账。其格式如表 4－25 所示。

表 4－25　借贷方多栏式明细分类账

××明细分类账

总第　页
分第　页

年		凭证		摘　要	借　方			贷　方			余　额
月	日	字	号				合　计			合　计	

二、启用账簿

明细分类账启用方法与总分类账相同。

三、开设明细分类账户

开设明细分类账户时,在选定的明细账页上方填写该明细分类账户所属的总分类账户名称、明细分类账户名称、科目编码及该明细分类账户当前的页码。活页式明细分类账簿每一页均有两个编码:"第　页"("分第　页"),是指按明细分类账户对账页所进行的编码;"连续　页"("总第　页"),是指不区分明细分类账户,对账簿中包含的账页按排列顺序进行的编码。

四、登记期初余额

明细分类账期初余额登记方法与总分类账户基本一致,只是数量金额式明细账除登记金额外,还需登记数量和单价;多栏式明细账不仅在合计栏登记余额,还需在各分栏登记余额。

五、填写账户目录

所有明细分类账户设置完毕后,应在账簿启用页后的"账户目录"中填入各账户的编号、名称和页数,以便查找。

知 识 拓 展

账簿书写规范

会计账簿阿拉伯数字的书写要求:

1. 在会计账簿上应一个一个地写阿拉伯数字,不得连笔写,特别是在连着写几个"0"时,一定要单个地写,不能将几个"0"连在一起一笔写完,数字的排列要整齐,数字之间的空隙应均匀,不宜过大。

2. 根据习惯,在书写阿拉伯数字时应有一定的倾斜度。倾斜角度的大小应以笔顺书写方便、好看易认为准,不宜过大也不宜过小,一般可掌握在 60°左右,即数字的中心斜线与水平线成 60°的夹角。此外,阿拉伯数字的书写还应有高度标准,一般要求数字的高度为占横格高度的1/2为宜。书写时还要注意紧靠横格底线,使上方能留出一定空位,以便于发生错误时,能比较容易地进行更正。

3. 会计账簿上一些特殊数字的书写,例如"6"的竖画应上提为一般数字的1/4,"7""9"的竖画可以下拉出格至一般数字的1/4。

4. 所有以元为单位的阿拉伯数字,除表示单价等情况外,一律填写到角分,无角分的,角位和分位可写"00",或者符号"—"。有角无分的,分位应当写"0",不得用符号"—"代替。

★ 思政小课堂

隐匿会计凭证、会计账簿会被判刑吗?

案情:

宋某某在担任绍兴王朝大酒店有限公司法定代表人期间,负责该酒店财务事项。

期间,宋某某为少缴纳税款,采用酒店部分现金收入不入酒店财务账的方式设立"小金库","小金库"账户内钱款用于股东工资、年终奖等酒店支出,账目涉及金额达上千万元。

原绍兴市地方税务局稽查局对绍兴王朝大酒店有限公司进行税务检查,检查发现该酒店不仅存在设立"小金库"的情况,还存在原始记账凭证缺失 171 本、记账用计算机硬盘破损无法恢复等情况。

稽查局多次要求酒店提供账本,但酒店一直未提供。后该局将绍兴王朝大酒店有限公司涉嫌隐匿、故意销毁会计凭证、会计账簿的犯罪线索及相关证据移送公安机关,公安机关立案侦查后提交检察院审查起诉,检察院以"隐匿会计凭证、会计账簿罪"对绍兴王朝大酒店有限公司提起公诉,以"隐匿、故意销毁会计凭证、会计账簿罪"对宋某某提起公诉。

法院审理后认为,被告单位绍兴王朝大酒店有限公司为逃避查处拒不提供依法应当保存的会计凭证、会计账簿,情节严重,其行为已构成隐匿会计凭证、会计账簿罪。被告人宋某某是被告单位绍兴王朝大酒店有限公司隐匿会计凭证、会计账簿的直接负责的主管人员，其行为亦构成隐匿会计凭证、会计账簿罪。

按照《中华人民共和国刑法》第一百六十二条之规定，判决被告单位绍兴王朝大酒店有限公司犯隐匿会计凭证、会计账簿罪，判处罚金人民币十万元；被告人宋某某犯隐匿会计凭证、会计账簿罪，判处有期徒刑一年，并处罚金人民币十万元。

分析：大家对于"隐匿、故意销毁会计凭证、会计账簿、财务会计报告罪"并不陌生，轰动一时的范冰冰逃税案，其经纪人就以该罪被追究刑事责任。

刑法是如何规定该罪的呢？它与逃税罪又有什么关系？

刑法第162条对该罪规定如下：

隐匿或者故意销毁依法应当保存的会计凭证、会计账簿、财务会计报告，情节严重的，处五年以下有期徒刑或者拘役，并处或者单处二万元以上二十万元以下罚金。单位犯前款罪的，对单位判处罚金，并对其直接负责的主管人员和其他直接责任人员，依照前款的规定处罚。

而根据《税收征收管理办法实施细则》和《会计档案管理办法》等相关法律的规定，会计凭证、会计账簿、财务会计报告的保存年限都有规定，不得随意销毁。

刑法规定的隐匿、故意销毁会计凭证、会计账簿、财务会计报告罪其主要保护的法益是企业财务会计管理秩序。

在现实生活中，触犯该罪的行为人主要目的之一就是以此逃税。

但是，该罪与逃税罪有重大区别。

逃税罪有行政处罚前置程序，非五年内因逃税受过刑事处罚或者被税务机关给予两次以上行政处罚外，可以不追究刑事责任，而隐匿、故意销毁会计凭证、会计账簿、财务会计报告罪，没有行政处罚必经前置程序，只要犯罪，直接追究刑事责任。

这也就不难理解为什么在范冰冰案和本案中，行为人没有以逃税罪追究刑事责任而是以隐匿、故意销毁会计凭证、会计账簿、财务会计报告罪追究刑事责任。

所以，行为人如果确实存在偷逃税款的行为，积极配合税务机关，及时补缴税款，避免刑事处罚才是及时止损的做法。如果采取隐匿、故意销毁会计凭证、会计账簿、财务会计报告等方式抵抗执法，那么，损失只能进一步扩大。

通过以上案例分析，作为一名财务人员，工作之初就应该清楚自己的职责所在，尤其是自己管理的凭证、账簿更应该妥善保存。作为纳税人，应该严格依据相关法律法规规范建账，进行正常的税前扣除、合理地应用各种税收优惠政策。

妄图通过非法手段，私设小金库，进而隐匿、故意销毁会计凭证、会计账簿、财务会计报告的行为得不偿失，它只会带来更重的罚金、更严酷的刑责。

本章总结

会计核算中，经济业务发生后，首先要取得或填制会计凭证，并加以审核确认，然后在有关账户中进行登记。而账户则是按照规定的会计科目在账簿中分别设立的，根据会计凭证把经济业务记入有关的账户，就是指把经济业务记入设立在会计账簿中的账户。登账前认识账簿并做好建账工作是登账的重要前提。

1. 认识账簿。所谓账簿是指以会计凭证为依据,序时、连续、系统、全面地记录和反映企业、机关和事业等单位经济活动全部过程的簿籍。

设置账簿是会计工作的一个重要环节,登记账簿则是会计核算的一种专门方法。账簿的作用主要表现在是系统总结凭证资料的重要手段,是考核企业经营情况的重要依据,是会计报告资料的主要来源。

设置账簿应遵循统一性原则、科学性原则、实用性原则、合法性原则。

账簿的种类繁多,不同的账簿,其用途、形式、内容和登记方法都各不相同。账簿按其用途的不同,可以分为序时账簿、分类账簿和备查账簿三类。序时账簿按其记录的内容不同,可分为普通日记账和特种日记账。分类账簿按其反映指标的详细程度,分为总分类账簿和明细分类账簿两种。备查账簿(或称辅助登记簿),简称备查簿,是对某些在序时账簿和分类账簿等主要账簿中都不予登记或登记不够详细的经济业务进行补充登记时使用的账簿,对序时账簿和分类账簿起补充作用。按账页格式不同,账簿可分为两栏式、三栏式、多栏式和数量金额式四种。账簿按其外形特征分类的不同,可分为订本账、活页账和卡片账三种。

账簿的基本内容包括封面、扉页、账页。账页是会计账簿最主要的组成部分,是会计账簿的主体,会计账簿就是由若干的账页组成的。各种账页格式一般包括以下六个方面:账户的名称、登记账户的日期栏、凭证种类和号数栏、摘要栏、金额栏、总页次和分户页次。

会计工作中账簿的启用是一项非常重要的工作,对于新成立的经济单位,应依法建账并启用账簿;对于持续经营的单位,在每个新的会计年度开始时,除固定资产明细账等少数明细分类账簿和备查账簿可以连续使用旧账外,其他的分类账簿和库存现金、银行存款日记账均要启用新账,不能跨年度使用,以利于账簿的归档保管和日后查阅。账簿启用主要包括启用新账时,记账人员应在账簿封面上写明单位名称和账簿名称;在账簿扉页的"账簿启用和经管人员表"上详细填写单位名称、账簿名称、启用日期、账簿册数、账簿编号、账簿页数等内容。填写完毕后,由记账人员在"经管人员"栏内签名盖章,再交由会计机构负责人(会计主管人员)审核后签名盖章,最后加盖单位公章和法人名章。签名盖章后由记账人员在"印花粘贴处"粘贴印花税票,并划线完税。

2. 建总分类账。启用账簿时,首先填写扉页,扉页上有"账簿启用及交接表"。主要填写两方面内容:一是要详细填写单位名称、账簿名称、账簿号码、账簿页数和启用日期等;二是要填写单位主管、财务主管和记账人员等并加盖姓名章和单位公章。记账人员调动工作时,应由会计机构负责人监交,由交接双方填写交接日期并签名盖章,以明确双方的经济责任。

启用总分类账时,还应缴纳并粘贴印花税票。企业将购置的印花税票粘贴在"印花粘贴处"并画两条平行横线注销。若企业使用缴款书缴纳印花税,只需在"印花粘贴处"注明印花税已缴以及缴款金额即可。

开设总分类账户无论期初是否有余额,都需在总账中设置出相应账户并根据实际需要预留账页。也就是在总账账簿中相应账页的"会计科目及编号"处填上会计科目名称及编号。

对于企业上年年末有余额的总账账户,应将上年年末余额作为本年度期初余额登记在第一行。具体方法是:日期栏填入期初日期,摘要栏填入"上年结转"(非年初建账的填入"期初余额"),借或贷方向栏填入"借"或"贷",余额栏填入余额。对于没有余额的账户,无须登记。

所有总分类账户设置完毕后,应在账簿启用页后的"账户目录"中填入各账户的编号、名称和页数,以便查找。

3. 建日记账。企业常用日记账主要包括库存现金日记账和银行存款日记账两类。会计工作人员建日记账主要是选择合适的日记账簿,并按建账步骤规范完成日记账簿的设置。为了加强货币资金的管理,企业应设置库存现金和银行存款日记账各一本,一般均采用订本式账簿、三栏式账页,其账簿均由封面、扉页和账页等组成。

日记账启用方法、登记方法和填写方法与总分类账相同。

库存现金日记账按现金币种开设账户,每个账户均需要预留一定数量的账页;银行存款日记账按单位在银行开立的账户和币种开设账户,每个账户均需要预留一定数量的账页。开设方法与总分类账相同。

日记账登记期初余额与总分类账相同。

4. 建明细分类账。企业会计人员在建立明细分类账时,主要任务是为各种明细分类账选择合适账簿形式和账页格式,同时,按照建账步骤规范完成明细分类账账簿的设置。明细分类账账簿的形式一般采用活页式账簿,其账页格式有三栏式、数量金额式和多栏式三种,也有的采用卡片式账簿,如固定资产明细账。只需在相关账簿中设置期初余额明细账户。对期初无余额的明细账户可暂不开设,待日常账务处理用到时再设置。

明细分类账的启用方法与总分类账相同。

开设明细分类账账户时,在选定的明细分类账账页上方填写该明细分类账户所属的总分类账户名称、明细分类账户名称、科目编码及该明细分类账户当前的页码。活页式明细分类账账簿每一页均有两个编码:"第　页"("分第　页"),是指按明细分类账户对账页所进行的编码;"连续　页"("总第　页"),是指不区分明细分类账户,对账簿中包含的账页按排列顺序进行的编码。

明细分类账期初余额登记方法与总分类账户基本一致,只是数量金额式明细账除登记金额外,还需登记数量和单价;多栏式明细账不仅在合计栏登记余额,还需在各分栏登记余额。

所有明细分类账户设置完毕后,应在账簿启用页后的"账户目录"中填入各账户的编号、名称和页数,以便查找。

课前预习

一、单项选择题

1. 会计账簿按(　　)分类,分为序时账、分类账、备查账。

A. 用途　　　　　　　B. 性质　　　　　　　C. 格式　　　　　　　D. 外形

2. 能够序时反映企业某一类经济业务会计信息的账簿是(　　)。

A. 总分类账　　　　　B. 明细分类账　　　　C. 备查账　　　　　　D. 日记账

3. 备查账簿是(　　)。

A. 企业的必设账簿　　　　　　　　　　　B. 企业根据需要设置的

C. 企业的内部账簿　　　　　　　　　　　D. 企业的外部账簿

4. 下列账户的明细账采用的账页适用于三栏式账页的是(　　)。

A. 原材料　　　　　　B. 应收账款　　　　　C. 管理费用　　　　　D. 销售费用

5. 总分类账簿一般采用(　　)。

A. 活页账　　　　　　B. 数量金额式　　　　C. 订本账　　　　　　D. 卡片账

6. 收入费用明细账一般适用（　　　）。

A. 多栏式明细账　　　　　　　　　　　B. 三栏式明细账

C. 数量金额式明细账　　　　　　　　　D. 平行式明细账

7. 原材料明细账一般适用（　　　）。

A. 多栏式明细账　　　　　　　　　　　B. 三栏式明细账

C. 数量金额式明细账　　　　　　　　　D. 以上都不是

8. 按照经济业务发生时间的先后顺序逐日逐笔进行登记的账簿是（　　　）。

A. 总分类账簿　　　　　　　　　　　　B. 序时账簿

C. 备查账簿　　　　　　　　　　　　　D. 明细分类账簿

9. "应收账款"明细账的格式一般采用（　　　）。

A. 数量金额式　　　　B. 多栏式　　　　C. 订本式　　　　D. 三栏式

10. 下列明细账分类账中，可以采用多栏式格式的是（　　　）。

A. 应付账款明细分类账　　　　　　　　B. 原材料明细分类账

C. 库存商品明细分类账　　　　　　　　D. 管理费用明细分类账

二、多项选择题

1. 下列属于序时账的有（　　　）。

A. 普通日记账　　　　　　　　　　　　B. 银行存款日记账

C. 明细分类账　　　　　　　　　　　　D. 库存现金日记账

2. 下列明细账中可以采用三栏式账页的有（　　　）。

A. 应收账款明细账　　　　　　　　　　B. 原材料明细账

C. 短期借款明细账　　　　　　　　　　D. 销售费用明细账

3. 登记现金日记账收入栏的依据有（　　　）。

A. 累计凭证　　　　　　　　　　　　　B. 现金收款凭证

C. 转账凭证　　　　　　　　　　　　　D. 银行存款付款凭证

4. 任何会计主体都必须设置的账簿有（　　　）。

A. 日记账　　　　B. 备查账　　　　C. 总分类账　　　　D. 明细分类账

5. 登记银行存款日记账收入栏的依据有（　　　）。

A. 银行存款收款凭证　　　　　　　　　B. 现金付款凭证

C. 转账凭证　　　　　　　　　　　　　D. 累计凭证

6. 下列应设置备查账簿登记的事项有（　　　）。

A. 固定资产卡片　　　　　　　　　　　B. 本单位已采购的材料

C. 临时租入的固定资产　　　　　　　　D. 本单位受托加工材料

7. 编制财务报表的直接依据错误的有（　　　）。

A. 会计凭证　　　　B. 会计账簿　　　　C. 成本计算　　　　D. 会计科目

8. 账簿按其外表形式分，可以分为（　　　）。

A. 三栏式　　　　B. 订本式　　　　C. 卡片式　　　　D. 活页式

9. 下列适用多栏式明细账的是（　　　）。

A. 生产成本　　　　B. 制造费用　　　　C. 材料采购　　　　D. 应付账款

10. 在账簿记录中,红笔只能用于(　　　)。

A. 错误更正　　　　B. 冲账　　　　C. 结账　　　　D. 登账

三、判断题

1. 现金日记账和银行存款日记账的外表形式必须采用订本式账簿。　　　　　(　　)

2. 账户和账簿联系十分密切,可以说账户等于账簿。　　　　　　　　　　　(　　)

3. 采用普通日记账时,可根据经济业务直接登记,然后再将普通日记账过入分类账。因此,设置普通日记账时一般可不再填制记账凭证。　　　　　　　　　　　　　　　(　　)

4. 任何单位都必须设置总分类账。　　　　　　　　　　　　　　　　　　　(　　)

5. 所有总分类账的外表形式都必须采用订本式。　　　　　　　　　　　　　(　　)

6. 备查账簿是对某些在日记账和分类账中未能记录或记录不全的经济业务进行补充登记的账簿,各单位必须设置。　　　　　　　　　　　　　　　　　　　　　　　(　　)

7. 为了保证现金日记账的安全和完整,现金日记账无论采用三栏式还是多栏式,外表形式都必须使用订本账。　　　　　　　　　　　　　　　　　　　　　　　　(　　)

8. 为保持账簿记录的持久性,防止涂改,记账时必须使用蓝黑墨水笔或碳素墨水笔,并用钢笔书写,不得使用铅笔或圆珠笔书写。　　　　　　　　　　　　　　　　(　　)

9. 账簿按其用途不同,可分为订本式账簿、活页式账簿和卡片式账簿。　　　(　　)

10. 会计账簿是连接会计凭证与会计报表的中间环节,在会计核算中具有承前启后的作用,是编制会计报表的基础。　　　　　　　　　　　　　　　　　　　　　　(　　)

课后练习

一、单项选择题

1. 下列项目中,可以采用卡片式账簿的是(　　　)。

A. 库存现金日记账　　　　　　　　B. 库存商品明细账

C. 制造费用明细账　　　　　　　　D. 固定资产明细账

2. 银行存款日记账应按(　　　)在银行开立的账户设置,每个银行账户设置一本日记账。

A. 单位　　　　　B. 币种　　　　　C. 账户　　　　　D. 凭证

3. 库存现金日记账应采用(　　　)。

A. 活页账　　　　B. 订本账　　　　C. 卡片账　　　　D. 备查账

4. 用以记录库存现金和银行存款收款业务的会计凭证是(　　　)。

A. 收款凭证　　　　　　　　　　　B. 付款凭证

C. 转账凭证　　　　　　　　　　　D. 单式凭证

5. 下列项目中,(　　　)是连接会计凭证和会计报表的中间环节。

A. 复式记账　　　　　　　　　　　B. 设置会计科目和账户

C. 设置和登记账簿　　　　　　　　D. 编制会计分录

6. 企业从银行提取现金时,登记现金日记账的依据是(　　　)。

A. 现金收款凭证　　　　　　　　　B. 现金付款凭证

C. 银行存款收款凭证　　　　　　　D. 银行存款付款凭证

7. 下列明细账中,不宜采用三栏式账页格式的是(　　　)。

A. 应收账款明细账   B. 应付账款明细账

C. 管理费用明细账   D. 短期借款明细账

8. 下列适合采用多栏式明细账格式核算的是（   ）。

A. 原材料   B. 制造费用

C. 应付账款   D. 库存商品

9. 启用总分类账时，关于印花税的说法错误的是（   ）。

A. 购置的印花税票   B. 将购置的印花税票粘贴在"印花粘贴处"

C. 画两条平行横线注销   D. 不用画两条平行横线注销

10. 新的会计年度开始，启用新账时，可以继续使用，不必更换新账的是（   ）。

A. 现金日记账   B. 总分类账

C. 银行存款日记账   D. 固定资产卡片

二、多项选择题

1. 登记银行存款日记账的依据为（   ）。

A. 银行存款收款凭证   B. 银行存款付款凭证

C. 库存现金收款凭证   D. 库存现金付款凭证

2. 下列各项中，属于任何会计主体都必须设置的账簿有（   ）。

A. 现金日记账   B. 银行存款日记账

C. 总分类账   D. 明细分类账

3. 会计账簿按其用途的不同，可以分为（   ）。

A. 序时账簿   B. 分类账簿

C. 备查账簿   D. 数量金额式账簿

4. 会计账簿按账页格式的不同，可以分为（   ）。

A. 两栏式账簿   B. 多栏式账簿

C. 三栏式账簿   D. 数量金额式账簿

5. 在会计账簿扉页上填列的内容包括（   ）。

A. 账簿名称   B. 单位名称   C. 账簿编号   D. 启用日期

6. 必须采用订本式账簿的是（   ）。

A. 现金日记账   B. 固定资产明细账

C. 银行存款日记账   D. 管理费用总账

7. 会计账簿设置原则包括（   ）。

A. 统一性原则   B. 科学性原则

C. 实用性原则   D. 合法性原则

8. 以下属于备查账簿的有（   ）。

A. 租入固定资产登记簿   B. 代销商品登记簿

C. 受托加工材料登记簿   D. 材料采购明细账

9. 下列各项中，适用数量金额式明细分类账账页格式的有（   ）。

A. 管理费用明细账   B. 原材料明细账

C. 库存商品明细账   D. 本年利润明细账

10. 总分类账一般采用(　　)。

A. 订本式　　　　　　　　　　B. 活页式

C. 三栏式　　　　　　　　　　D. 多栏式

三、判断题

1. 必须逐日逐笔进行登记的账簿是备查账。　　　　　　　　　　　　　　(　　)

2. 可以采用三栏式的明细账是制造费用明细账。　　　　　　　　　　　　(　　)

3. 库存现金、银行存款日记账应当采用活页式。　　　　　　　　　　　　(　　)

4. 明细分类账采用的格式有三栏式、多栏式和数量金额式。　　　　　　　(　　)

5. 总账账簿的扉页内容不包括经管人员。　　　　　　　　　　　　　　　(　　)

6. 建总账时不需要填写期初余额。　　　　　　　　　　　　　　　　　　(　　)

7. 企业期初建账时不需要建明细账。　　　　　　　　　　　　　　　　　(　　)

8. 数量金额式明细账除登记金额外,还需登记数量和单价。　　　　　　　(　　)

9. 多栏式明细账不仅在合计栏登记余额,还需在各分栏登记余额。　　　　(　　)

10. 在账簿扉页的"账簿启用和经管人员表"上,记账人员在"印花粘贴处"粘贴印税票即可完税。　　　　　　　　　　　　　　　　　　　　　　　　　　　　　(　　)

四、实务操作

根据上文"练一练"中的案例 1 资料,为神禾有限责任公司建立"应收账款""应付账款""原材料"和"库存商品""管理费用"明细账,相关表格如表 4-26～表 4-35 所示。

表 4-26
明细分类账

会计科目或编号：　　　　　　　　　　　　　　　　　　　　　　　　总第　页
子母、户名或编号：　　　　　　　　　　　　　　　　　　　　　　　分第　页

年		凭 证		摘　要	借　方	贷　方	借或贷	余　额
月	日	字	号					

表 4-27
明细分类账

会计科目或编号：　　　　　　　　　　　　　　　　　　　　　　　　总第　页
子母、户名或编号：　　　　　　　　　　　　　　　　　　　　　　　分第　页

年		凭 证		摘　要	借　方	贷　方	借或贷	余　额
月	日	字	号					

表 4 - 28

明细分类账

会计科目或编号：　　　　　　　　　　　　　　　　　　　　　　　　　　　　总第　页

子母、户名或编号：　　　　　　　　　　　　　　　　　　　　　　　　　　　　分第　页

年		凭证		摘　要	借　方	贷　方	借或贷	余　额
月	日	字	号					

表 4 - 29

明细分类账

会计科目或编号：　　　　　　　　　　　　　　　　　　　　　　　　　　　　总第　页

子母、户名或编号：　　　　　　　　　　　　　　　　　　　　　　　　　　　　分第　页

年		凭证		摘　要	借　方	贷　方	借或贷	余　额
月	日	字	号					

表 4 - 30

明细分类账

类别：　　　　　　　　编号：

品种或规格：　　　　　存放地点：　　　　　　　　　　　　　　　　　　　总第　页

储备定额：　　　　　　最高储备量：　　　　最低储备量：　　　　计量单位：　　分第　页

年		凭证		摘　要	借　方			贷　方			余　额		
月	日	字	号		数量	单价	金额	数量	单价	金额	数量	单价	金额

表 4 - 31

明细分类账

类别：　　　　　　　　编号：

品种或规格：　　　　　存放地点：　　　　　　　　　　　　　　　　　　　总第　页

储备定额：　　　　　　最高储备量：　　　　最低储备量：　　　　计量单位：　　分第　页

年		凭证		摘　要	借　方			贷　方			余　额		
月	日	字	号		数量	单价	金额	数量	单价	金额	数量	单价	金额

表 4－32

明细分类账

类别：　　　　　　编号：

品种或规格：　　　存放地点：　　　　　　　　　　　　　　　　　　总第　页

储备定额：　　　　最高储备量：　　　最低储备量：　　　计量单位：　　　分第　页

年		凭证		摘要	借方			贷方			余额		
月	日	字	号		数量	单价	金额	数量	单价	金额	数量	单价	金额

表 4－33

明细分类账

类别：　　　　　　编号：

品种或规格：　　　存放地点：　　　　　　　　　　　　　　　　　　总第　页

储备定额：　　　　最高储备量：　　　最低储备量：　　　计量单位：　　　分第　页

年		凭证		摘要	借方			贷方			余额		
月	日	字	号		数量	单价	金额	数量	单价	金额	数量	单价	金额

表 4－34

明细分类账

类别：　　　　　　编号：

品种或规格：　　　存放地点：　　　　　　　　　　　　　　　　　　总第　页

储备定额：　　　　最高储备量：　　　最低储备量：　　　计量单位：　　　分第　页

年		凭证		摘要	借方			贷方			余额		
月	日	字	号		数量	单价	金额	数量	单价	金额	数量	单价	金额

表 4－35

明细分类账

总第　页

分第　页

年		凭证		摘要	借方		合计	余额
月	日	字	号					

项目二

日常填制与审核会计凭证

■知识框架

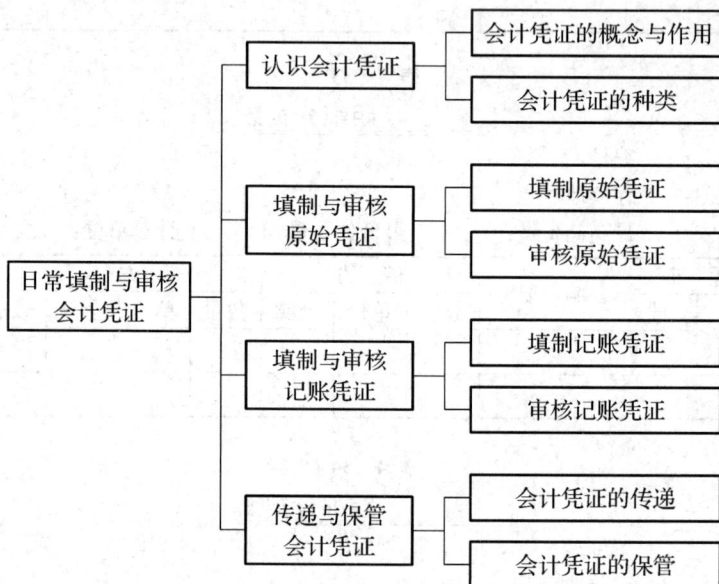

■知识目标

1. 了解会计凭证的种类；
2. 熟悉会计凭证的内容；
3. 掌握会计凭证的填制与审核方法。

■能力目标

1. 能够准确、完整地填制原始凭证，并对填制好的原始凭证进行审核；
2. 能够根据审核无误的原始凭证填制记账凭证，并对填制好的记账凭证进行审核。

■思政目标

1. 培养学生端正的学习态度和对会计专业学习的浓厚兴趣；
2. 培养学生认真严谨和求真务实的工作作风。

■案例引导

小王是神禾有限责任公司（简称神禾公司）的会计人员，面对各种各样的发票、单据，小王很疑惑:它们有什么用? 传达了什么样的信息? 这些信息真实有效吗? 怎样才能把这些信息转化成会计信息?

任务一 认识会计凭证

一、会计凭证的概念与作用

会计凭证是记录经济业务,明确经济责任,并据以登记账簿的一种书面证明。填制和审核会计凭证,是会计核算工作的起点和基础。任何一个会计主体,每发生一笔经济业务,都要由经办人员认真按规定填制会计凭证,以证明该笔经济业务的执行或完成,并在会计凭证上签名或盖章,以明确经济责任。一切会计凭证都必须经过相关人员的严格审核,只有审核无误的会计凭证,才能作为登记账簿的依据。

会计凭证在会计核算和经济管理工作中发挥着非常重要的作用,其主要表现在以下三个方面。

(1)反映经济业务,提供记账依据。企事业单位发生的每一笔经济业务,都必须按照规定的程序和要求,及时取得或填制会计凭证,真实地加以记录,通过凭证的传递直接传导经济信息。这样通过凭证的取得或编制,既为记账提供了依据,又为会计分析和检查提供了原始资料和证据。

(2)明确经济责任,加强岗位责任制。通过在会计凭证上签章,可以明确业务经办单位和人员对经办的经济业务所应承担的经济责任,促进业务经办单位和人员树立工作责任感,自觉贯彻和执行国家的财会法规和制度,加强岗位责任制。

(3)监督经济业务的真实性、合法性和合理性。通过审核会计凭证,可以监督和检查经济业务是否符合国家有关法规制度的规定,可以及时发现经济管理中存在的问题,从而可以对经济业务的合法性和合理性进行监督,加强经济管理,提高经济效益。

二、会计凭证的种类

会计凭证形式繁多,按其填制程序和用途的不同,可分为原始凭证和记账凭证两类。原始凭证的使用,主要发挥会计凭证的记录经济业务、明确经济责任的作用,也是编制记账凭证的依据。记账凭证是以原始凭证为依据,确定会计分录,从而为登记账簿提供了依据。二者之间虽然有密切的联系,但各自又具有其自身的作用。

(一)原始凭证

原始凭证,又称单据,是指在经济业务发生或完成时直接取得或填制的,记录经济业务发生和完成情况的一种具有法律效力的书面证明。例如,购货发票、收货单、领料单、工资表、支票及各种报销单据等都属于原始凭证。

原始凭证按其来源不同,分为自制原始凭证和外来原始凭证;按填制手续及内容不同,分为一次凭证、累计凭证和汇总凭证。

1. 自制原始凭证与外来原始凭证

（1）自制原始凭证亦称内部凭证是单位在发生经济业务过程中，由本单位经办业务的部门或人员在办理经济业务时填制的，仅供本单位内部使用的原始凭证。例如，收料单、产品入库单、领料单、借款单、限额领料单、发出材料汇总表等都是自制原始凭证。

（2）外来原始凭证是指在经济业务发生或完成时，从其他单位或个人处直接取得的原始凭证。例如，对外单位支付款项时取得的收据，职工出差取得的飞机票、火车票，购进货物或应税劳务时取得的增值税专用发票等都是外来原始凭证。

2. 一次凭证、累计凭证与汇总凭证

（1）一次凭证是指一次填制完成，只记录一笔经济业务，一次有效的原始凭证。它在原始凭证的各种填制方法中使用最为普遍，大多数外来原始凭证都是一次凭证。常用的一次凭证有收据、收料单、领料单、增值税专用发票、借款单、普通发票、银行结算凭证等。

（2）累计凭证，指在一定时期内多次记录发生的同类型经济业务的原始凭证。其特点是，在一张凭证上可以连续记录数笔同性质的经济业务，随时结出累计数及结余数，并按费用限额进行费用控制，期末按实际发生额记账。累计凭证是多次有效的原始凭证。例如，费用登记表、限额领料单等都是累计凭证。

（3）汇总凭证，是指将一定时期内，反映相同经济业务的多张原始凭证，按一定标准综合后一次填制完成的原始凭证。使用汇总凭证，可将多次发生的相同经济业务汇总填制在一张凭证内，既便于简化核算手续，又便于进行经济业务的分析比较。常用的汇总凭证有差旅费报销单、工资汇总表、发出材料汇总表等。

> **想 一 想**
>
> 在日常经营活动中，企业往往会编制一些业务计划，如销售计划、生产计划、采购计划及资金使用计划等，请问这些业务计划属于会计凭证吗？
>
> **解答要点**：编制业务计划是企业经营管理的重要方法，能够帮助企业做好资源规划，利于组织生产等，但是这些计划并不属于会计凭证，因为它们并没有记录真实的业务情况，只是企业对未来业务的一种预测。

（二）记账凭证

记账凭证是会计人员根据审核无误的原始凭证，应用复式记账法和会计科目，将经济业务内容归类整理后填制的，作为会计账簿登记依据的会计凭证。通过记账凭证，采用会计方法，将各种客观的经济业务加以整理，从而确定经济业务所涉及的会计科目、记账方向和金额，并将其作为记账的依据；通过记账凭证，检查原始凭证所反映经济业务的真实性、合法性、完整性、正确性和及时性，从而监督经济业务是否符合有关规定；通过记账凭证，归类保管经济业务的原始凭证，便于查阅。

记账凭证按其使用范围不同，分为专用记账凭证和通用记账凭证；按照填制方式不同，分为复式记账凭证和单式记账凭证。

1. 专用记账凭证和通用记账凭证

(1) 专用记账凭证按其所反映的经济业务的内容不同,一般分为收款凭证、付款凭证和转账凭证。

收款凭证,是指用于记录库存现金和银行存款收款业务的记账凭证。收款凭证根据有关库存现金和银行存款收款业务的原始凭证填制,是登记库存现金日记账、银行存款日记账及有关明细分类账和总分类账等账簿的依据,也是出纳人员收讫款项的依据。

付款凭证,是指用于记录库存现金和银行存款付款业务的记账凭证。付款凭证根据有关库存现金和银行存款付款业务的原始凭证填制,是登记库存现金日记账、银行存款日记账及有关明细分类账和总分类账等账簿的依据,也是出纳人员支付款项的依据。

转账凭证,是指用于记录不涉及库存现金和银行存款收付业务的记账凭证。转账凭证根据有关转账业务的原始凭证填制,是登记有关明细分类账和总分类账等账簿的依据。

(2) 通用记账凭证是指用来登记企业发生的所有经济业务的会计凭证,其格式和填制方法与转账凭证相同,故这里不做详细介绍。

2. 复式记账凭证和单式记账凭证

(1) 复式记账凭证是将每一笔经济业务所涉及的全部会计科目及其发生额,均在同一张记账凭证中反映的一种凭证。在实际工作中,复式凭证应用得最为广泛。上述收款凭证、付款凭证和转账凭证,以及通用记账凭证均为复式凭证。使用复式记账凭证,可以完整地反映经济业务的来龙去脉,可以减少记账凭证的张数,但不便于会计岗位上的分工记账。

(2) 单式记账凭证指每一张记账凭证只填列经济业务所涉及的一个会计科目及其金额的记账凭证。填列借方科目的称为借项凭证,填列贷方科目的称为贷项凭证。即某项经济业务涉及几个会计科目,就编制几张单式记账凭证。在实务工作中,单式记账凭证适用于规模大、业务多、会计人员分工细的单位。单式记账凭证反映内容单一,便于分工记账,便于按会计科目汇总,但一张凭证不能反映每一笔经济业务的全貌,不便于检查会计分录的正确性。

提炼点睛

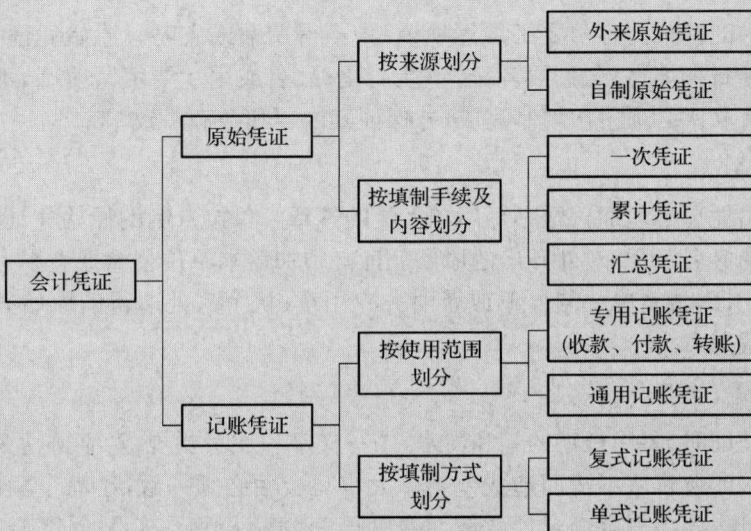

图 5-1　会计凭证分类图

原始凭证

任务二 填制与审核原始凭证

一、填制原始凭证

（一）原始凭证的基本要素

经济业务的复杂性和经营管理的不同要求决定了原始凭证记载内容和格式的多样性，但为明晰经济业务，明确经济责任，每一种原始凭证一般都应具备以下基本要素：

（1）原始凭证的名称。它表明原始凭证所记录经纪业务内容的种类，反映原始凭证的用途。如增值税专用发票、收料单等，都是原始凭证的名称。

（2）填制凭证的日期。凭证的日期一般是经济活动发生或完成的日期。

（3）填制凭证单位名称或填制人姓名。

（4）接受凭证的单位名称或个人姓名。

（5）经济业务的内容、数量、单位和金额。这是原始凭证的核心内容，因为会计信息主要是通过对经济业务的数据加工而成的。

（6）经办人员签章。它用以明确经办单位及人员的经济责任。

（7）凭证附件。

（二）填制原始凭证的要求

1. 记录真实

原始凭证上所记载的经济业务内容和数字必须真实可靠，符合实际情况。

2. 内容完整

原始凭证中的基本内容都要必须逐项填写，不得遗漏或省略。原始凭证中的日期要按照填制时的实际日期填写；名称要齐全，不能简化；品名或用途要填写明确，不能含混不清。原始凭证的所有联次必须一次填制完成，并保证其内容和金额一致。

3. 手续齐备

合法的原始凭证必须加盖经办部门和人员的签章。单位自制的原始凭证必须有经办单位相关负责人的签名盖章；对外开出的原始凭证必须加盖本单位公章或者财务专用章；从外部取得的原始凭证，填制单位的公章或者财务专用章；从个人处取得的原始凭证，必须有填制人员的签名或盖章。

4. 书写清楚、规范

填写原始凭证时，要用规定的笔和墨水，书写文字和数字要规范，字迹清楚，图章印迹清晰，防止因字迹、印迹辨认不清而造成差错。大小写金额必须一致，小写金额用阿拉伯数字逐个书写，不得连写，小写金额合计数前面要紧挨着填写人民币符号"￥"，金额数字一律填写到角分，无角分的，写"00"或符号"—"，有角无分的，分位写"0"，不得用符号"—"；大写金额用汉字壹、贰、叁、肆、伍、陆、柒、捌、玖、拾、佰、仟、万、亿、元、角、分、零、整等,一律用正楷或行书书写,如果大写金额前没有"人民币(大写)"字样的,应加上"人民币"三个字,"人民币"字样和大写金额之间不得留有空白,大写金额到元或角为止的,后面要写"整"或"正"字,有分的,不写"整"或"正"字。填制中如发生文字或数字书写错误时,要在错误凭证上加盖"作废"戳记,连同存根一起妥善保管,不允许随意撕毁,不允许用刮、擦、挖、补等不规范方式进行更正。

5. 填制及时

经济业务发生后,应按相关要求,在规定的时间内填制原始凭证,及时反映经济业务的办理情况,不得无故提前或拖后填制凭证,防止凭证记录时间与业务发生时间相互不一,而影响整个会计核算工作的时效性。

6. 格式统一,顺序使用

在不影响核算质量和速度的前提下,企业或单位应尽量采用有关部门统一印制的各种原始凭证。各种凭证要连续编号,并按照编号次序顺序使用,不得跳号。如出现跳号情况,跳号的凭证应加盖"作废"戳记,不得撕毁,并与存根一同保存。如发票、支票等重要凭证因填写错误作废时,应加盖"作废"戳记,妥善保管,不得撕毁。

7. 不得涂改、刮擦、挖补

原始凭证金额有错误的,应当由出具单位重开,不得在原始凭证上更正。原始凭证有其他错误的,应当由出具单位重开或更正,更正处应当加盖出具单位印章。

想一想

在填制原始凭证时,一般都需要哪些人员的签名或盖章?

解答要点:原始凭证上一般应有填制人、经办人和审核人的签名,以及填制单位的公章或财务专用章。

(三)常用原始凭证填制

1. 领料单的填写

"领料单"一般是在企业、车间或部门从仓库中领用各种材料时,由领料经办人根据需要材料的情况填写,并经该单位主管领导批准,仓库保管员审核后发料签章的原始凭证。该原始凭证一式三联,一联留领料部门备查;一联留仓库,据以登记材料明细账和材料卡片;一联转会计部门或月末经汇总后转会计部门据以进行总分类核算。

【例5-1】2023年3月1日,一车间生产A产品需领用木材10立方米,单价500元/立方米,由领料人王强填制"领料单",其格式如表5-1所示。此"领料单"经车间有关领导李天批准后到仓库领料,仓库保管员张民据以发料。"领料单"一般都一料一单。

表 5-1　领料单

领料部门：一车间　　领料编号：3668

领料用途：生产 A 产品　　　　　　　　2023 年 3 月 1 日　　　　　　　　发料仓库：3 号库

材料编号	材料名称及规格	计量单位	数　量		单价(元/立方米)	金额(元)
			请领	实领		
3668	木材	立方米	50	10	500	5 000
备注					合计	￥5 000

发料人：张民　　　　　审批人：李天　　　　　领料人：王强　　　　　记账：吴蕾

2. 增值税专用发票的填制

"增值税专用发票"是企业在采购商品时从销货单位或出售劳务方直接取得的购货原始凭证。该原始凭证一式三联，第一联发票联，购货单位用以记账；第二联抵扣联，作为购货方的扣税凭证；第三联记账联，销货单位或劳务出售方用以记账。增值税专用发票由国家有关部门统一印制，企事业单位必须按国家的相关规定购买和使用增值税专用发票。

【例 5-2】神禾公司于 2023 年 3 月 5 日从远方林场购入木材 1 000 立方米，单价 500 元/立方米，购入材料时取得远方林场开具的增值税专用发票，如图 5-2 所示。

陕西增值税电子普通发票

发票代码：061000000000
发票号码：12345678
开票日期：2023 年 3 月 5 日
机器编号：499098559202　　　　　　　　　　　校验码：012341111111111111111

购买方	名　　称：神禾公司 纳税人识别号：8947895623 地 址 、电 话：西安市长安区神禾路 81642536 开户行及账号：中国建设银行 9864523089					密码区	
货物或应税劳务、服务名称	规格型号	单位	数量	单价	金额	税率	税额
木材	无	立方米	1000	500	500000.00	13%	65000.00
合计					￥500000.00		￥65000.00
价税合计(大写)	⊗佰伍拾陆万伍仟零佰零拾零元零角零分				(小写)￥565000.00		
销售方	名　　称：远方林场 纳税人识别号：0657194251 地址、电话：宁陕县城甲字 15#89847668 开户行及账号：农业银行雁塔分理处 685942301					备注	远方林场 91610138MA6X3B1A27 发票专用章 销售方盖章

收款人：李明　　　　复　核：张婷婷　　　　开票人：侯娇　　　　　销售方盖章

图 5-2　陕西增值税专用发票

3. 借款单的填制

"借款单"是由借款人填写,经单位负责人审批签字后,到会计部门经审核后借款,报销或还款时,由出纳人员填写副联,交借款人作为还款凭证。

【例5-3】2023年3月16日,用库存现金预支采购员李力差旅费2 000元,收到手续齐全的借款单一张,如图5-3所示。

```
2023年3月16日　第5号
借款部门(人):供应部李力
借款用途:预借去陕南采购材料差旅费
借款金额(大写):人民币贰仟元整　￥2 000.00
主管人:王庆　借款人:白雪　出纳:余兴
```

图5-3　借款单

4. 领料单的填制

"限额领料单"是由生产、计划部门根据下达的生产任务和材料消耗定额按每种材料用途分别开出的,由领料单位领料时填入请领数量,经负责人签章批准后,持往仓库领料。仓库发料时,根据材料的名称、规格在限额内发料,同时填写实发数量及限额余额并在月末结出实发数量和金额的原始凭证。该原始凭证一般一料一单,一式两联,一联交仓库据以发料,一联交领料部门据以领料。在使用该原始凭证时,全月实领数量不能超过生产计划部门所下达的全月领用限额量,如因增产而需增加领用限额,则应申请办理追加限额手续。

【例5-4】一车间生产B产品,2023年度计划生产50 000件,每件B产品消耗木材0.5立方米,全月木材的领用限额为1 000立方米,单价500元/立方米。该月份生产B产品,由生产计划部门下达"限额领料单",车间在该月份之内领用木材情况如表5-2所示。

表5-2　限额领料单

领料部门:一车间　　领料编号:3668

领料用途:生产A产品　　　　　　　　2023年3月　　　　　　　　发料仓库:2号库

材料编号	材料名称及规格	计量单位	领用限额	实际领用	单价	金额		备注
3668	木材	立方米	1 000	900	500	￥450 000		
日期	领用				退料			限额结余
	请领数量	实发数量	发料人(签章)	领料人(签章)	退料数量	退料人(签章)	收料人(签章)	
3日	250	250	张和	王强				750
6日	350	350	张和	王强	200	王强	张和	600
15日	300	300	张和	王强				300
21日	200	200	张和	王强				100
合计	1 000	1 000	—	—	200	王强	张和	100

供应部门负责人:张风　　　　　　　生产计划部门负责人:汪华

5. 发料凭证汇总表的填制

"发料凭证汇总表"是由材料会计根据各部门到仓库领用材料时填制的领料单按旬一月汇总,每月编制一份,送交会计部门做账务处理的原始凭证。

【例5-5】神禾公司2023年3月份发出材料,编制的"发料凭证汇总表"见表5-3。

表5-3　发料凭证汇总表

2023年3月31日　　　　　　　　　　　　　　　　　　　　　　　　单位:元

应借科目	应贷科目:原材料				辅助材料	发料合计
	明细科目:木材					
	1—10日	11—20日	21—31日	小计		
生产成本	15 000	28 000	12 000	55 000	5 000	60 000
制造费用				2 000	800	2 800
管理费用				1 200	2 500	3 700
合计				58 200	8 300	66 500

二、审核原始凭证

(一) 审核原始凭证的内容

1. 真实性

即审核原始凭证所记录经济业务的发生日期、业务内容及数据等是否真实。自制原始凭证,必须有经办人员和经办部门的签名或盖章;外来原始凭证,必须有填制单位的公章和填制人员的签章;此外,对通用原始凭证,还应审核凭证本身的真实性,以防作假。

2. 合法性

即审核原始凭证所记录经济业务是否符合国家相关法律、法规和制度的要求,凡出现违反财经纪律和财经制度的情况,不能作为合法的会计凭证。

3. 合理性

审核原始凭证记录的经济业务是否符合企业经济活动的需要,是否符合有关的计划和预算等。

4. 完整性

审核原始凭证各项基本要素是否齐全,是否有漏项情况,数字是否清晰,文字是否工整,签章是否齐全,凭证联次是否正确等。

5. 正确性

审核原始凭证是否存在计算及填写方面的错误,凡出现此类错误的,应采用正确的方法更正,否则不得作为内容正确的会计凭证。

6. 及时性

审核时注意审查凭证的填制日期,尤其是支票、银行汇票、银行本票等时效性较强的原始凭证,更应仔细验证其签发日期。

(二) 原始凭证审核结果的处理

对原始凭证进行审核后,应根据不同的审核结果,进行不同的审核后处理。原始凭证审核后的处理一般有三种情况:

(1) 对于完全符合要求的原始凭证,应及时据以编制记账凭证入账,并将原始凭证作为附件粘贴于记账凭证之后,以备查核。

(2) 对于真实、合法、合理,只是填写不够完整、正确的原始凭证,应予以退回,责成更正、补充之后,再予受理。

(3) 对于不真实、不合法的原始凭证,财会机构、财务人员有权不予受理,并应向有关方面报告情况。

任务三　填制与审核记账凭证

一、填制记账凭证

(一) 记账凭证的基本要素

记账凭证是登记账簿的依据,为了保证账簿记录的正确性,记账凭证必须具备以下基本要素:

(1) 记账凭证名称,如收款凭证、付款凭证、转账凭证等。

(2) 填制记账凭证的日期。

(3) 记账凭证的编号。

(4) 经济业务的内容摘要。

(5) 经济业务所涉及的会计科目、记账方向及其金额。

(6) 记账标记。

(7) 所附原始凭证张数。

(8) 会计主管、记账、审核、出纳、制单等相关人员签章。

(二) 填制记账凭证的基本要求

1. 依据正确

编制人员必须根据审核无误的原始凭证或原始凭证汇总表编制记账凭证,除结账和更正错账可以不附原始凭证外,其他记账凭证必须附原始凭证。只有同性质的多笔经济业务才可汇总填制一借多贷或一贷多借的会计分录,不允许编制多借多贷的记账凭证。不得将不同内容和类别的原始凭证汇总填制在一张记账凭证上。对于同一张原始凭证所记载支出涉及两个以上单位的,应由保存该原始凭证的单位开出"原始凭证分割单",这种分割单除具备原始凭证的基本内容外,还应列明支出分摊情况。

2. 内容完整

填制记账凭证,要按照凭证设计的格式和相关财务制度规定,将应填写的项目逐项填写。例如,财会部门应在受理会计事项时填写记账凭证日期;附有原始凭证的记账凭证,必须注明所附原始凭证的张数;制证人员填列完会计分录后,应将空行画对角线或"S"线注销;在小写金额合计数前应写人民币符号"￥";制证人员必须签名或盖章,打印出来的机制凭证也要加盖相关人员签章;若为收、付款业务,则出纳人员还应在凭证上加盖"收讫"或"付讫"的戳记,以免重复收付;记账凭证上所载业务过账后,应在凭证"记账"栏内画"√"符号,表示已过账,以免重复记账。

3. 书写规范

填制记账凭证,必须使用蓝、黑墨水笔,不允许用铅笔和圆珠笔;冲销或更改错账要用红色墨水笔填写。摘要的填写要真实、准确,且做到简明扼要。会计科目要按照"先借后贷"的顺序填写,科目应填写全称,不得简写或只填写会计科目的编号。需要填写明细科目时,应在"明细科目"栏内填写明细科目的名称。金额数目应按规定填写,其方法同于原始凭证上的金额书写。

4. 编号正确

凭证应由主管该项业务的会计人员,按业务发生的顺序并按不同种类的记账凭证采用"字号编号法"连续编号。专用记账凭证可采用收款、付款、转账凭证分三类编号;也可以采用库存现金收款、库存现金付款、银行存款收款、银行存款付款和转账凭证分五类编号,如银收字第 1 号、现付字第 2 号、转字第 3 号等;还可以采用通用记账凭证统一编号的形式。一笔复合会计分录,需要编制多张凭证的,可采用"分数编号法"。例如,某笔经济业务需编制三张转账凭证,凭证的顺序号为 10,则三张凭证的编号分别为:转字第 $10\frac{1}{3}$ 号、转字第 $10\frac{2}{3}$ 号和转字第 $10\frac{3}{3}$ 号。每月最后一张记账凭证的编号旁边应加注"全"字,以免凭证遗失。记账凭证的编号均应按月从"1"号开始顺序编号,不得重号或跳号。

(三)记账凭证的填制

1. 收款凭证的填制

当企业发生现金或银行存款收入业务时,出纳人员应根据审核无误的原始凭证收款后编制。收款凭证的设证科目是借方科目(设证科目是收款凭证或付款凭证左上角的借贷科目,一般为库存现金或银行存款)。编制收款凭证时,如果是现金收入业务,借方科目就是"库存现金";如果是银行存款收入业务,借方科目就是"银行存款";在凭证内的贷方科目栏内,应填列与"库存现金"或"银行存款"相对应的科目。

【例 5-6】2023 年 3 月 5 日,远方林场收到神禾公司转账支票一张,收讫 565 000 元存入银行(假设这是本月的第 2 笔收款业务)。远方林场的出纳人员根据审核无误的原始凭证填制银行收款凭证,如表 5-4 所示。

表 5-4　收款凭证

借方科目:银行存款　　　　　　　　2023 年 3 月 5 日　　　　　　　　收字第 2 号

摘　要	贷方科目		记账	金　额									
	一级科目	二级或明细科目		千	百	十	万	千	百	十	元	角	分
销售木材一批	主营业务收入				5	0	0	0	0	0	0	0	0
	应交税金	应交增值税（销项税额）				6	5	0	0	0	0	0	0
合计					¥	5	6	5	0	0	0	0	0

财务主管:　　　　记账:　　　　审核:　　　　出纳:王强　　　　制单:

2. 付款凭证的填制

当企业发生现金或银行存款付出业务时,出纳人员应根据审核无误的原始凭证付款后填制。付款凭证的设证科目是贷方科目。编制付款凭证时,如果是现金付出业务,贷方科目就是"库存现金";如果是银行存款付出业务,贷方科目就是"银行存款";在凭证内的借方科目栏内,应填列与"库存现金"或"银行存款"相对应的科目。对于涉及"库存现金"和"银行存款"之间的收付款业务,如从银行提取现金、将现金存入银行,为了避免重复记账,实务工作中一般只编制付款凭证,不编制收款凭证。

【例 5-7】2023 年 3 月 5 日,神禾公司开出转账支票一张,支付远方林场的货税款,共计565 000 元(假设这是本月的第 1 笔付款业务)。神禾公司的出纳人员根据审核无误的原始凭证填制银行付款凭证,如表 5-5 所示。

表 5-5　付款凭证

贷方科目:银行存款　　　　　　　　2023 年 3 月 5 日　　　　　　　　付字第 1 号

摘　要	借方科目		记账	金　额									
	一级科目	二级或明细科目		千	百	十	万	千	百	十	元	角	分
采购木材一批	木料采购	木材			5	0	0	0	0	0	0	0	0
	应交税金	应交增值税（进项税额）				6	5	0	0	0	0	0	0
合计					¥	5	6	5	0	0	0	0	0

财务主管:　　　　记账:　　　　审核:　　　　出纳:张丽　　　　制单:

3. 转账凭证的填制

当企业发生的经济业务既未涉及现金的收付,也未涉及银行存款的收付时,会计人员应根据审核无误的原始凭证编制转账凭证。该凭证没有设证科目,编制时应将经济业务中所涉及的全部会计科目,按照先借后贷的顺序记入"会计科目"栏中的"一级科目"和"二级及明细科目"栏,并按应借、应贷方向分别记入"借方金额"或"贷方金额"栏。

【例5-8】2023年3月8日,会计吴建国接到"领料单",经审核无误后,应编制一张转账凭证(假设这是本月的第10笔转账业务),如表5-6所示。

表5-6 转账凭证

2023年3月8日　　　　　　　　　　　　　　　　　　　　转字第10号

摘　要	会计科目		记账	借方金额								贷方金额							
	一级科目	二级或明细科目		万	千	百	十	元	角	分	万	千	百	十	元	角	分
生产领用原材料	生产成本	A产品			5	0	0	0	0	0							
	原材料	木材										5	0	0	0	0	0
合计				¥	5	0	0	0	0	0	¥	5	0	0	0	0	0

财务主管:　　　　　记账:　　　　　审核:　　　　　制单:吴建国

> **想一想**
>
> 　　神禾公司出纳张丽将50 000元现金存入银行,会计小王拿到银行回单应该编制收款凭证还是付款凭证呢?
>
> 　　**解答要点:**对于涉及"库存现金"和"银行存款"之间的相互划转业务,如将现金存入银行或从银行提取现金,为了避免重复记账,一般只填制付款凭证,不再填制收款凭证。

二、审核记账凭证

记账凭证一般可采用自审、互审、序审和专审等形式来进行。自审,是由凭证填制人员对所填凭证进行的自我审核;互审,是凭证填制人员与其他会计人员之间,对记账凭证进行的交互审核;序审,是办理每一环节手续的会计人员,对上一环节转来的记账凭证依次进行的审核;专审是职掌审核(稽核)的专职人员对记账凭证进行的审核。

对记账凭证的审核,一般包括以下内容:

(1) 完整性。即审核记账凭证的各项目是否填写齐全,如填制凭证的日期、摘要,会计科目及其细目、凭证编号,所附附件数量、相关人员签字或盖章等项目是否填写齐全。

(2) 正确性。审核记账凭证上的会计分录是否正确。审核记账凭证上填写的总账科目、明细科目是否准确,会计科目前后使用是否一致;审核记账凭证所反映的每项经济业务的数量、单价及据以计算所得的金额是否正确,全部经济业务的合计金额是否正确;另外,还要查看凭证编号是否正确,有无重复编号或漏号等问题。

（3）一致性。检查记账凭证上借方金额合计与贷方金额合计是否一致,总账科目金额与所属明细科目金额是否一致;记账凭证上所填的附件张数与实际附在其后的原始凭证张数是否一致;记账凭证所记录的经济业务与所附原始凭证反映的经济业务是否一致。

通过对记账凭证的审核,只有符合规定要求的记账凭证,才能作为登记账簿的依据;凡不符合规定要求的记账凭证,不能作为登记账簿的依据,应补办手续、更正错误或重新填制,经再次审核后,确定对记账凭证的相应处理。

任务四　传递与保管会计凭证

会计凭证的保管

一、会计凭证的传递

会计凭证的传递是指从会计凭证的取得或填制时起到归档保管过程中,在单位内部有关部门和人员之间的传送、交接程序。会计凭证传递过程中主要要处理好两方面的问题,一是会计凭证需要经过哪些部门,由哪些人员负责处理;二是会计凭证传递时间,即会计凭证在有关部门和业务经办人员处停留的时间。会计凭证的传递,要能够满足内部控制制度的要求,使传递程序合理有效,同时尽量节约传递时间,减少传递的工作量。会计凭证传递流程如图 5-4 所示。

由于各个企业生产组织特点、经济业务的内容和管理要求不同,会计凭证的传递也有所不同。因此,企业应根据具体情况制订每一种凭证的传递程序和时间。例如,差旅费报销业务的凭证传递路线是:出差人员取得车船票、住宿费收据等→填制差旅费报销单→主管领导审批签字→会计机构指定专人审核签字→出纳人员付款→制证人员编制记账凭证→复核人员审核签名→记账员记账→期末装订归档保管。在确定会计凭证传递路线的同时,还应根据其办理业务手续所需的时间,规定会计凭证在各部门或人员那里的停留时间,不能无限期地拖延和积压会计凭证,要保证会计凭证传递信息、监督经济活动及明确经济责任等作用的发挥。

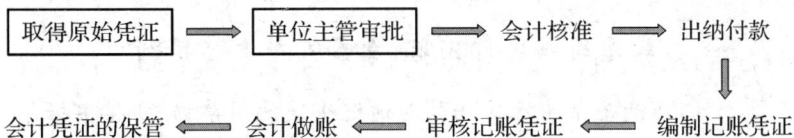

取得原始凭证　⟹　单位主管审批　⟹　会计核准　⟹　出纳付款

会计凭证的保管　⟸　会计做账　⟸　审核记账凭证　⟸　编制记账凭证

图 5-4　会计凭证传递流程图

二、会计凭证的保管

会计凭证的保管指会计凭证记账后的整理、装订、归档和存查工作。会计凭证是进行会计工作的基础,是重要的经济档案和历史资料,各单位在将会计凭证登账后,必须对其加以整理、装订和归档留存,妥善保管,不得遗失或任意销毁。

会计凭证的保管,其主要的要求和方法有:

（1）月末根据会计凭证登记账簿后,应将本月的各种记账凭证加以整理,检查编号及附件是否齐全。再按照编号顺序连同所附原始凭证,整理、装订成册,以防失散。为了便于查阅,应在装订成册的凭证上加具封面,在封面上注明单位名称、凭证种类、凭证张数、起止号数、年度、月份、会计主管人员、装订人员等有关事项,会计主管人员和保管人员应在封面上签章。会计凭证封面的一般格式如图 5-5 所示。

单位名称:
日期:自 年 月 日起至 年 月 日止
凭证号数:自 号至 号 凭证类别:
册数:本月共 册 本册是第 册
原始凭证、汇总凭证张数:共 张
全宗号: 目录号: 案卷号:
会计: 复核: 装订人: 年 月 日装订

图 5-5 会计凭证封面

(2) 某些原始凭证如数量过多、体积过大,或者需要另行归档的重要文件、契约、合同等,应另编目录,单独保管,并在有关的记账凭证和原始凭证上分别注明其名称、日期和编号;同时,应在所属的记账凭证上注明"附件另订"的字样,以便查阅。

(3) 每年装订成册的会计凭证,在年度终了时可暂由本单位的会计机构保管一年,期满后应当移交本单位档案机构统一保管;未设立档案机构的,应当在会计机构内部指定专人保管。出纳人员不得兼管会计档案。

(4) 会计凭证的保管期限按有关规定执行,原始凭证、记账凭证和汇总凭证的保管期限一般不少于 15 年。未到期限,任何人不能自行销毁凭证;保管期满的凭证,必须严格按照国家的有关规定进行处理,应开具清单,经本单位领导审核,报上级主管部门批准,方可销毁。

思政小课堂

故意销毁会计凭证,电器公司老总领刑

2020 年 4 月 6 日,河南省某市人民法院对通过重复使用票据、拼接票据等方式向财政部门申报家电下乡补贴,共计 15 263 864 元未入账的某电器有限公司及该公司总经理李某做出一审判决,被告单位即某电器有限公司犯隐匿、故意销毁会计凭证罪,判处罚金人民币 2 万元。公司总经理李某判处有期徒刑一年零六个月,缓刑两年执行,并处罚金人民币 2 万元。

法院经审理查明,2019 年 2 月至 11 月期间,被告单位某电器有限公司将企业发生的全部销售业务依法设置会计账簿予以记录,对原始销售凭证不如实登记入账,隐匿销毁原始凭证、记账凭证。经司法部门鉴定,被告单位通过重复使用票据、拼接票据等方式向财政部门申报家电下乡补贴,共计有 15 263 864 元在公司现有的会计资料中未发现入账的相关记录。

法院审理后认为,被告单位某电器有限公司隐匿、故意销毁依法应当保存的会计凭证,情节严重,被告人李某身为被告单位负责人,为本单位隐匿、故意销毁依法应当保存的会计凭证,其行为已构成隐匿、故意销毁会计凭证罪。检察院指控罪名成立。

上述案例中,电气公司总经理李某因隐匿、故意销毁依法应当保存的会计凭证而获罪,由此可见,会计凭证在单位经济活动中具有重要的作用。任何单位,每发生一项经济业务,如现金的收付、物资的进出、往来款项的结算等,经办人员必须按照规定的程序和要求,认真填制会计凭证,记录经济业务发生或完成的日期、经济业务的内容,并在会计凭证上签名或盖章,有的凭证还需要加盖公章,以对会计凭证的真实性和正确性负责。

知识拓展

随着现代信息技术在会计工作领域的应用,会计凭证也发生了变化。原始凭证中的发票常常以电子发票的形式出现,电子发票同纸质发票一样具有法律效力。发票持有人可以将发票打印出来用于报销。所以我们现在常常可以看到打印出来的黑白色电子发票,大小多为A4纸的大小。随着越来越多的原始凭证大小的变化,记账凭证的大小也发生了变化。有些单位已经采用了A4纸大小的凭证模板,甚至许多自制原始凭证也统一为A4纸大小,便于使用部门打印使用,同时也便于凭证的整理装订,大小统一后会计资料也显得更加整齐美观。

本章总结

会计凭证是记录经济业务,明确经济责任,并据以登记账簿的一种书面证明。填制和审核会计凭证,是会计核算工作的起点和基础。

会计凭证形式繁多,按其填制程序和用途的不同,可分为原始凭证和记账凭证两类。原始凭证按其来源不同,分为自制原始凭证和外来原始凭证;按填制手续及内容不同,分为一次凭证、累计凭证和汇总凭证。记账凭证按其使用范围不同,分为专用记账凭证和通用记账凭证。专用记账凭证按其所反映的经济业务的内容不同,一般分为收款凭证、付款凭证和转账凭证;按照填制方式不同,分为复式记账凭证和单式记账凭证。

会计凭证的填制与审核(见表5-7):

表5-7

内　容	原始凭证	记账凭证
应具备的基本要素	1. 原始凭证的名称; 2. 填制凭证的日期; 3. 填制凭证单位名称或填制人姓名; 4. 接受凭证的单位名称或个人姓名; 5. 经济业务的内容、数量、单位和金额; 6. 经办人员签章和凭证附件。	1. 记账凭证名称; 2. 填制记账凭证的日期; 3. 记账凭证的编号; 4. 经济业务的内容摘要; 5. 经济业务所涉及的会计科目、记账方向及其金额; 6. 记账标记; 7. 所附原始凭证张数; 8. 会计主管、记账、审核、出纳、制单等相关人员签章。

续表

内　容	原始凭证	记账凭证
填制要求	1. 记录真实； 2. 内容完整； 3. 手续齐备； 4. 书写清楚、规范； 5. 填制及时； 6. 格式统一，顺序使用； 7. 不得涂改、刮擦、挖补。	1. 依据正确； 2. 内容完整； 3. 书写规范； 4. 编号正确。
审核内容	1. 真实性； 2. 合法性； 3. 合理性； 4. 完整性； 5. 正确性； 6. 及时性。	1. 完整性； 2. 正确性； 3. 一致性。
审核结果处理	1. 对于完全符合要求的原始凭证，据以编制记账凭证入账； 2. 对于只是填写不够完整、正确的原始凭证，应予以退回，责成更正、补充之后，再予受理； 3. 对于不真实、不合法的原始凭证，不予受理，并应向有关方面报告情况。	1. 凡符合规定要求的记账凭证，才能作为登记账簿的依据； 2. 凡不符合规定要求的记账凭证，不能作为登记账簿的依据，应补办手续、更正错误或重新填制，经再次审核后，确定对记账凭证的相应处理。

会计凭证是进行会计工作的基础，是重要的经济档案和历史资料，在单位内部和人员之间需要进行传递和交接，要能够满足内部控制制度的要求，使传递程序合理有效，同时尽量节约传递时间，减少传递的工作量，保证会计凭证传递信息、监督经济活动及明确经济责任等作用的发挥。各单位在会计凭证登账后，必须对其加以整理、装订和归档留存，妥善保管，不得遗失或任意销毁。

课前预习

一、单项选择题

1. 会计凭证按（　　　）的不同，可分为原始凭证和记账凭证两类。

A. 来源　　　　　　　　　　　　B. 填制的程序和用途

C. 填制的方法　　　　　　　　　D. 使用人

2. 原始凭证按其来源不同，分为（　　　）。

A. 自制原始凭证和外来原始凭证　　B. 一次原始凭证和累计原始凭证

C. 一次原始凭证和汇总原始凭证　　D. 单联原始凭证和多联原始凭证

3. 原始凭证在填制时要求大小写金额（　　　），小写金额用阿拉伯数字逐个书写，大写金额用汉字壹、贰、叁等书写。

A. 可以不填　　　　　　　　　　B. 可以只填一个

C. 均需填写且必须一致　　　　　D. 填写规范

4. 对于完全符合要求的原始凭证，应及时据以（　　　）入账。

A. 汇总整理　　　　　　　　　　　　　　　B. 登记账簿

C. 编制累计凭证　　　　　　　　　　　　　D. 编制记账凭证

5. 记账凭证按其使用范围不同,分为(　　　)记账凭证和(　　　)记账凭证。

A. 收入　支出　　　　B. 专用　通用　　　　C. 企业　事业　　　　D. 收款　付款

6. 填制记账凭证,必须使用(　　　),不允许用铅笔和圆珠笔。

A. 蓝色墨水笔　　　　B. 黑色墨水笔　　　　C. 蓝、黑墨水笔　　　　D. 红色墨水笔

7. 填制记账凭证时,会计科目要按照(　　　)的顺序填写。

A. 先借后贷　　　　　B. 先贷后借　　　　　C. 金额大小　　　　　D. 科目编号

8. 当企业发生现金或银行存款收款业务时,应根据审核无误的原始凭证在收款后编制(　　　),科目方向是(　　　)。

A. 收款凭证,贷方　　　　　　　　　　　　B. 付款凭证,贷方

C. 收款凭证,借方　　　　　　　　　　　　D. 付款凭证,借方

9. 对于涉及“现金”和“银行存款”之间的收付款业务,如从银行提取现金、将现金存入银行,为了避免重复记账,实务工作中一般只编制(　　　)凭证。

A. 收款凭证　　　　　　　　　　　　　　　B. 付款凭证

C. 转账凭证　　　　　　　　　　　　　　　D. 以上三者之一

10. 通过对记账凭证的审核,只有符合规定要求的记账凭证,才能作为(　　　)的依据。

A. 整理装订　　　　B. 编制报表　　　　C. 审计查账　　　　D. 登记账簿

二、名词解释

会计凭证　原始凭证　记账凭证　自制原始凭证　外来原始凭证　累计凭证
专用记账凭证　通用记账凭证　会计凭证的传递　会计凭证的保管

课后练习

一、单项选择题

1. 为保证会计账簿记录的正确性,会计人员编制记账凭证时的依据必须是(　　　)。

A. 从企业外部取得的原始凭证　　　　　　　B. 填写齐全的原始凭证

C. 审核无误的原始凭证　　　　　　　　　　D. 盖有填制单位财务公章的原始凭证

2. 会计凭证中,只需反映价值量的有(　　　)。

A. 材料入库单　　　　　　　　　　　　　　B. 实存账存对比表

C. 工资分配汇总表　　　　　　　　　　　　D. 限额领料单

3. 下列记账凭证中可以不附原始凭证的是(　　　)。

A. 所有收款凭证　　　　　　　　　　　　　B. 所有付款凭证

C. 所有转账凭证　　　　　　　　　　　　　D. 用于结账的记账凭证

4. 下列原始凭证中,属于累计凭证的是(　　　)。

A. 收料单　　　　　B. 发货票　　　　　C. 领料单　　　　　D. 限额领料单

5. 下列会计凭证中,属于外来原始凭证的有(　　　)。

A. 材料领料单　　　　B. 盘点表　　　　C. 销货发票　　　　D. 印花税票

6. 对于将现金送存银行业务,会计人员应填制的记账凭证是(　　　)。

A. 银行收款凭证　　　　　　　　　　B. 现金付款凭证

C. 银行收款凭证和现金付款凭证　　　D. 转账凭证

7. 专用记账凭证按(　　)不同,一般分为收款凭证、付款凭证和转账凭证。

A. 凭证填制的时间　　　　　　　　　B. 凭证填制的方法

C. 凭证填制的程序和用途　　　　　　D. 凭证反映的经济内容

8. 根据"从银行提取现金"业务,企业应编制的记账凭证是(　　)。

A. 银行存款收款凭证　　　　　　　　B. 现金收款凭证

C. 现金付款凭证　　　　　　　　　　D. 银行存款付款凭证

9. 一原始凭证上的金额小写为 1 008.00,大写金额应写成(　　)。

A. 壹仟零捌元整　　　　　　　　　　B. 一仟零八元整

C. 一仟零八元　　　　　　　　　　　D. 壹仟零捌元

10. "增值税专用发票"属于(　　)。

A. 累计凭证　　　B. 外来原始凭证　　　C. 汇总原始凭证　　　D. 转账凭证

二、多项选择题

1. 下列会计凭证中,属于自制原始凭证的有(　　)。

A. 材料领料单　　　B. 盘点表　　　　C. 购货发票　　　D. 印花税票

2. "限额领料单"属于(　　)。

A. 累计凭证　　　B. 自制原始凭证　　C. 汇总原始凭证　　D. 转账凭证

3. 记账凭证的基本要求有(　　)。

A. 依据正确　　　B. 内容完整　　　　C. 书写规范　　　D. 编号正确

4. 专用记账凭证可采用(　　)分三类编号。

A. 收款凭证　　　B. 付款凭证　　　　C. 原始凭证　　　D. 转账凭证

5. 记账凭证按照填制方式不同,分为(　　)。

A. 通用凭证　　　B. 专用凭证　　　　C. 单式记账凭证　　D. 复式记账凭证

6. 原始凭证审核的内容包括(　　)。

A. 真实性　　　　B. 合理性　　　　　C. 正确性　　　　D. 完整性

7. 原始凭证的填制要求有(　　)。

A. 记录真实　　　B. 内容完整　　　　C. 书写清晰、规范　　D. 格式统一

8. 原始凭证按填制手续及内容不同,分为(　　)。

A. 一次凭证　　　B. 累计凭证　　　　C. 汇总凭证　　　D. 外来凭证

9. 会计凭证形式繁多,按其填制程序和用途的不同,可分为(　　)。

A. 原始凭证　　　B. 记账凭证　　　　C. 专用凭证　　　D. 转账凭证

10. 会计凭证在会计核算和经济管理工作中的作用主要表现为(　　)。

A. 反映经济业务,提供记账依据　　　B. 明确经济责任,加强岗位责任制

C. 监督经济业务的真实性、合法性和合理性　　D. 加强经济管理,提高经济效益

三、判断题

1. 记账凭证的编号是查账时的重要索引。　　　　　　　　　　　　　　　　(　　)

2. 记账凭证的日期,应当按照原始凭证的填制日期填写。　　　　　　　　　(　　)

3. 会计人员在审核原始凭证时,如发现内容不全、数字差错、手续不完备的原始凭证,应拒绝办理。   （   ）

4. 记账凭证中的会计科目名称,可用会计科目编号代替,较为简便。   （   ）

5. 单式和复式的收款凭证和付款凭证的区别在于,一张单式收款（付款）凭证内只能列一个一级科目,而复式的则不限。   （   ）

6. 原始凭证对于经济业务的发生和完成具有证明效力。   （   ）

7. 只要是真实的原始凭证,就可作为收付财物和记账的依据。   （   ）

8. 企业将现金存入银行或从银行提取现金,为了避免重复记账,一般只编制收款凭证,不编付款凭证。   （   ）

9. 出纳人员在办理收款或付款业务后,应在凭证上加盖"收讫"或"付讫"的戳记,以避免重收或重付。   （   ）

10. 保管期满的原始凭证均可予以销毁。   （   ）

四、综合实训

（一）原始凭证的填制与审核

【目的】

掌握原始凭证的填制方法,能够正确填列原始凭证;掌握原始凭证的审核方法,能根据会计法规和原始凭证填制要求审核原始凭证的合法性、正确性。

【资料】

神禾股份有限公司 2023 年 3 月发生下列经济业务:

1. 2 日,支付购货款 38 000 元,签发转账支票一张。（支票模板见图 5-6）

2. 5 日,生产车间小王领用材料生产 A 产品。其中,领用圆钢 4 000 千克,计划单价 10元,领用角钢 3 000 千克,计划单价 5 元,需填制领料单。（领料单模板见表 5-8）

3. 15 日,销售 A 产品 500 件,单价 300 元,需开具增值税专用发票一张。（增值税发票模板见图 5-7~图 5-9）

【要求】根据资料填制原始凭证。

中国工商银行 转账支票存根 XVI00000001	中国工商银行　　　　**转账支票**　　　　XVI00000001
附加信息 ———————— ———————— ————————	出票日期（大写）　年　月　日　　付款行名称： 收款人：　　　　　　　　　出票人账号： 人民币 （大写）　　　　　亿千百十万千百十元角分
出票日期　　年　月　日 收款人： 金　额： 用　途： 单位主管　　会计	用途_____ 上列款项请从 我账户内支付 出票人签章　　　　复核　　　记账

图 5-6

表 5－8　领料单

领料部门：　　　　领料编号：

领料用途：　　　　　　　　　　年　月　日　　　　　　　　　　发料仓库：

材料编号	材料名称及规格	计量单位	数量		单价(元/方)	金额(元)
			请领	实领		
备注					合计	

发料人：　　　　　　审批人：　　　　　　领料人：　　　　　　记账：

全国统一发票监制章 国家税务总局 陕西省税务局

陕西增值税专用发票

6100203130　　　　　　　　　　　　　　　　No04880421

此联不作报销、扣税凭证使用

开票日期：

税总函〔2020〕113号西安印钞有限公司

购买方	名　　称： 纳税人识别号： 地 址 、电 话： 开户行及账号：					密码区	
货物或应税劳务、服务名称	规格型号	单位	数量	单价	金额	税率	税额
合　计							
价税合计(大写)					(小写)		
销售方	名　　称： 纳税人识别号： 地址、电话： 开户行及账号：					备注	

第一联：记账联　销售方记账凭证

收款人：　　　　　复核：　　　　　开票人：　　　　　销售方：(章)

图 5－7

陕西增值税电子普通发票

发票代码：
发票号码：
开票日期：
校 验 码：

机器编号：

购买方	名　　　称： 纳税人识别号： 地　址 、电话： 开户行及账号：				密码区			
货物或应税劳务、服务名称	规格型号	单位	数量	单价	金额	税率	税额
合　　计							
价税合计(大写)						(小写)	
销售方	名　　　称： 纳税人识别号： 地　址 、电话： 开户行及账号：				备注			

收款人：　　　　　　复 核：　　　　　　开票人：　　　　　　销售方盖章

图 5-8

电子发票(普通发票)

发票号码：
开票日期：　年 月 日

机器编号：

购买方信息	名　　　称： 统一社会信用代码/纳税人识别号：			销售方信息	名　　　称： 统一社会信用代码/纳税人识别号：		
项目名称	规格型号	单位	数量	单价	金额	税率/征收率	税额
合　　计							
价税合计(大写)						(小写)	
备注							

开票人：

图 5-9

（二）记账凭证的编制与审核

【目的】

掌握记账凭证的编制方法，能够正确选用填列记账凭证；掌握记账凭证的审核方法，能够根据会计法规和记账凭证的填制要求审核记账凭证的正确性。

【资料】

神禾公司 2023 年 4 月份发生下列经济业务：

1. 3 日，收到投资 25 000 元，存入银行。

2. 4 日，向银行借入 40 000 元的长期借款存入银行。

3. 5 日，从银行提取现金 1 000 元。

4. 5 日，向光明厂购进设备一台，价款 10 000 元，增值税 1 700 元，运费 300 元，用银行存款支付。

5. 6 日，以银行存款偿还前欠前进厂材料款 8 000 元。

6. 6 日，生产 A 产品领用材料 12 000 元，生产 B 产品领用材料 8 000 元，车间领用 2 000 元。

7. 8 日，向前进厂赊购材料一批，价款 5 000 元，增值税 850 元，材料尚未入库。

8. 9 日，销售产品一批，价款 200 000 元，增值税 34 000 元，货款尚未收到。

9. 15 日，以银行存款 12 000 元支付全年报纸杂志费。

10. 16 日，分配本月工人工资，其中 A 产品生产工人工资 4 000 元，B 产品生产工人工资 3 000 元，车间管理人员工资 2 000 元，行政管理人员工资 1 000 元。

11. 17 日，提取固定资产折旧：其中生产车间 2 500 元；行政管理部门 1 860 元。

12. 17 日，从银行提取现金 10 000 元，备发工资。

13. 17 日，以现金 10 000 元发放工资。

14. 30 日，以银行存款支付申请短期借款的手续费 200 元。

15. 30 日，以现金缴纳税金 1 000 元。

【要求】根据上述资料编制会计分录，并填制专用记账凭证（见表 5-9～表 5-30）。

表 5-9 收款凭证

借方科目： 年 月 日 收字第 号

摘　要	贷方科目		记　账	金　额									
	一级科目	二级或明细科目		千	百	十	万	千	百	十	元	角	分
合计													

财务主管：　　　　记账：　　　　审核：　　　　出纳：　　　　制单：

表 5 - 10　收款凭证

借方科目：　　　　　　　　　　　　　年　月　日　　　　　　　　　　　　　　收字第　号

摘　要	贷方科目		记账	金　额									
	一级科目	二级或明细科目		千	百	十	万	千	百	十	元	角	分
合计													

财务主管：　　　　　记账：　　　　　审核：　　　　　出纳：　　　　　制单：

表 5 - 11　收款凭证

借方科目：　　　　　　　　　　　　　年　月　日　　　　　　　　　　　　　　收字第　号

摘　要	贷方科目		记　账	金　额									
	一级科目	二级或明细科目		千	百	十	万	千	百	十	元	角	分
合计													

财务主管：　　　　　记账：　　　　　审核：　　　　　出纳：　　　　　制单：

表 5 - 12　收款凭证

借方科目：　　　　　　　　　　　　　年　月　日　　　　　　　　　　　　　　收字第　号

摘　要	贷方科目		记　账	金　额									
	一级科目	二级或明细科目		千	百	十	万	千	百	十	元	角	分
合计													

财务主管：　　　　　记账：　　　　　审核：　　　　　出纳：　　　　　制单：

表 5‑13　收款凭证

借方科目：　　　　　　　　　　　　　　年　月　日　　　　　　　　　　　　　收字第　号

摘要	贷方科目		记账	金　额									
	一级科目	二级或明细科目		千	百	十	万	千	百	十	元	角	分
合计													

财务主管：　　　　记账：　　　　审核：　　　　出纳：　　　　制单：

表 5‑14　付款凭证

贷方科目：　　　　　　　　　　　　　　年　月　日　　　　　　　　　　　　　收字第　号

摘要	借方科目		记账	金　额									
	一级科目	二级或明细科目		千	百	十	万	千	百	十	元	角	分
合计													

财务主管：　　　　记账：　　　　审核：　　　　出纳：　　　　制单：

表 5‑15　付款凭证

贷方科目：　　　　　　　　　　　　　　年　月　日　　　　　　　　　　　　　收字第　号

摘要	借方科目		记账	金　额									
	一级科目	二级或明细科目		千	百	十	万	千	百	十	元	角	分
合计													

财务主管：　　　　记账：　　　　审核：　　　　出纳：　　　　制单：

表 5-16 付款凭证

贷方科目：　　　　　　　　　　　　　　　　年　月　日　　　　　　　　　　　　　　收字第　号

摘 要	借方科目		记 账	金 额									
	一级科目	二级或明细科目		千	百	十	万	千	百	十	元	角	分
	合计												

财务主管：　　　　　记账：　　　　　审核：　　　　　出纳：　　　　　制单：

表 5-17 付款凭证

贷方科目：　　　　　　　　　　　　　　　　年　月　日　　　　　　　　　　　　　　收字第　号

摘 要	借方科目		记 账	金 额									
	一级科目	二级或明细科目		千	百	十	万	千	百	十	元	角	分
	合计												

财务主管：　　　　　记账：　　　　　审核：　　　　　出纳：　　　　　制单：

表 5-18 付款凭证

贷方科目：　　　　　　　　　　　　　　　　年　月　日　　　　　　　　　　　　　　收字第　号

摘 要	借方科目		记 账	金 额									
	一级科目	二级或明细科目		千	百	十	万	千	百	十	元	角	分
	合计												

财务主管：　　　　　记账：　　　　　审核：　　　　　出纳：　　　　　制单：

表 5‑19　付款凭证

贷方科目：　　　　　　　　　　年　月　日　　　　　　　　　　收字第　号

摘　要	借方科目		记　账	金　额									
	一级科目	二级或明细科目		千	百	十	万	千	百	十	元	角	分
合计													

财务主管：　　　　记账：　　　　审核：　　　　出纳：　　　　制单：

表 5‑20　付款凭证

贷方科目：　　　　　　　　　　年　月　日　　　　　　　　　　收字第　号

摘　要	借方科目		记　账	金　额									
	一级科目	二级或明细科目		千	百	十	万	千	百	十	元	角	分
合计													

财务主管：　　　　记账：　　　　审核：　　　　出纳：　　　　制单：

表 5‑21　付款凭证

贷方科目：　　　　　　　　　　年　月　日　　　　　　　　　　收字第　号

摘　要	借方科目		记　账	金　额									
	一级科目	二级或明细科目		千	百	十	万	千	百	十	元	角	分
合计													

财务主管：　　　　记账：　　　　审核：　　　　出纳：　　　　制单：

表 5-22 付款凭证

贷方科目：　　　　　　　　　　年　月　日　　　　　　　　　　　收字第　号

摘 要	借方科目		记账	金 额									
	一级科目	二级或明细科目		千	百	十	万	千	百	十	元	角	分
合　计													

财务主管：　　　　　记账：　　　　　审核：　　　　　出纳：　　　　　制单：

表 5-23 转款凭证

年　月　日　　　　　　　　　　　转字第　号

摘　要	会计科目		记账	借方金额							贷方金额						
	一级科目	二级或明细科目		万	千	百	十	元	角	分	万	千	百	十	元	角	分
合　计																	

财务主管：　　　　　记账：　　　　　审核：　　　　　制单：

表 5-24 转款凭证

年　月　日　　　　　　　　　　　转字第　号

摘　要	会计科目		记账	借方金额							贷方金额						
	一级科目	二级或明细科目		万	千	百	十	元	角	分	万	千	百	十	元	角	分
合　计																	

财务主管：　　　　　记账：　　　　　审核：　　　　　制单：

表 5－25　转款凭证

年　月　日　　　　　　　　　　　　　　　转字第　号

摘　要	会计科目		记账	借方金额							贷方金额						
	一级科目	二级或明细科目		万	千	百	十	元	角	分	万	千	百	十	元	角	分
合计																	

财务主管：　　　　　记账：　　　　　审核：　　　　　制单：

表 5－26　转款凭证

年　月　日　　　　　　　　　　　　　　　转字第　号

摘　要	会计科目		记账	借方金额							贷方金额						
	一级科目	二级或明细科目		万	千	百	十	元	角	分	万	千	百	十	元	角	分
合计																	

财务主管：　　　　　记账：　　　　　审核：　　　　　制单：

表 5－27　转款凭证

年　月　日　　　　　　　　　　　　　　　转字第　号

摘　要	会计科目		记账	借方金额							贷方金额						
	一级科目	二级或明细科目		万	千	百	十	元	角	分	万	千	百	十	元	角	分
合计																	

财务主管：　　　　　记账：　　　　　审核：　　　　　制单：

表 5 - 28 转款凭证

年 月 日　　　　　　　　　　　　　　　　转字第 号

摘 要	会计科目		记账	借方金额								贷方金额							
	一级科目	二级或明细科目		万	千	百	十	元	角	分		万	千	百	十	元	角	分	
合计																			

财务主管：　　　　　　记账：　　　　　　审核：　　　　　　制单：

表 5 - 29 转款凭证

年 月 日　　　　　　　　　　　　　　　　转字第 号

摘 要	会计科目		记账	借方金额								贷方金额							
	一级科目	二级或明细科目		万	千	百	十	元	角	分		万	千	百	十	元	角	分	
合计																			

财务主管：　　　　　　记账：　　　　　　审核：　　　　　　制单：

表 5 - 30 转款凭证

年 月 日　　　　　　　　　　　　　　　　转字第 号

摘 要	会计科目		记账	借方金额								贷方金额							
	一级科目	二级或明细科目		万	千	百	十	元	角	分		万	千	百	十	元	角	分	
合计																			

财务主管：　　　　　　记账：　　　　　　审核：　　　　　　制单：

项目三

登记会计账簿

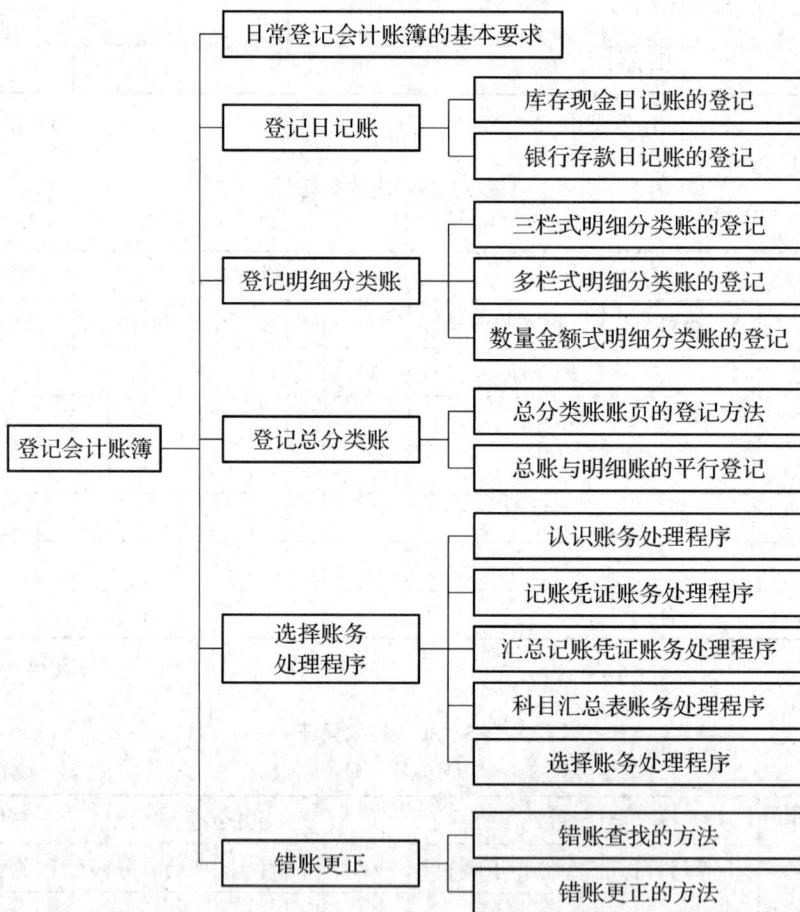

```
登记会计账簿 ┬─ 日常登记会计账簿的基本要求
            │
            ├─ 登记日记账 ┬─ 库存现金日记账的登记
            │            └─ 银行存款日记账的登记
            │
            ├─ 登记明细分类账 ┬─ 三栏式明细分类账的登记
            │                ├─ 多栏式明细分类账的登记
            │                └─ 数量金额式明细分类账的登记
            │
            ├─ 登记总分类账 ┬─ 总分类账账页的登记方法
            │              └─ 总账与明细账的平行登记
            │
            ├─ 选择账务处理程序 ┬─ 认识账务处理程序
            │                  ├─ 记账凭证账务处理程序
            │                  ├─ 汇总记账凭证账务处理程序
            │                  ├─ 科目汇总表账务处理程序
            │                  └─ 选择账务处理程序
            │
            └─ 错账更正 ┬─ 错账查找的方法
                        └─ 错账更正的方法
```

■ 知识目标

1. 了解会计账簿的格式,熟悉账簿的内容;
2. 掌握登记会计账簿的基本要求;
3. 掌握各类账簿的登记方法;
4. 了解三种账务处理程序的异同;
5. 掌握规范的错账更正方法。

■ 能力目标

1. 能够根据会计凭证正确登记各类会计账簿；
2. 能够根据企业具体情况正确选择账务处理程序；
3. 能够运用规范的错账更正方法更正记账过程中产生的错账。

■ 思政目标

1. 培养学生认真严谨的学习态度；
2. 培养学生遵守规章制度和求真务实的工作作风。

■ 案例引导

神禾公司的实习会计小王拿着一沓做好的会计凭证准备登记明细账，这时他发现应收账款账户中没有远方公司的明细账页，她该怎么办？该选用那种明细账页呢？如果她还需要登记总账，那么是不是需要将一笔凭证重复登记两遍呢？

任务一 日常登记会计账簿的基本要求

会计账簿的启用及登记

为了保证账簿记录的正确性、完整性和及时性，必须根据审核无误的会计凭证登记会计账簿，并符合下列要求：

(1) 准确完整。《会计基础工作规范》第六十条规定："登记会计账簿时，应当将会计凭证日期、编号、业务内容摘要、金额和其他有关资料逐项记入账内，做到数字准确、摘要清楚、登记及时、字迹工整。"每一项会计事项，一方面要记入有关的总账，另一方面要记入该总账所属的明细账。账簿记录中的日期，应该填写记账凭证上的日期；以自制原始凭证，如收料单、领料单等作为记账依据的，账簿记录中的日期应按有关自制凭证上的日期填列。

(2) 注明记账符号。《会计基础工作规范》第六十条规定："账簿登记完毕后，要在记账凭证上签名或者盖章，并注明已经登的符号，表示已经记账。"在记账凭证上设有专门的栏目供注明记账的符号，一般在专门的栏目中画"√"或注明记账页码表示已经记账，避免重记或者漏记。

(3) 书写留空。账簿中书写的文字和数字上面要留有适当的空格，不要写满格，一般来讲，每位数字约占 1/2 行位置，每位数字之间一般不要连接，也不可预留间隔（以不增加数字为好）；每位数字上方预留 1/2 空格位置，可以在订正错误记录时使用。这样，一旦发生登记错误，能比较容易进行更正，同时也方便查账工作。书写数字时，应使每位数字（7、9 除外）紧靠底线且不要顶满格（行）。书写要求字迹工整，排列整齐有序且有一定的倾斜度（数字与底线成 60°的倾斜）并以向左下方倾斜为好，详见图 6-1。

(4) 正常记账使用蓝黑墨水笔。为了保持账簿记录的持久性，防止涂改，登记账簿必须使用蓝黑墨水笔或者碳素墨水笔书写，不得使用圆珠笔（银行的复写账簿除外）或者铅笔书写。在会计上，数字的颜色是重要的语素之一，它同数字和文字一起传达出会计信息。书写时墨水的颜色用错了，也可能导致信息错误，而且其导致的概念混乱不亚于数字和文字错误。

图 6 - 1

（5）特殊记账使用红色墨水笔。

《会计基础工作规范》第六十条规定下列情况下使用红色墨水笔记账。

① 按照红字冲账的记账凭证，冲销错误记录；

② 在不设借贷等栏的多栏式账页中，登记减少数；

③ 在三栏式账户的余额栏前，如未印明余额方向的，在余额栏内登记负数余额；

④ 根据国家统一的会计制度规定可以用红字登记的其他会计记录。

（6）顺序连续登记。《会计基础工作规范》第六十条规定："各种账簿按页次顺序连续登记，不得跳行、隔页。如果发生跳行、隔页，应当将空行、空页划线注销，或者注明'此页空白''此行空白'字样，并由记账人员签名或者盖章。"这对防止在账簿登记中可能出现的漏洞，是十分必要的防范措施。

（7）结出余额。《会计基础工作规范》第六十条规定："凡需要结出余额的账户，结出余额后，应当在'借或贷'等栏内写明'借'或'贷'等字样。没有余额的账户，应当在'借或贷'等栏内写'平'字，并在'余额'栏内用'0'表示。现金日记账和银行存款日记账必须逐日结出余额。"一般来说，对于没有余额的账户，在余额栏内标注的"0"应当放在"元"位。

（8）过次承前。《会计基础工作规范》第六十条规定："每一账页登记完毕结转下页时，应当结出本页合计数及余额，写在本页最后一行和下页第一行有关栏内，并在摘要栏注明'过次页'和'承前页'字样；也可以将本页合计数及金额只写在下页第一行有关栏内，并在摘要栏内注明'承前页'字样。"这样做利于保持账簿记录的连续性，便于对账和结账。

《会计基础工作规范》第六十条还对"过次页"的本页合计数的结计方法，根据不同需要做了规定。

① 对需要结计本月发生额的账户，结计"过次页"的本页合计数应当为自本月初起至本页末止的发生额合计数。这样做，便于根据"过次页"的合计数，随时了解本月初到本页末止的发生额；也便于月末结账时，加计"本月合计"数。

② 对需要结计本年累计发生额的账户，结计"过次页"的本页合计数应当为自年初起至本页末止的累计数。这样做，便于根据"过次页"的合计数，随时了解本年初起至本页末止的发生额；也便于年终结账时，加计"本年累计"数。

③ 对既不需要结计本月发生额也不需要结计本年累计发生额的账户，可以只将每页末的余额结转次页。如某些材料明细账户就没有必要将每页的发生额结转次页。

（9）不得刮擦、涂改、挖补。如发生账簿记录错误，不得刮、擦、挖补或用褪色药水更改字迹，而应采用规定的方法更正。

实行会计电算化的单位，总账和明细账应定期打印。发生收款和付款业务的，在输入收款凭证和付款凭证的当天必须打印出现金日记账和银行存款日记账，并与库存现金核对无误。

想一想

《会计基础工作规范》规定:"各种账簿按页次顺序连续登记,不得跳行、隔页。"如果会计人员发现有漏记的会计凭证,应该怎么办?

解答要点:如果会计人员在当月发现漏记的凭证,可以在结账前补记,不影响当月结账;如果会计人员是在结账后发现漏记,无法补记入业务发生当月,只能在发现时计入当月的账簿,并标明"补记某年某月某日第几号凭证"。需要特别说明的是,如果发现漏记的业务已经跨年度了,将会影响年终报表数据,会计人员则需要进行情况说明,并承担相应的责任。所以会计人员在结账前必须对账,无误后才能结账,避免出现漏记的情况。

任务二 登记日记账

日记账又称序时账簿,是按照经济业务发生或完成的时间先后顺序逐笔进行登记的账簿。日记账分为普通日记账和特种日记账,其中特种日记账又包括库存现金日记账和银行存款日记账。设置日记账的目的是为了使经济业务的时间顺序清晰地反映在账簿记录中。

一、库存现金日记账的登记

库存现金日记账是用来核算和监督库存现金每天的收入、支出和结存情况的账簿。由出纳人员根据同现金收付有关的记账凭证,按时间顺序逐日逐笔进行登记,即根据现金收款凭证和与现金有关的银行存款付款凭证(从银行提取现金的业务)登记现金收入,根据现金付款凭证登记现金支出;并逐日结出现金余额,与库存现金实存数核对,做到账实相符。

为了确保账簿的安全、完整,库存现金日记账必须采用订本式账簿。其账页格式一般采用三栏式,也可以采用多栏式,在实际工作中大多采用的是三栏式账页格式,如表6-1所示。

表6-1 库存现金日记账

年		凭证编号	摘要	对方科目	借方										贷方										借或贷	余额									
月	日				千	百	十	万	千	百	十	元	角	分	千	百	十	万	千	百	十	元	角	分		千	百	十	万	千	百	十	元	角	分

登记库存现金日记账,除了遵循登记账簿的基本要求外,各栏目的具体填写方法如下:

(1)日期栏。填写据以登记账簿的记账凭证上的日期,应与现金实际收付日期一致。

(2)凭证编号栏。填写登记入账的收付款凭证的种类和编号,以便于查账和核对。

(3)摘要栏。简要说明登记入账的经济业务内容,文字要求简练,但必须能说明业务的发生情况。

（4）对方科目栏。填写与现金发生对应关系的账户名称，其作用是揭示单位现金收入的来源和支出的用途是否符合国家规定；填写本栏时，应注意以下几点：一是对方科目只填总账科目，不需填明细科目；二是当对方科目有多个时，应填入主要对应科目；三是当对方科目有多个且不能从科目上划分出主次时，可在对方科目栏中填入其中金额较大的科目，并在其后加上"等"字。

（5）借方、贷方栏。填写凭证中记录的"库存现金"科目的借贷方向及金额。

（6）余额栏。在每日终了，应结出本日的余额，记入"余额"栏，并将余额与出纳员的库存现金进行核对，即通常所说的"日清"。如账款不符应立即查明原因，并记录备案。月终，要计算本月现金收入、支出的合计数，并结出本月末余额，通常称为"月结"。

库存现金日记账余额栏前未印有借贷方向的，其余额方向默认为借方，因为正常情况下库存现金日记账是不会出现贷方余额的。若由于某种原因出现了贷方余额，则在余额栏用红字登记，表示贷方余额。

二、银行存款日记账的登记

银行存款日记账是用来核算和监督银行存款每日的收入、支出和结余情况的账簿。银行存款日记账应按企业在银行开立的账户和币种分别设置，每个银行账户设置一本日记账。由出纳员根据与银行存款收付业务有关的记账凭证，按时间先后顺序逐日逐笔进行登记。根据银行存款收款凭证和有关的现金付款凭证（库存现金存入银行的业务）登记银行存款收入栏，根据银行存款付款凭证登记其支出栏，每日结出存款余额，以便于检查监督各项收支款项。

银行存款日记账和库存现金日记账一样，也必须采用订本式账簿。其账页格式一般采用三栏式，也可以采用多栏式，在实际工作中大多采用的是三栏式账页格式。

银行存款日记账的登记方法与库存现金日记账的登记方法基本相同。需要说明的是"结算凭证的种类和号数"栏，该栏根据每笔银行存款收、付业务所依据的结算方式的种类和号数填列，结算方式的种类有转账支票、现金支票、信汇、电汇、银行汇票和银行本票等，号数则根据结算方式后四位数字填写。银行存款日记账其余栏目的填写方法同库存现金日记账，不再重述。

银行存款日记账的登记样本如表6-2所示。

表6-2　银行存款日记账

2023年		凭证		结算凭证		摘要	对方科目	借方	贷方	余额
月	日	字	号	种类	号数					
11	3					承前页		140 000	20 000	120 000
11	5	银付	1	现支	2016	提现金备用	库存现金		5 000	115 000
11	12	银收	1	转支	3025	销售商品A	主营业务收入	1 000 000		1 115 000
11	23	银付	2	转支	6013	购买角钢	原材料		10 000	1 105 000
11	30					本月合计		1 140 000	35 000	1 105 000
						本年累计		62 356 000	61 251 000	1 105 000

（注："摘要"栏中的本月合计和本年累计下方的横线均为通栏单红线。）

三、多栏式日记账的登记

多栏式日记账,就是将借方栏和贷方栏分别按照对应科目设置若干专栏。在会计实务中,采用多栏式现金和银行存款日记账,可以将多栏式账各科目发生额作为登记总分类账簿的依据。在收付款凭证数量较多时采用,可以减少收付款凭证的汇总编制手续,简化总分类账簿的登记工作。

多栏式日记账的登记方法为:由出纳员根据审核后的库存现金(银行存款)、收款凭证金额、银行存款以及付款凭证(库存现金付款凭证),逐日、逐笔登记库存现金(银行存款)收入日记账和支出日记账,每日将库存现金(银行存款)支出日记账中的当日"支出合计"数转入库存现金(银行存款)收入日记账中的当日"支出合计"栏内,在库存现金(银行存款)收入日记栏中结算出当日库存现金(银行存款)账面结存金额。会计人员应对多栏式库存现金和银行存款日记账的记录加强检查和监督,并负责于月末根据多栏式库存现金(银行存款)日记账的各专栏合计数分别过记有关的总分类账户。

需要注意的是:由于从银行提取现金或现金存入银行的业务,导致有关银行存款的减少数或增加数已过记入多栏式银行存款日记账内,因此,在根据多栏式库存现金日记账的各专栏合计数过记有关的总分类账户时,"银行存款"专栏(借方或贷方)的月末合计数,不能过记入"银行存款"总账,以免重复登账。在根据多栏式银行存款日记账的各专栏合计数过记有关的总分类账户时,"库存现金"专栏(借方或贷方)的月末合计数,不能过记入"库存现金"总账,以免重复登账。

多栏式日记账的一般格式如表6-3所示。

表6-3 多栏式现金(银行存款)日记账

年		凭证号	摘要	收入				借方合计	付出				贷方合计	余额
月	日			对应账户贷方					对应账户借方					
				预收账款	短期借款	产品销售收入			原材料	管理费用	应付账款			

想一想

每个企业都会开设多个银行账户,那么银行存款日记账在登记时是否应该分账户进行登记?

解答要点:银行存款日记账应该分账户进行登记,一本银行存款日记账可以登记多个银行账户,会计人员需要预留出足够的账页,如果业务量较大,也可以按照银行账户分设不同的银行存款日记账分别登记。

任务三　登记明细分类账

明细分类账户是对某一经济业务进行明细分类核算的账户,它是根据总分类账户的核算内容,按照企业内部经营管理工作的实际需要和更具体的分类要求设置的,可以反映某些总分类账户增减变动的详细情况,为编制报表、进行财务分析提供资料。不同的企业,明细分类账户的名称、内容、使用方法等会有所不同。为了满足企业记录经济业务的不同要求,明细分类账账页可以采用不同的格式,常用的有三栏式、数量金额式和多栏式。

不同类型经济业务的明细分类账,可根据管理需要,依据记账凭证、原始凭证或汇总原始凭证逐日逐笔或定期汇总登记。固定资产、债权、债务等明细账应逐日逐笔登记;库存商品、原材料收发明细账以及收入、费用明细账可以逐笔登记,也可定期汇总登记。库存现金、银行存款账户由于已设置了日记账,不必再设明细账,其日记账实质上也是一种明细账。

一、三栏式明细分类账的登记

三栏式明细分类账是设有借方、贷方和余额三个栏目,用以分类核算各项经济业务,提供详细核算资料的账簿,其格式与三栏式总账格式相同。三栏式明细账适用于只进行金额核算的账户,如"应收账款""应付账款"和"实收资本"等结算类科目的明细分类核算,其登记方法如表 6 - 4 所示。

表 6 - 4　应收账款明细分类账

明细科目:甲公司

| 2023 年 | | 凭　证 | | 摘　要 | 借　方 | 贷　方 | 借或贷 | 余　额 |
月	日	字	号					
11	1			承前页			借	50 000
11	3	转	1	销售 A 产品收入	22 000		借	72 000
11	8	转	2	销售 B 产品收入	28 000		借	100 000
11	30	现收	4	收回前欠货款		8 000	借	92 000

(注:11 月 30 日下方的横线为通栏单红线。)

二、多栏式明细分类账的登记

多栏式明细分类账不是按明细科目分设账页,而是根据经济业务的特点和经营管理的需要,将属于同一个总账科目的各个明细科目合并在一张账页上进行登记,即在这种格式账页的借方或贷方金额栏内按照明细项目设若干专栏。这种格式适用于只记录金额,不记录数量,而且在管理上需要了解其构成内容的费用、收入、利润科目,如"生产成本""管理费用""主营业务收入"等科目的明细核算。

多栏式明细分类账的格式视管理需要而呈多样化,有的借方和贷方分别设置多个专栏,如

"应交税费——应交增值税""本年利润"明细账；有的只在借方或贷方设置多个专栏，如成本费用类科目"管理费用""生产成本""制造费用"等的明细账，可以只按借方发生额设置专栏，贷方发生额由于每月发生的笔数很少，可以在借方直接用红字冲记。收入类账户如"主营业务收入""营业外收入"这类明细账可以在贷方设置多个专栏。多栏式明细账的登记方法，如表6-5所示。

表6-5 管理费用明细分类账

2023年		凭证		摘 要	借 方						贷 方	余 额
月	日	字	号		招待费	办公费	印花税	折旧费	工资	合计		
11	1			业务招待	1 000					1 000		
11	5			买办公用品		200				200		
11	6			购买印花税			500			500		
11	30			提折旧				6 000		6 000		
11	30			计提工资					9 000	9 000		
11	30			结转本月费用							21 200	0

（注：11月30日下方的横线为通栏单红线。）

各种格式的多栏式明细分类账，其登记方法不完全相同，登记时需注意以下两点：

（1）根据记账凭证登记时，一方面要将具体内容计入相应的专栏，另一方面要将本行各专栏数字合计后计入本行"合计"栏。

（2）只设借方多栏或贷方多栏的账户，登记内容的方向与栏目设计方向相反时，用红字进行登记。

三、数量金额式明细分类账的登记

数量金额式明细分类账是在账页的"借方""贷方""余额"各栏中再分别设置"数量""单价"和"金额"栏目的明细账，适用于既要进行金额核算又要进行数量核算的各种财产物资类账户的明细分类账户，如"原材料""库存商品"等盘存类科目的明细分类核算。

数量金额式明细分类账由会计人员根据审核无误的记账凭证及所附的原始凭证，按经济业务发生的时间先后顺序，逐日逐笔登记或定期汇总登记。具体登记时，要根据记账凭证所附原始凭证的具体内容，详细登记每一笔经济业务收入或发出的数量、单价和金额，并根据选定的计价方法计算出结余的数量、单价和金额。需要说明的是"日期"栏应填入据以记账的原始凭证的日期，"凭证字号"栏应填入据以记账的原始凭证的种类及编号。数量金额式明细分类账的登记方法，如表6-6所示。

表6-6 原材料明细分类账

部类：金属 存放地点：第二仓库 单位：千克 规格：106 品名：角钢

2023年		凭证		摘 要	借 方			贷 方			余 额		
月	日	字	号		数量	单价	金额	数量	单价	金额	数量	单价	金额
11	1			承前页							100	5	500

续表

2023年		凭证		摘要	借方			贷方			余额		
月	日	字	号		数量	单价	金额	数量	单价	金额	数量	单价	金额
11	5			车间领用				50	5	250	50	5	250
11	23			购买角钢	2 000	5	10 000				2 050	5	10 250

（注：11月23日下方的横线为通栏单红线。）

> **想一想**
>
> "固定资产"账户是否需要进行明细分类核算？应该选用哪种账页呢？
>
> **解答要点：**"固定资产"账户当然需要进行明细分类核算，但是固定资产账户选用的是卡片式账簿。卡片账是一种特殊的活页式账簿，主要用于可以跨年度使用，无须经常更换的明细账户核算。

任务四　登记总分类账

总分类账简称总账，是按照总分类账户分类登记以提供总括会计信息的账簿。总账中的账页是按总账科目（一级科目）开设的总分类账户。应用总分类账，可以全面、系统、综合地反映企业所有的经济活动情况和财务收支情况，可以为编制会计报表提供所需的资料。因此，每一企业都应设置总分类账。

总分类账中，应按照会计科目的编码顺序分设账户，由于总分类账一般都采用订本式账簿，因此应事先为每个总分类账户预留若干账页。总分类账最常用的格式为三栏式，设置借方、贷方和余额三个基本金额栏目。总分类账的记账依据和登记方法取决于企业采用的账务处理程序。既可以根据记账凭证逐笔登记，也可以根据经过汇总的科目汇总表或汇总记账凭证等登记。

一、总分类账账页的登记方法

三栏式总分类账账页的登记方法如下：

（1）日期栏。在逐日、逐笔登记总账的方式下，填写业务发生的具体日期，即记账凭证日期；在汇总登记总账的方式下，填写汇总凭证的日期。

（2）凭证字号栏。填写登记总账所依据凭证的字和号。在依据记账凭证登记总账的情况下，填写记账凭证的字、号；在依据科目汇总表登记总账的情况下，填写"科汇"字及其编号；在依据汇总记账凭证登记总账的情况下，填写"现（银）汇收"字及其编号、"现（银）汇付"字及其编号和"汇转"字及其编号。

（3）摘要栏。填写所依据凭证的简要内容。对于依据记账凭证登记总账的单位,应与记账凭证中的摘要内容一致;对于依据科目汇总表登记总账的单位,应填写"某月科目汇总表"字样;对于依据汇总记账凭证登记总账的单位,应填写每一张汇总记账凭证的汇总依据,即是依据第几号记账凭证至第几号记账凭证而来。

（4）借、贷方金额栏。填写所依据的记账凭证上记载的各总账账户的借方或贷方发生额。

（5）借或贷栏。登记余额的方向,如余额在借方,则写"借";如余额在贷方,则写"贷"字。如果期末余额为零,则在"借或贷"栏写"平"字,并在"余额"栏的中间写"0"。

表6-7为一般三栏式总分类账。

表 6-7　总分类账

会计科目:应付账款

2023年		凭　证		摘　要	借　方	贷　方	借或贷	余　额
月	日	字	号					
11	1			承前页	804 030	224 750	借	579 280
11	10	科汇	1	1—10日合计	2 574 000	250 000	借	2 903 280
11	20	科汇	2	11—20日合计		2 574 000	借	329 280
11	30	科汇	3	21—30日合计	100 000	329 280	借	100 000
11	30			本月合计	2 674 000	3 153 280	借	100 000

（注:"摘要"栏中的本月合计下方的横线为通栏单红线。）

二、总账与明细账的平行登记

总分类账户是所属的明细分类账户的综合,对所属明细分类账户起统驭作用。明细分类账户是有关总分类账户的补充,对有关总分类账户起着详细说明的作用。总分类账户和明细分类账户,登记的原始凭证依据相同,核算内容相同,两者结合起来既总括又详细地反映同一事物。因此,总分类账户和明细分类账户必须平行登记。

平行登记是指在经济业务发生后,以会计凭证为依据,一方面要在有关的总分类账中进行总括登记,另一方面要在总分类账户所属的明细分类账户中进行详细登记。通过总分类账和明细分类账的平行登记,以及期末进行相互核对,可以及时发现错账并予以更正,从而保证账簿记录的准确性。

（一）总分类账与明细分类账的关系

1. 总分类账与明细分类账之间的联系

（1）两者所反映的经纪业务的内容相同。

（2）两者的登账依据相同。

2. 总分类账与明细分类账的区别

(1) 反映经济内容的详细程度不同。总账反映资金增减变化的总括情况,提供总括资料;明细账反映资金运动的详细情况,提供某一方面的详细资料;有些明细账还可以提供实物量指标和劳动量指标。

(2) 作用不同。总账提供的经济指标,是明细账资料的综合,对所属明细账起着统驭作用;明细账是对有关总账的补充,起着详细说明的作用。

(二)总账与明细账平行登记的要点

(1) 依据相同。每一项经济业务,记入总分类账户和记入明细分类账户的凭证依据必须相同。

(2) 期间相同。每一项经济业务,在同一会计期间,一方面要记入有关的总分类账户;另一方面要记入该总分类账户所属的明细分类账户。

(3) 方向相同。登记总分类账及其所属明细分类账的方向应该相同。

(4) 金额相等。记入总分类账户的金额与记入其所属的各明细分类账户的金额相等。如果同时涉及该总分类账户的若干明细分类账户,则该总分类账户登记的金额应与各个明细分类账户登记的金额之和相等。

【例 6-1】神禾公司 2023 年 5 月份的交易或事项如下:

(1) 3 日开出转账支票偿还前欠甲公司货款 50 000 元,编制会计分录为:

借:应付账款——甲公司　　　　　　　　　　　　　　　50 000
　　贷:银行存款　　　　　　　　　　　　　　　　　　　　　50 000

(2) 6 日购买材料一批,货款 30 000 元尚未支付(不考虑增值税),编制会计分录为:

借:材料采购　　　　　　　　　　　　　　　　　　　　30 000
　　贷:应付账款——乙公司　　　　　　　　　　　　　　　　30 000

5 月份"应付账款"账户总账发生额与余额如表 6-8 所示。

表 6-8　应付账款总分类账

2023年		凭证		摘　要	借　方	贷　方	借或贷	余　额
月	日	字	号					
5	1			承前页			贷	100 000
	3	银付	3	偿还甲公司货款	50 000		贷	50 000
	6	转账	10	购买材料款未付		30 000	贷	80 000
				本月合计	50 000	30 000	贷	80 000

5 月份甲公司的应付账款明细账发生额与余额如表 6-9 所示。

表 6-9 应付账款明细分类账

账户名称:甲公司

2023年		凭证		摘 要	借 方	贷 方	借或贷	余 额
月	日	字	号					
5	1			承前页			贷	70 000
	3	银付	3	偿还甲公司货款	50 000		贷	20 000
				本月合计	50 000		贷	20 000

5月份,乙公司的应付账款明细账发生额与余额如表 6-10 所示。

表 6-10 应付账款明细分类账

账户名称:乙公司

2023年		凭证		摘 要	借 方	贷 方	借或贷	余 额
月	日	字	号					
5	1			承前页			贷	30 000
	6	转账	10	购买材料		30 000	贷	60 000
				本月合计		30 000	贷	60 000

(三)平行登记的结果

通过总分类账与明细分类账的平行登记,总分类账户的发生额及余额与其所属的明细分类账户的发生额及余额应存在以下关系:

(1)总分类账户期初余额=所属明细分类账户的期初余额之和

(2)总分类账户本期借方发生额=所属明细分类账户的借方发生额之和

(3)总分类账户本期贷方发生额=所属明细分类账户的贷方发生额之和

(4)总分类账户的期末余额=所属明细分类账户的期末余额之和

由[例6-1]可知,从明细账期初余额之和、本期发生额之和以及期末余额之和与总账相应的指标是相等的。即

期初余额=30 000+70 000=100 000(元)

本期借方发生额=50 000(元)

本期贷方发生额=30 000(元)

期末贷方余额=20 000+60 000=80 000(元)

对总分类账和明细分类账平行登记的结果,应当进行相互核对。一般在期末通过编制"总分类账户与明细分类账户发生额及余额对照表"进行核对,以便发现错误并及时更正,保证账户记录准确无误,如表 6 - 11 所示。

表 6 - 11　总分类账户与明细分类账户发生额及余额对照表

账户名称	月初余额		本期发生额		月末余额	
	借方	贷方	借方	贷方	借方	贷方
甲公司明细账		70 000	50 000			20 000
乙公司明细账		30 000		30 000		60 000
应付账款总账		10 000	50 000	30 000		80 000

任务五　选择账务处理程序

会计账务处理程序

一、认识账务处理程序

(一)账务处理程序的概念与意义

1. 账务处理程序的概念

账务处理程序也称会计核算组织程序或会计核算形式,是指会计凭证、会计账簿、会计报表相结合的方式。

账簿组织是指会计凭证和会计账簿的种类、格式,会计凭证与账簿之间的联系方法;

记账程序是指由填制、审核原始凭证到填制、审核记账凭证,登记日记账、明细分类账和总分类账,编制财务报表的工作程序和方法等。

2. 账务处理程序的意义

科学、合理地选择适用于本单位的账务处理程序,对于提高会计核算工作效率,保证会计核算工作质量,有效地组织会计核算具有重要意义。

(1) 有利于规范会计工作,保证会计信息加工过程的严密性,提高会计信息质量。

(2) 有利于保证会计记录的完整性和正确性,增强会计信息的可靠性。

(3) 有利于减少不必要的会计核算环节,提高会计工作效率,保证会计信息的及时性。

(二)账务处理程序的种类

在我国,常用的账务处理程序主要包括记账凭证账务处理程序、科目汇总表账务处理程序和汇总记账凭证账务处理程序。三种财务处理程序的主要不同之处在于:登记总分类账的依据和方法不同,与此相适应,总分类账的格式也不同。

不同的记账程序规定了"记账凭证——会计账簿"不同步骤和方法,不同的单位应该根据单位管理实际需要确定合理的记账程序。

知 识 拓 展

电算化会计账务处理程序特点

随着现代信息技术在会计领域的应用,会计电算化系统已经日渐成熟和完善,会计电算化系统在处理财会业务的过程中依然遵循着一定的账务处理程序,但是与传统的账务处理程序相比具有其自身的特点:

(1) 账簿体系虚拟化。在电算化系统中,会计信息的生成仍然离不开账户这一最基本的存储单元,但账户的存储并不一定要借助于账簿来完成。信息技术的运用,使账户记录与纸介质呈现出分离的趋势,纸介质不再作为账户分类和汇总数据的唯一载体。电算化系统中的账户是凭证库文件及相关数据(主要是各会计账户的期初余额数据)自动地、准确无误地派生出来的。理论上说,保留了凭证库文件及相关数据,也就保证了账簿的存在。

(2) 记账过程虚拟化。电算化系统中的记账过程也是一个虚拟过程,因为并没有生成实际的账。在电算化系统中,记账环节完全可以取消,即平时不登记日记账、明细账及总账,只将记账凭证保存在一起在需要时再采用瞬间成账的做法:根据科目余额库文件的期初余额数据和记账凭证库文件的科目发生额数据,当即形成所需的"账簿"并予以输出。

(3) 证账表数据一致化。计算机本身是不会发生遗漏、重复及计算错误的。只要会计软件的程序正确且运行正常,账证、账账一定是相符的;只要报表公式定义正确,账表也一定相符。这样,就使手工会计下的对账环节不复存在了。事实上,计算机对来源于记账凭证中的信息不再重复处理,而分类账也没有必要明确地区分为总账和明细账,其目的只是加快信息检索的速度。

(4) 账务处理流程一体化。在电算化系统中,整个账务处理流程分为输入、处理、输出三个环节,首先将分散于手工会计各个核算岗位的会计数据统一收集后集中输入计算机,此后的各种数据处理工作都由计算机按照会计软件的要求自动完成,不受人工干预。

二、记账凭证账务处理程序

(一) 记账凭证账务处理程序及其特点

记账凭证账务处理程序是指对发生的经济业务事项,都要根据原始凭证或汇总原始凭证编制记账凭证,然后直接根据每一张记账凭证逐笔登记总分类账的一种账务处理程序。

其特点是直接根据记账凭证逐笔登记总分类账。它是最基本的账务处理程序。其他各种类型的账务处理程序都是在该方法的基础上发展起来的。

(二) 记账凭证账务处理程序的步骤

(1) 根据原始凭证编制汇总原始凭证。

（2）根据原始凭证或汇总原始凭证编制记账凭证。

（3）根据收款凭证、付款凭证逐日逐笔登记库存现金日记账和银行存款日记账。

（4）根据原始凭证、汇总原始凭证和记账凭证，登记各种明细分类账。

（5）根据记账凭证逐笔登记总分类账。

（6）期末，将库存现金日记账、银行存款日记账和明细分类账的余额同有关总分类账的发生额和余额进行核对。

（7）期末，根据核对无误的总分类账和明细分类账编制会计报表。

记账凭证账务处理程序流程如图6-2所示。

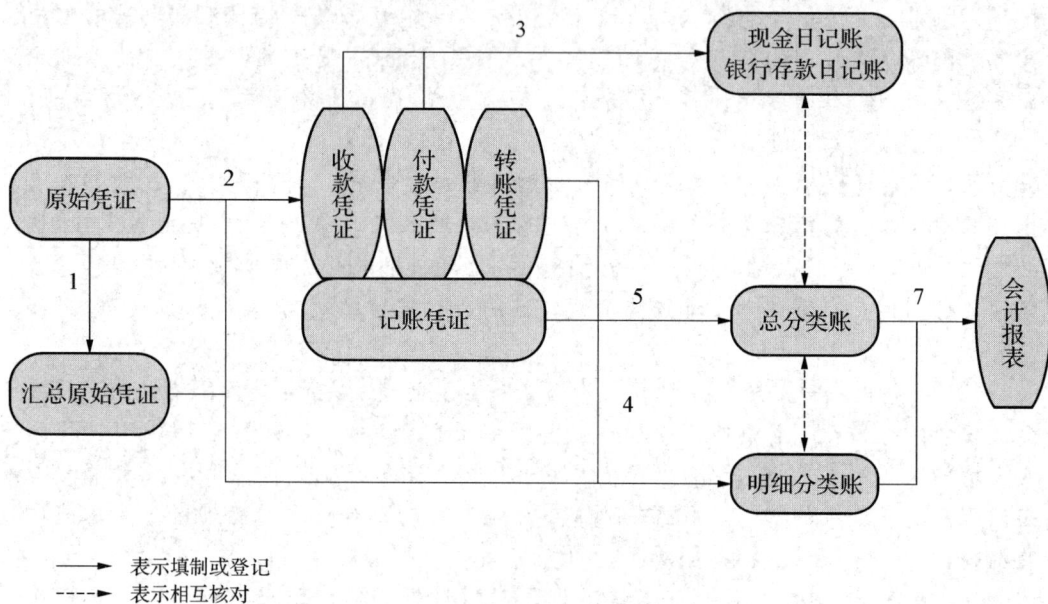

图6-2 记账凭证账务处理程序流程图

（三）记账凭证账务处理程序的优缺点及适用范围

记账凭证账务处理程序的优点是直接根据记账凭证登记总账，简单明了，易于理解，总分类账可以较详细地反映经济业务的发生情况。

记账凭证账务处理程序的缺点是登记总分类账的工作量较大。对于经济业务较多、经营规模较大的单位，总分类账的登记工作过于繁重。

记账凭证账务处理程序的适用范围是规模较小、经济业务量较少的单位。为了减少记账凭证的数量，减轻登记总分类账的工作量，采用这种账务处理程序时，应尽量使用原始凭证汇总表，以减少记账凭证的数量。

三、汇总记账凭证账务处理程序

（一）汇总记账凭证账务处理程序及其特点

汇总记账凭证账务处理程序是指根据记账凭证分类编制汇总收款凭证、汇总付款凭证和汇总转账凭证,再根据汇总记账凭证登记总分类账的一种账务处理程序。

其特点是在这一程序中,除设置收款凭证、付款凭证和转账凭证外,还应设置汇总收款凭证、汇总付款凭证和汇总转账凭证,账簿的设置与记账凭证账务处理程序基本相同。

(二)汇总记账凭证账务处理程序的步骤

(1)根据原始凭证、原始凭证汇总表编制记账凭证。为了便于编制汇总记账凭证,要求收款凭证按一个借方科目填制,付款凭证按一个贷方科目填制,转账凭证按一贷一借或一贷多借的科目相对应填制。

(2)根据收款凭证、付款凭证登记库存现金日记账和银行存款日记账。

(3)根据原始凭证、原始凭证汇总表和各种记账凭证登记各种明细账。明细账的格式根据各单位的实际情况及管理上的要求可分别采用三栏式、数量金额式和多栏式。

(4)根据各种记账凭证编制汇总收款凭证、汇总付款凭证和汇总转账凭证。

(5)定期或月终根据汇总记账凭证登记总账。

(6)月末,按照对账的要求,将库存现金日记账、银行存款日记账和各种明细账与总分类账进行核对。

(7)月末,根据总分类账和明细分类账编制会计报表。

汇总记账凭证账务处理程序流程如图6-3所示。

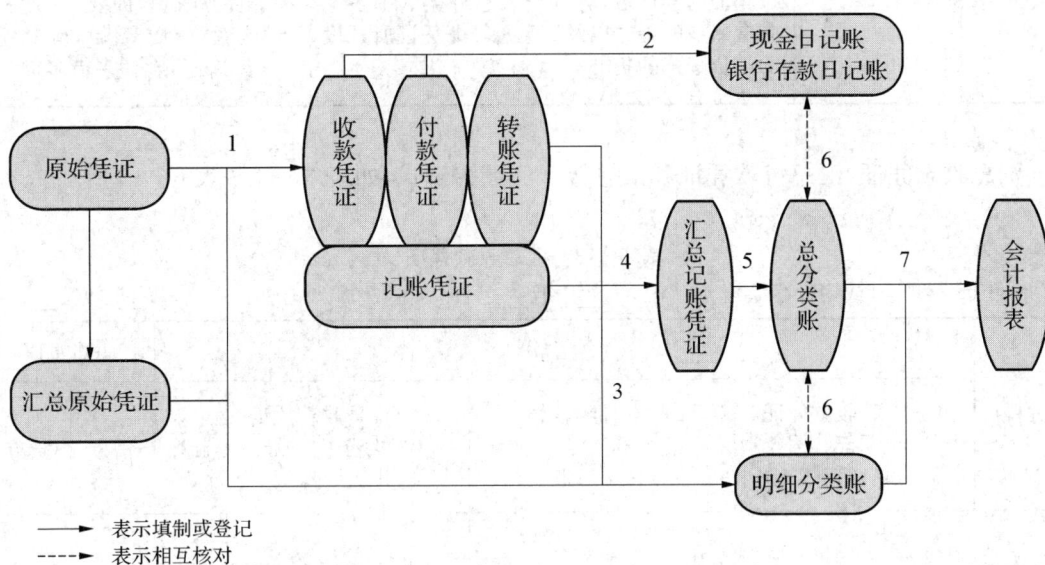

—→ 表示填制或登记
----→ 表示相互核对

图6-3 汇总记账凭证账务处理程序流程图

(三)汇总记账凭证的编制方法

汇总记账凭证是根据收款凭证、付款凭证和转账凭证定期(一般为每隔5天或者10天)汇总编制而成的,它包括汇总收款凭证、汇总付款凭证和汇总转账凭证三种。汇总记账凭证的种类与编制方法,如表6-12所示。

表 6-12　汇总记账凭证种类与编制方法

种　类	编制依据	编制方法	注意点
汇总收款凭证	库存现金收款凭证 银行存款收款凭证	按照"库存现金""银行存款"账户的借方设置,并按照其对应的贷方账户归类汇总,一般为 5 天或者 10 天汇总填制 1 次,每月编制 1 张;月末,结算出汇总收款凭证的合计数,分别记入"库存现金""银行存款"账户的借方以及与其相对应的各个账户的贷方	按借方设置,与其他汇总凭证不一样
汇总付款凭证	库存现金付款凭证 银行存款付款凭证	按照"库存现金""银行存款"账户的贷方设置,并按照其对应的借方账户归类汇总,一般为 5 天或者 10 天汇总填制 1 次,每月编制 1 张;月末,结算出汇总付款凭证的合计数,分别记入"库存现金""银行存款"账户的贷方以及与其相对应的各个账户的借方	库存现金和银行存款之间的相互划转业务,汇总时应以付款凭证为依据,收款凭证不再汇总,以免重复
汇总转账凭证	转账凭证	按照除"库存现金""银行存款"账户以外的每一账户的贷方设置,并按照其对应的借方账户归类汇总,一般为 5 天或者 10 天汇总填制 1 次,每月编制 1 张;月末,结算出汇总转账凭证的合计数,分别记入总分类账中各个应借账户的借方以及该汇总转账凭证所开设的应贷账户的贷方	汇总转账凭证按每一账户的贷方设置,为了便于汇总转账凭证的编制,在平时编制转账凭证时,应使会计分录只有一个贷方账户,即要"一贷一借"或者"一贷多借",应避免"一借多贷"或者"多借多贷"

汇总收款凭证、汇总付款凭证和汇总转账凭证的格式,如表 6-13～表 6-15 所示。

表 6-13　汇总收款凭证

借方科目:库存现金(或银行存款)　　　　　　___年___月　　　　　　　　　　汇收第___号

贷方科目	金　额				总账页码	
	1—10 日收款凭证 第　号至　号 共　张	11—20 日收款凭证 第　号至　　号 共　张	21—31 日收款凭证 第　号至　　号 共　张	合计	借方	贷方
合计						

会计主管:　　　　　　记账:　　　　　　　　复核:　　　　　　　　制证:

表 6-14 汇总付款凭证

贷方科目:库存现金(或银行存款)　　　　　　___年___月　　　　　　汇付第___号

借方科目	金　额				总账页码	
	1—10日付款凭证 第　号至　号 共　　张	11—20日付款凭证 第　号至　号 共　　张	21—31日付款凭证 第　号至　号 共　　张	合计	借方	贷方
合计						

会计主管:　　　　　记账:　　　　　　　复核:　　　　　　　制证:

表 6-15 汇总转账凭证

贷方科目:(总账科目)　　　　　　　___年___月　　　　　　　汇收第___号

借方科目	金　额				总账页码	
	1—10日转账凭证 第　号至　号 共　　张	11—20日转账凭证 第　号至　号 共　　张	21—31日转账凭证 第　号至　号 共　　张	合计	借方	贷方
合计						

会计主管:　　　　　记账:　　　　　　　复核:　　　　　　　制证:

想 一 想

汇总记账凭证账务处理程序中是按照贷方科目汇总转账凭证的,是否会漏汇?是否还应对转账凭证再按照每一账户的借方分别设置汇总?

解答要点:汇总转账凭证通常按照每一贷方账户设置,通过将与该贷方账户对应的借方账户进行归类汇总来完成其编制过程,一般不会漏汇。由于会计实务中有"以贷为主"的习惯,所以汇总转账凭证通常不按借方来设置,而且为了便于汇总转账凭证的编制,在编制转账凭证的时候不能编制"多借多贷"或"多贷一借"的分录,而是编制"一借一贷"或"多借一贷"的会计分录。所以根据"有借必有贷,借贷必相等"的原则,按照贷方科目设置,按照借方科目汇总就可以了,不需要再重复汇总。

(四)汇总记账凭证账务处理程序的优缺点及适用范围

汇总记账凭证账务处理程序的优点是减轻了登记总分类账的工作量,便于了解账户之间的对应关系。程序汇总记账凭证账务处理程序的缺点是按每一贷方科目编制汇总转账凭证,不利于会计核算的日常分工,当转账凭证较多时,编制汇总转账凭证的工作量较大。

汇总记账凭证账务处理程序的适用范围是规模较大、经济业务较多的单位。

四、科目汇总表账务处理程序

(一)科目汇总表账务处理程序与特点

科目汇总表账务处理程序是根据一定会计期间的全部记账凭证,按照其相同的会计科目归类汇总编制科目汇总表,以此登记总分类账的账务处理程序。

科目汇总表是指根据一定时期内的全部记账凭证,按相同科目进行归类,并计算出每一总账科目本期借方、贷方发生额所编制的汇总表。

其特点是定期将记账凭证编制科目汇总表,再根据汇总记账凭证登记总分类账。科目汇总表的作用与汇总记账凭证相似,但它们的结构不同,填制的方法也不相同。汇总记账凭证是以每一账户的贷方(或借方)分别按相对应的借方(或贷方)账户汇总一定时期内的借贷方发生额;科目汇总表则定期汇总每一账户的本期借贷方发生额,并不按对应账户汇总。

(二)科目汇总表账务处理程序的步骤

(1)根据原始凭证、原始凭证汇总表编制记账凭证。为了便于编制科目汇总表所有记账凭证中的科目对应关系,最好以一个借方科目和一个贷方科目相对应。转账凭证最好一式两份,以便分别归类汇总借方科目和贷方科目的本期发生额。

(2)根据收款凭证付款凭证登记库存现金日记账和银行存款日记账。库存现金日记账和银行存款日记账通常采用收、付、余三栏式日记账簿。

(3)根据原始凭证、原始凭证汇总表和各种记账凭证登记各种明细账。明细账的格式根据各单位的实际情况及管理上的要求可分别采用三栏式、数量金额式或多栏式。

(4)根据各种记账凭证汇总编制科目汇总表。编制的时间间隔可以是 10 天也可以是15 天或者是 1 个月。

(5)定期或月末根据科目汇总表登记总账。

(6)月末,按照对账的要求,将库存现金日记账、银行存款日记账和各种明细账与总分类账进行核对。

(7)月末,根据核对无误的总分类账和明细分类账编制会计报表。

科目汇总表账务处理程序流程如图 6-4 所示。

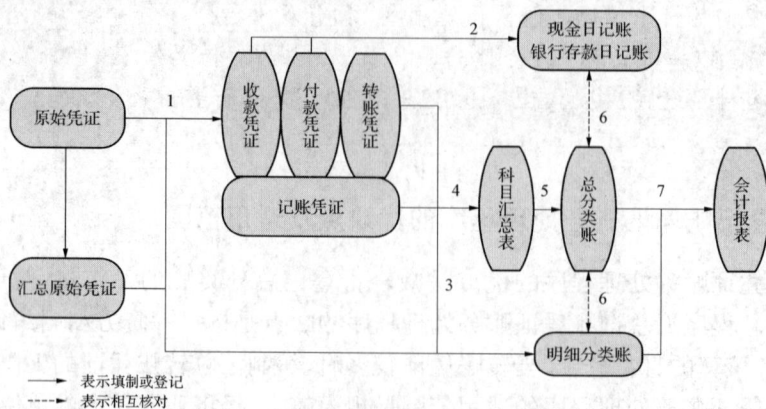

图 6-4 科目汇总表账务处理程序流程图

(三) 科目汇总表编制方法

(1) 将既定汇总期内的全部记账凭证按照相同科目归类汇总(可借助 T 型账户作为工作底稿)。

(2) 计算出每一总账科目的本期借方发生额和本期贷方发生额。

(3) 将计算结果填入"科目汇总表"的"本期借方发生额"和"本期贷方发生额"栏内。

根据科目汇总表登记总分类账时,只需要将该表中汇总起来的各科目的本期借、贷方发生额的合计数,分次或月末一次记入相应总分类账的借方或贷方即可。科目汇总表格式如表 6-16 和表 6-17 所示。

表 6-16　科目汇总表(格式一)
年　月　日　至　日　　　　　　　　　　　　第　号

会计科目	账　页	本期发生额		记账凭证起讫号数
		借方	贷方	
合计				

表 6-17　科目汇总表(格式二)

会计科目	账　页	1 日至 10 日		11 日至 20 日		21 日至 31 日		本月合计	
		借方	贷方	借方	贷方	借方	贷方	借方	贷方
合计									

(四) 科目汇总表账务处理程序优缺点及适用范围

科目汇总表账务处理程序优点是可以简化总分类账的登记工作,减轻了登记总分类账的工作量,并可做到试算平衡,简明易懂,方便易学。

科目汇总表账务处理程序缺点是科目汇总表不能反映账户对应关系,不便于查对账目。科目汇总表账务处理程序适用范围是经济业务较多的单位。(不用考虑经营规模)

五、选择账务处理程序

三种账务处理程序的共同点与主要区别、优点与缺点、适用范围与分录要求总结为表 6-18。

企业在选择账务处理程序时主要应考虑会计主体规模和业务特点,选择适用的账务处理程序。

表 6-18　账务处理程序的比较与选择

账务程序	记账凭证账务处理程序	汇总记账凭证账务处理程序	科目汇总表账务处理程序
共同点	1. 编制记账凭证的直接依据相同； 2. 登记明细分类账簿的直接依据相同； 3. 账账核对内容相同； 4. 编制会计报表的直接依据相同		
主要区别	根据记账凭证登记总账	根据汇总记账凭证登记总账	根据科目汇总表登记总账
优点	1. 简单明了，易于操作和掌握； 2. 总账详细反映经济业务情况，方便会计核对和查账	1. 简化了总账的记账工作； 2. 汇总记账凭证能够明确地反映账户间的对应关系，便于了解业务来龙去脉	1. 简化了总账的记账工作； 2. 科目汇总表可以进行试算平衡； 3. 科目汇总表的编制也比较简单，易于掌握
缺点	登记总账的工作量很大	1. 汇总记账凭证按每一个贷方科目归类汇总，不考虑经济业务的性质，不利于会计核算工作的分工； 2. 编制汇总记账凭证的工作量可能会较大	只反映科目借、贷发生额，不反映账户对应关系，不便于查对账目
适用范围	规模较小、经济业务量较少的单位	规模较大、经济业务量较多的单位	经济业务量较多的单位
分录要求	无特殊要求	"一借一贷"或者"多借一贷"	"一借一贷"

想一想

　　神禾公司原本是一家小规模的生产企业，经过几年的发展，已经成为规模较大、业务繁多的大型企业。随着业务量的增加，公司会计的工作量越来越大，总是加班加点也无法及时完成必要的会计工作。公司增加了会计人员，仍然无法很好地解决这个问题。于是，公司咨询了会计师事务所注册会计师，注册会计师在实地了解了神禾公司的会计工作流程后发现：该公司会计核算一直以来都是根据原始凭证填制记账凭证，根据记账凭证登记日记账、明细分类账，并逐笔登记总分类账。月末，按要求进行对账、编制会计报表。注册会计师指出，这样的会计核算组织程序在公司规模不大时是完全适用的，但由于公司规模变化、业务量增多，仍然沿用这种账务处理程序，特别是逐笔登记总分类账，必然会导致记账工作繁杂，无法提高工作效率。

　　问题：假设你是这位注册会计师，你会建议神禾公司采用何种账务处理程序，为什么？

　　解答要点：根据三种账务处理程序不同的适用范围，神禾公司确实已经不适用记账凭证账务处理程序了，而应该改用汇总记账凭证账务处理程序或者科目汇总表账务处理程序。

任务六 错账更正

一、错账查找的方法

在记账过程中,可能发生各种各样的差错,产生错账,如重记、漏记、数字颠倒、数字错位、数字记错、科目记错、借贷方向记反(反向)等,从而影响会计信息的准确性,应及时找出差错,并予以更正。错账查找的方法主要有以下几种。

(一)差数法

差数法是指按照错账的差数查找错账的方法。例如,在记账过程中只登记了会计分录的借方或贷方,漏记了另一方,从而形成试算平衡中借方合计与贷方合计不等。其表现形式是:借方金额遗漏,会使该金额在贷方超出;贷方金额遗漏,会使该金额在借方超出。对于这样的差错,可由会计人员通过与相关金额的记账核对来查找。

(二)尾数法

对于发生的角、分的差错可以只查找小数部分,以提高查错的效率。

(三)除2法

除2法是指以差数除以2来查找错账的方法。当某个借方金额错记入贷方(或相反)时,出现错账的差数表现为错误的2倍,将此差数除以2,得出的商即是反向的金额。

(四)除9法

除9法是指以差数除以9来查找错数的方法。适用于以下三种情况:

(1)将数字写小。例如,将600写为60,错误数字小于正确数字9倍。查找的方法是:以差数除以9后得出的商即为写错的数字,商乘以10即为正确的数字。上例差数540(600−60)除以9,商60即为错数,扩大10倍后即可得出正确的数字600。

(2)将数字写大。例如,将70写为700,错误数字大于正确数字9倍。查找的方法是:以差数除以9后得出的商为正确的数字,商乘以10后所得的积为错误数字。上例差数630(700−70)除以9后,所得的商70为正确数字,70乘以10(即700)为错误数字。

(3)邻数颠倒。如将89写为98,将24写为42等。颠倒的两个数字之差最小为1,最大为8(9−1),查找的方法是:将差数除以9,得出的商连续加11,直到找出颠倒的数字为止。如将89记为98,其差数为9。查找此错误的方法是,将差数除9得1,连加11后可能的结果为12、23、34、45、56、67、78、89。当发现账簿记录中出现上述数字时,则有可能正是颠倒的数字。

如果通过以上方法仍找不出错误,则有可能是记账凭证编制错误,以及几种错误交叉影响造成的,这就需要采用其他方法进行查找,主要有顺查法、逆查法、抽查法。

想一想

如果神禾公司的会计小王将一笔凭证借、贷方均漏记了,那么用以上方法可以查找出错误吗?

解答要点:如果一笔凭证的借贷方都漏记了,那么用以上方法是无法查找出错误的,因为借贷方的金额仍然是相等的。这时就需要采用顺查法、逆差法或抽查法将账簿记录和记账凭证进行逐笔核对,查找错误。

二、错账更正的方法

账簿记录发生错误,不准涂改、挖补、刮擦或者用药水消除字迹,不准重新抄写,必须按照下列方法进行更正。

(一) 划线更正法

在结账前发现账簿记录有文字或数字错误,而记账凭证没有错误,可以采用划线更正法。更正时,可在错误的文字或数字上划一条红线,原有字迹须仍能辨认,在红线的上方填写正确的文字或数字,并由记账及相关人员在更正处盖章,以明确责任。但应注意:更正时不得只划销错误数字,应将全部数字划销,并保持原有数字清晰可辨,以便审查。例如,将3 684.00 元误记为6 384.00 元,应先在 6 384.00 上划一条红线以示注销,然后在其上方空白处填写正确的数字,而不能只将前两位数字更正为"36";对于文字错误,可只划去错误的部分。

(二) 红字更正法

红字更正法,又称红字冲销法。它是用红字冲销原有记录后再予以更正的方法,主要适用于以下两种情况。

1. 记账凭证上会计科目或借贷方向错误引起的错账

更正的方法是:先用红字金额填写一张与原记账凭证完全相同的记账凭证,以示注销原记账凭证,日期填写编制红字凭证的实际日期,编号按当前凭证顺序编号,摘要注明"冲销×月×日×号错误凭证",并用红字金额登记入账。然后用蓝字填写一张正确的记账凭证,日期填写编制凭证的实际日期,编号按当前凭证顺序编号,摘要注明"更正×月×日×号错误凭证",并据以记账。两张凭证全部登记入账后,在原错误记账凭证的摘要栏内注明"已用×月×日×号凭证更正"。

【例6-2】神禾公司出纳提取备用金5 000 元。该企业会计分录误作为:

借:银行存款　　　　　　　　　　　　　　　　　　　　　　　5 000
　贷:库存现金　　　　　　　　　　　　　　　　　　　　　　　　　5 000

神禾公司更正时,应当用红字编制一张与原记账凭证完全相同的记账凭证,以示注销原记账凭证(□表示红字或冲销)。

借:银行存款　　　　　　　　　　　　　　　　　　　　　　　5 000
　贷:库存现金　　　　　　　　　　　　　　　　　　　　　　　　　5 000

然后用蓝字编制一张正确的记账凭证并记账,分录为:

借:库存现金　　　　　　　　　　　　　　　　　　　　　　　5 000
　贷:银行存款　　　　　　　　　　　　　　　　　　　　　　　5 000

2. 记账凭证上所记金额大于应记金额引起的错账

记账后发现记账凭证和账簿记录中会计科目和借贷方向无误,只是所记金额大于应记金额而引起的错账,更正的方法是:先按多记的金额用红字编制一张与原记账凭证应借、应贷科目完全相同的记账凭证,日期填写编制红字凭证的实际日期,编号按当前凭证顺序编号,摘要注明"冲销×月×日×号错误凭证多记金额",并用红字金额登记入账。然后在原错误记账凭证的摘要栏内注明"已用×月×日×号凭证更正"。

【例6-3】承[例3-2],科目选用无误,但金额误记为50 000元,则该企业的更正会计分录为:

借:银行存款　　　　　　　　　　　　　　　　　　　　　　45 000
　贷:库存现金　　　　　　　　　　　　　　　　　　　　　　45 000

(三) 补充登记法(又称补充更正法)

记账后发现记账凭证和账簿记录中会计科目、借贷方向无误,只是所记金额小于应记金额时,可以采用补充登记法。更正的方法是:按少记的金额用蓝字编制一张与原记账凭证应借、应贷科目完全相同的记账凭证,日期填写编制凭证的实际日期,编号按当前凭证顺序编号,摘要注明"补充×月×日×号错误凭证少记金额",并用蓝字登记入账。然后在原错误记账凭证的摘要栏内注明"已用×月×日×号凭证更正"。

【例6-4】启元公司向银行取得短期借款20 000元存入银行。

原记账凭证为:

借:银行存款　　　　　　　　　　　　　　　　　　　　　　 2 000
　贷:短期借款　　　　　　　　　　　　　　　　　　　　　　 2 000

然后按差额编制一张蓝字凭证。

借:银行存款　　　　　　　　　　　　　　　　　　　　　　18 000
　贷:短期借款　　　　　　　　　　　　　　　　　　　　　　18 000

提炼点睛

表6-19　错账更正方法解析表

更正方法	划线更正法	红字更正法	补充登记法
适用前提	编制的记账凭证正确无误,账簿登记发生错误	记账后发现,记账凭证的编制与账簿的登记均出现错误	记账后发现记账凭证的编制与账簿的登记均出现错误
错误情况	记账凭证无误,账簿中数字或文字书写错误	1. 记账凭证中会计科目或借贷方向错误; 2. 记账凭证中的会计科目无误,但所记金额大于应记金额	记账凭证中会计科目无误,所记金额小于应记金额

续表

更正方法	划线更正法	红字更正法	补充登记法
更正步骤	将错误文字或数字划一条红线表示注销,但必须使原有的字迹仍可辨认,并在划线上方用蓝字填写正确的文字或数字,由更正人员在更正处签章	第一步,先用红字编制一张与原来错误凭证相同的记账凭证,写明更正第几号记账凭证,并用红字登记入账,冲销原来的错误记录; 第二步,用蓝字编制一张正确的记账凭证,重新登记入账	用蓝字编制一张补充凭证,补充账户中少记金额,重新登记入账

★ 思政小课堂

一企业因内外两套账,被税务局稽查罚款

国家税务总局四川省税务局2021年对四川盛德房地产开发有限公司处以违法处罚,事由中明确提出:经查,你公司账务体系和财务运行模式分"外账""内账"两套进行财务核算,内账叫核对账,外账叫税务账。核对账反映了公司真实的资金使用情况、真实盈利及资金状况,税务账是少计了收入、虚增了成本的,所表现出来的是收入更少,成本更高,盈利更少,进而达到少缴税的目的。该公司通过在外账上少计收入、多列支出以及进行虚假的纳税申报,造成少缴税款合计 247 333 015.44 元。其公司法人向公司借款但未归还 175 302 099.66 元,且未用于企业生产经营,根据《财政部 国家税务总局关于规范个人投资者个人所得税征收管理的通知》规定,应代扣代缴个人所得税 35 060 419.93 元。根据《中华人民共和国征收管理法》第六十三条的规定:纳税人伪造、变造、隐匿、擅自销毁账簿、记账凭证,或者在账簿上多列支出或者不列、少列收入,或者经税务机关通知申报而拒不申报或者进行虚假的纳税申报,不缴或者少缴应纳税款的,是偷税。对纳税人偷税的,由税务机关追缴其不缴或者少缴的税款、滞纳金,并处不缴或者少缴的税款百分之五十以上五倍以下的罚款;构成犯罪的,依法追究刑事责任。扣缴义务人采取前款所列手段,不缴或者少缴已扣、已收税款,由税务机关追缴其不缴或者少缴的税款、滞纳金,并处不缴或者少缴的税款百分之五十以上五倍以下的罚款;构成犯罪的,依法追究刑事责任。

该公司此次补缴税款后需要缴纳的罚金最高将达到 6.1 亿元。此案的判决为那些企图偷逃税的企业敲响了警钟。随着金四系统的完善和上线,企业的所有外部交易和内部运营,都会一览无余地纳入税务系统的监控体系。"两套账"的风险也越来越大,被查后不仅需要补缴税款和滞纳金,以及巨额罚款,甚至可能面临刑事风险。依法纳税是公民和企业的义务,偷逃税是一种违法违纪行为,情节严重的将被判刑。对于会计人员,则会严重影响个人职业规划,五年内不能从事会计工作。一旦涉及刑事处罚,会被终身禁止从业。在依法治税和强制规范的治理时代与税收环境下,财务合规与税务合法才是公司财务的内控管理目标,也是企业持续健康发展的迫切需要。

本章总结

1. 登记会计账簿的基本要求：① 准确完整；② 注明记账符号；③ 书写留空；④ 正常记账使用蓝黑墨水笔；⑤ 特殊记账使用红色墨水笔；⑥ 顺序连续登记；⑦ 结出余额；⑧ 过次承前；⑨ 不得刮擦、涂改、挖补。

2. 登记日记账。按时间顺序逐日逐笔进行登记，每日结出余额，与库存现金或银行存款实存数核对，做到账实相符。

3. 登记明细分类账。不同的企业，明细分类账户的名称、内容、使用方法等会有所不同。为了满足企业记录经济业务的不同要求，明细分类账账页可以采用不同的格式，常用的有三栏式、数量金额式和多栏式。不同类型经济业务的明细分类账，可根据管理需要，依据记账凭证、原始凭证或汇总原始凭证逐日逐笔或定期汇总登记。固定资产、债权、债务等明细账应逐日逐笔登记；库存商品、原材料收发明细账以及收入、费用明细账可以逐笔登记，也可定期汇总登记。

4. 登记总分类账。总分类账中，应按照会计科目的编码顺序分设账户，最常用的格式为三栏式，设置借方、贷方和余额三个基本金额栏目。总分类账的记账依据和登记方法取决于企业采用的账务处理程序。既可以根据记账凭证逐笔登记，也可以根据经过汇总的科目汇总表或汇总记账凭证等登记。

5. 总账与明细账的平行登记。通过总分类账和明细分类账的平行登记，以及期末进行相互核对，可以及时发现错账并予以更正，从而保证账簿记录的准确性。总账与明细账平行登记的要点：① 依据相同；② 期间相同；③ 方向相同；④ 金额相等。

6. 在我国，常用的账务处理程序主要包括记账凭证账务处理程序、科目汇总表账务处理程序和汇总记账凭证账务处理程序。三种财务处理程序的主要不同之处在于：登记总分类账的依据和方法不同，与此相适应，总分类账的格式也不同。

7. 错账更正。错账查找的方法主要有以下几种：① 差数法；② 尾数；③ 除2法；④ 除9法。错账更正的方法：① 划线更正法；② 红字更正法；③ 补充登记法。

课前预习

一、判断题

1. 我国每个会计主体都采用普通日记账登记每日库存现金和银行存款的收付。（　　）

2. 多栏式明细账一般适用于资产类账户。（　　）

3. 三栏式账簿是指具有日期、摘要、金额三个栏目格式的账簿。（　　）

4. 记账凭证中会计账户、记账方向正确，但所记金额大于应记金额而导致账簿登记金额增加的情况，可采用补充登记法进行更正。（　　）

5. 由于记账凭证错误而造成的账簿记录错误，可采用划线更正法进行更正。（　　）

6. 凡是明细账都使用活页式账簿，以便于根据实际需要，随时添加空白账页。（　　）

7. 启用订本式账簿，除在账簿扉页填列"账簿启用和经管人员一览表"外，还要从第一页到最后一页顺序编写页数，不得跳页、缺号。（　　）

8. 各账户在一张账页记满时,应在该账页最后一行结出余额,并在"摘要"栏注明"转次页"字样。   (   )

9. 账簿中书写的文字和数字上面要留有适当空距,一般应占格距的二分之一,以便于发现错误时进行修改。   (   )

10. 会计账簿作为重要的经济档案,因保存期长,必须使用蓝色或黑色的笔书写。

(   )

11. 记账凭证账务处理程序直接根据记账凭证登记总账,易于理解,登记总分类账的工作量较小,适用于经营规模较大的企业。   (   )

12. 为了减轻登记总分类账的工作量,便于了解账户之间的对应关系,规模较大、经济业务较多的企业应该采用汇总记账凭证账务处理程序。   (   )

二、名词解释

平行登记   划线更正法   红字更正法   补充登记法

课后练习

一、单项选择题

1. 下列项目中,(   )是连接会计凭证和会计报表的中间环节。

A. 复式记账   B. 设置会计科目和账户

C. 设置和登记账簿   D. 编制会计分录

2. 更正错账时,划线更正法的适用范围是(   )。

A. 记账凭证上会计科目或记账方向错误,导致账簿记录错误

B. 记账凭证正确,在记账时发生错误,导致账簿记录错误

C. 记账凭证上会计科目或记账方向正确,所记金额大于应记金额,导致账簿记录错误

D. 记账凭证上会计科目或记账方向正确,所记金额小于应记金额,导致账簿记录错误

3. 下列应该使用多栏式账簿的是(   )。

A. 应收账款明细账   B. 管理费用明细账

C. 库存商品明细账   D. 原材料明细账

4. 下列应该使用三栏式账簿的是(   )。

A. 原材料明细账   B. 管理费用明细账

C. 库存商品明细账   D. 应收账款明细账

5. 下列选项中,(   )不属于总分类账与明细分类账的平行登记要求。

A. 依据相同   B. 方向相同

C. 时间相同   D. 金额相同

6. 神禾公司会计小王在记账时,误把凭证中的 5 000 元,写成了 500 元,经查记账凭证无误,那么他应该选用(   )来进行错账更正。

A. 划线更正法   B. 红字冲销法

C. 补充登记法   D. 涂改法

7. 最适合用于登记存货的账簿是(   )。

A. 两栏式   B. 三栏式

C. 多栏式　　　　　　　　　　　　　　D. 数量金额式

8. 多栏式明细分类账的格式视管理需要而呈多样化,"主营业务收入"账户应在(　　)设置多个专栏。

A. 借方　　　　　　　　　　　　　　　B. 贷方

C. 借方或贷方　　　　　　　　　　　　D. 借方和贷方

9. "管理费用"账户应采用多栏式明细分类账,应在(　　)设置多个专栏。

A. 借方　　　　　　　　　　　　　　　B. 贷方

C. 借方或贷方　　　　　　　　　　　　D. 借方和贷方

10. 账簿中书写的文字和数字上面要留有适当的空格,不要写满格,一般来讲,每位数字约占(　　)行位置。

A. 1/3　　　　　　B. 1/2　　　　　　C. 2/3　　　　　　D. 1

11. 下列不是常用的账务处理程序的是(　　)。

A. 原始凭证账务处理程序　　　　　　　B. 记账凭证账务处理程序

C. 汇总记账凭证账务处理程序　　　　　D. 科目汇总表账务处理程序

12. 不同账务处理程序的主要区别在于(　　)。

A. 登记总分类账户的依据不同　　　　　B. 会计凭证的传递方法不同

C. 登记明细分类账户的依据不同　　　　D. 会计分工不同

13. 直接根据记账凭证逐笔登记总分类账的账务处理程序是(　　)。

A. 记账凭证账务处理程序　　　　　　　B. 汇总记账凭证账务处理程序

C. 科目汇总表账务处理程序　　　　　　D. 日记总账账务处理程序

14. 科目汇总表是依据(　　)编制的。

A. 记账凭证　　　　　　　　　　　　　B. 原始凭证

C. 原始凭证汇总表　　　　　　　　　　D. 各种总账

15. 规模较小、业务量较少的单位适用(　　)。

A. 原始凭证账务处理程序　　　　　　　B. 记账凭证账务处理程序

C. 汇总记账凭证账务处理程序　　　　　D. 科目汇总表账务处理程序

二、多项选择题

1. 必须逐日结出余额的账簿是(　　)。

A. 库存现金总账　　　　　　　　　　　B. 银行存款总账

C. 库存现金日记账　　　　　　　　　　D. 银行存款日记账

2. 对于划线更正法,下列说法正确的是(　　)。

A. 划红线注销时必须使原有字迹仍可辨认

B. 对于错误的数字,应当全部划红线更正,不得只更正其中的错误数字

C. 对于文字错误,可只划去错误的部分

D. 对于错误的数字,可只更正其中错误的部分

3. 库存现金日记账属于(　　)。

A. 特征日记账　　　　　　　　　　　　B. 普通日记账

C. 订本账　　　　　　　　　　　　　　D. 活页账

4. 下列可以作为库存现金日记账借方登记依据的是（　　　）。

A. 库存现金收款凭证　　　　　　　　　B. 库存现金付款凭证

C. 银行存款收款凭证　　　　　　　　　D. 银行存款付款凭证

5. 对于红字更正法，下列说法正确的是（　　　）。

A. 由于记账凭证错误而导致的登记账簿错误，都必须使用红字更正法

B. 记账凭证上会计科目或借贷方向错误引起的错账，应该采用红字更正法

C. 记账凭证上会计科目无误，但是所记金额大于应记金额引起的错账，应该采用红字更正法

D. 记账凭证上会计科目无误，但是所记金额小于应记金额引起的错账，应该采用红字更正法

6. 在会计上，数字的颜色是重要的语素之一，下列哪些情况下可以用红色墨水笔记账（　　　）。

A. 按照红字冲账的记账凭证，冲销错误记录

B. 在不设借贷等栏的多栏式账页中，登记减少数

C. 在三栏式账户的余额栏前，如未印明余额方向的，在余额栏内登记负数余额

D. 根据国家统一的会计制度规定可以用红字登记的其他会计记录

7. 下列账户中，适合于采用数量金额式明细分类账簿的有（　　　）。

A. 主营业务收入　　　　B. 原材料　　　　　C. 库存商品　　　　　D. 生产成本

8. 总账与明细账平行登记的要点包括（　　　）。

A. 依据相同　　　　　B. 期间相同　　　　　C. 方向相同　　　　　D. 金额相等

9. 记账凭证账务处理程序、汇总记账凭证账务处理程序和科目汇总表账务处理程序应共同遵循的程序有（　　　）。

A. 根据原始凭证、汇总原始凭证和记账凭证登记各种明细分类账

B. 期末，库存现金日记账、银行存款日记账和明细分类账的余额与有关总分类账的余额核对相符

C. 根据记账凭证逐笔登记总分类账

D. 根据总分类账和明细分类账的记录，编制会计报表

10. 各种会计核算组织程序下，登记明细账的依据可能有（　　　）。

A 汇总记账凭证　　　　　　　　　　　B 记账凭证

C. 原始凭证　　　　　　　　　　　　　D 汇总原始凭证

三、判断题

1. 账簿与账户是形式与内容的关系。（　　　）

2. 无论分类账簿还是序时账簿，都需要以记账凭证作为记账依据。（　　　）

3. 出纳应在现金日记账每笔业务登记完毕，即结出余额，并与库存现金进行核对。（　　　）

4. 总账只进行金额核算，提供价值指标，不提供实物指标；而明细账有的只提供价值指标，有的既提供价值指标，又提供实物指标。（　　　）

5. 登记账簿时，发生的空行、空页一定要补充书写，不得注销。（　　　）

6. 序时账簿和分类账簿可结合在一本账簿中进行登记。　　　　　　　　（　　）

7. 采用划线更正法时，只要将账页中个别错误数码划上红线，再填上正确数码即可。　　　　　　　　　　　　　　　　　　　　　　　　　　（　　）

8. 补充登记法就是把原来未登记完的业务登记完毕的方法。　　　　　（　　）

9. 在会计核算中红笔一般只在画线、改错、冲账和表示负数金额时使用。（　　）

10. 在结账前，若发现登记的记账凭证科目有错误，必须用划线更正法予以更正。　　　　　　　　　　　　　　　　　　　　　　　　　　　（　　）

11. 编制会计报表是企业账务处理程序的组成部分。　　　　　　　　　（　　）

12. 所有的会计账务处理程序，第一步都是必须将全部原始凭证汇总编制为汇总原始凭证。　　　　　　　　　　　　　　　　　　　　　　　　　　　　　（　　）

四、思考题

1. 简述登记会计账簿的基本要求。

2. 试述三栏式库存现金日记账和银行存款日记账的登记方法。

3. 错账更正的方法有哪几种？各在什么情况下使用？

4. 简述总分类账户与明细分类账户的关系，并说明平行登记的要点。

五、综合实训

（一）库存现金日记账和银行存款日记账的登记

【目的】了解日记账的格式，熟悉日记账的内容，掌握日记账的登记要点，能够根据会计凭证登记现金日记账和银行存款日记账。

【资料】神禾公司 2023 年 8 月有关核算资料如下：

1. 8 月初库存现金日记账的余额为 1 800 元，银行存款日记账的余额为 258 000 元。

2. 8 月 3 日，签发现金支票 2 000 元，提取现金。

3. 8 月 5 日，以银行存款 8 000 元上缴上月税金。

4. 8 月 6 日，从银行提取现金 98 000 元，以备发放工资。

5. 8 月 6 日，以现金 98 000 元发放职工工资。

6. 8 月 12 日，以银行存款支付前欠中华工厂货款 25 000 元。

7. 8 月 16 日，以库存现金 800 元支付职工困难补助费。

8. 8 月 19 日，以银行存款支付广告费 3 000 元。

9. 8 月 23 日，以现金 300 元购买办公用品。

10. 8 月 28 日，以银行存款支付本月电话费 400 元。

11. 8 月 30 日，以银行存款 1 800 元支付本月水电费，其中：车间负担 1 000 元，厂部负担 800 元。

12. 8 月 30 日，收回长城公司所欠货款共计 50 000 元，款已收存银行。

13. 8 月 31 日，向银行取得为期 3 个月的借款 80 000 元，存入银行。

【要求】

（1）根据以上经济业务，逐笔编制有关会计分录，并按业务的发生顺序编号。

（2）根据编制的会计分录登记三栏式库存现金日记账和银行存款日记账（见表 6-20、表 6-21），并计算出本期发生额和期末余额。

表 6－20　库存现金日记账

年		凭证编号	摘要	对方科目	借　方										贷　方										借或贷	余　额									
月	日				千	百	十	万	千	百	十	元	角	分	千	百	十	万	千	百	十	元	角	分		千	百	十	万	千	百	十	元	角	分

表 6－21　银行存款日记账

年		凭证编号	结算凭证		摘要	对方科目	借　方										贷　方										借或贷	余　额									
月	日		种类	号数			千	百	十	万	千	百	十	元	角	分	千	百	十	万	千	百	十	元	角	分		千	百	十	万	千	百	十	元	角	分

（二）总账和明细账的登记

【目的】了解总账和明细账的格式,熟悉总账和明细账的内容,掌握登记账簿的要点,并练习总分类账与明细分类账的平行登记。

【资料】神禾公司"原材料"账户 2023 年 6 月 1 日余额为 36 500 元,其中:甲材料 650 千克,单价 20 元;乙材料 2 350 千克,单价 10 元。本月发生下列原材料收发业务:

1. 购入甲材料 480 千克,单价 20 元;乙材料 1 000 千克,单价 10 元。货款已付,材料已验收入库。

2. 仓库发出材料:生产产品领用甲材料 360 千克,领用乙材料 1 500 千克,车间一般消耗用甲材料 200 千克,行政管理部门领用乙材料 500 千克。

【要求】

(1) 编制本月发生经济业务的会计分录。

(2) 开设并登记原材料总分类账及其所属的明细分类账(见表 6-22~表 6-24)。

表 6-22 原材料总分类账

账户名称:

年		凭证编号		摘要	借方									贷方									借或贷	余额								
月	日	字	号		千	百	十	万	千	百	十	元	角	分	千	百	十	万	千	百	十	元	角	分		千	百	十	万	千	百	十	元	角	分

表 6-23 原材料明细分类账

部类: 存放地点: 单位: 规格: 品名:

年		凭证		摘要	借方			贷方			余额		
月	日	字	号		数量	单价	金额	数量	单价	金额	数量	单价	金额

表 6 - 24　原材料明细分类账

部类：　　　　　存放地点：　　　　　单位：　　　　　规格：　　　　　品名：

年		凭 证		摘 要	借 方			贷 方			余 额		
月	日	字	号		数量	单价	金额	数量	单价	金额	数量	单价	金额

（三）错账更正

【目的】熟悉错账更正的三种方法及适用范围，能够正确选择方法更正错账。

【资料】神禾公司部分账务处理如下：

1. 结转本月已售产品生产成本 30 000 元。

借：库存商品　　　　　　　　　　　　　　　　　　30 000

　　贷：生产成本　　　　　　　　　　　　　　　　　　30 000

2. 以库存现金 500 元购买厂部办公用品。

借：管理费用　　　　　　　　　　　　　　　　　　5 000

　　贷：库存现金　　　　　　　　　　　　　　　　　　5 000

3. 收到购货单位归还前欠货款 6 283.09 元。

借：银行存款　　　　　　　　　　　　　　　　　　6 283.09

　　贷：应收账款　　　　　　　　　　　　　　　　　　6 283.09

结账前发现企业应收账款明细账上登记为 6 238.09 元。

【要求】判断以上账务处理是否正确，如果有错误，请选择合适的更正方法进行更正。

项目四

期末对账与结账

知识框架

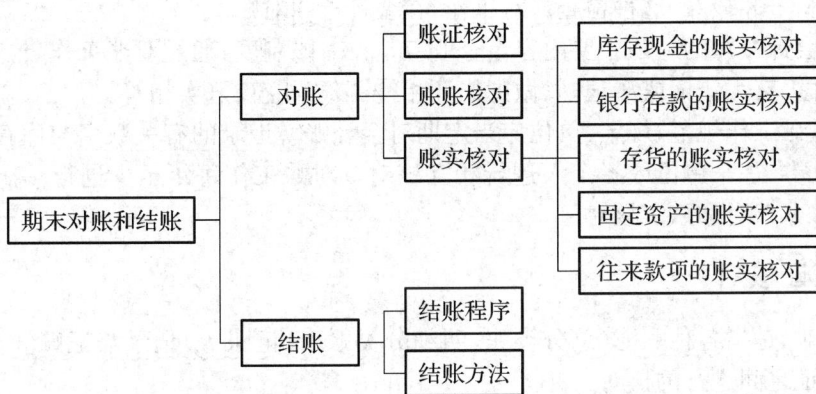

知识目标

1. 了解期末对账的含义；
2. 理解期末结账的基本要求和方法；
3. 掌握不同财产物资核对的程序和基本方法。

能力目标

1. 掌握账证、账账、账实核对的方法；
2. 能够按照规定程序进行期末结账；
3. 能够进行财产物资的账实核对，并进行相应账务处理。

思政目标

1. 培养学生认真严谨和举一反三的学习态度；
2. 培养学生遵守规章制度和求真务实的工作作风。

案例导引

神禾公司的财务部经理王远于 12 月 25 日提出需要进行财产清查，为编制会计报表做准备。经过总经理办公会同意，财务部会同物资保管部门、生产部门一起组织了 28—29 日的财产清查。通过清查发现，甲种材料盘盈 6 000 元，乙种材料盘亏 4 800 元，丁种材料有价值 800 元的毁损。请问财务部应该怎样进行账务处理？

在会计日常工作中，由于各种原因，难免存在记账差错或账实不符且没能及时发现的情况。因此,期末结账前要先对账,以保证账簿记录的正确性,进而为编制会计报表提供真实可靠的数据资料。期末对账工作包括账证核对、账账核对和账实核对,账簿记录经核对无误后,便可结账。对账与结账是会计期末工作中主要的业务活动。

对账与结账

任务一 对　账

对账就是核对账目。为了保证账簿记录的真实、正确、可靠,对账簿和账户所记录的有关数据进行检查和核对,这种检查核对工作,在会计上叫对账。

对账是会计核算的一项主要内容。企业应坚持对账制度,通过对账工作,检查账簿记录内容是否完整、有无错记或漏记,以做到账证相符、账账相符、账实相符。

《会计基础工作规范》规定:单位应当定期对会计账簿记录的有关数字与库存实物、货币资金、有价证券、往来单位或者个人进行相互核对。对账工作每年至少进行一次,具体包括账证核对、账账核对和账实核对。

一、账证核对

账证核对,是指各种账簿(总分类账、明细分类账、日记账等)记录与记账凭证及其所附带的原始凭证之间进行的核对。

由于会计账户是根据会计凭证登记的,两者之间存在勾稽关系,因此通过账证核对可以检查、验证会计账簿记录与会计凭证的内容是否一致,以保证账证相符。各单位应当定期或不定期地将会计账簿记录与其相应的会计凭证记录(包括时间、编号、内容、金额、记入方向等)逐项核对,检查是否一致。如有不符之处应当及时查明原因予以更正。保证账证相符是会计核算的基本要求之一,也是账账相符、账实相符和账表相符的基础。

由于账证逐笔核对工作量较大,账证核对一般采用抽查法,在平时编制记账凭证和记账工作中随时进行。若在月末发现总分类账试算不平衡、账账不符或账实不符等情况,仍应核对账证是否相符,且主要通过抽查与账账不符或账实不符有关的凭证进行。

使用会计电算化记账的,期末结账时,依然需要引出试算平衡表、发生额表等,对系统资料的相关性、准确性进行核对,确保系统生成的会计报表资料的准确、可靠。不过,与传统手工记账方式下进行的账证、账账核对相比,其核对基本由系统进行,更省时、省力。

二、账账核对

账账核对,是指对各种账簿之间的有关数据进行核对,以检查不同会计账簿记录是否相符。由于会计账簿之间相对应的记录存在内在联系,因此通过账账核对,可以检查、验证会计账簿记录的正确性,以便及时发现错账予以更正,保证账账相符。

账账核对包括总账的核对、总账与明细账核对、总账与日记账核对、会计部门的财产物资明细账与财产物资保管和使用部门的有关明细账核对等。具体方法如下:

(一)总分类账的核对

总分类账的核对主要包括三个方面的内容,可用公式表示如下:

全部总分类账户的期初借方余额合计＝全部总分类账户的期初贷方余额合计

全部总分类账户的本期借方发生额合计＝全部总分类账户的本期贷方发生额合计

全部总分类账户的期末借方余额合计＝全部总分类账户的期末贷方余额合计

以上核对通过编制"总分类账发生额及余额试算平衡表"进行,可从总体上检查总分类账记录的正确性。

（二）总分类账与明细分类账的核对

总分类账与明细分类账的核对主要包括四个方面的内容,可用公式表示如下：

总分类账户的期初余额＝所属明细分类账户的期初余额合计

总分类账户的本期借方发生额＝所属明细分类账户的本期借方发生额合计

总分类账户的本期贷方发生额＝所属明细分类账户的本期贷方发生额合计

总分类账户的期末余额＝所属明细分类账户的期末余额合计

以上核对通过编制"××账户与所属明细账发生额及余额核对表"进行,如表 7-1 所示。

表 7-1　原材料账户与所属明细账发生额及余额核对表

2023 年 6 月 30 日　　　　　　　　　　　　　　　　单位:元

账户名称	期初余额		本期发生额		期末余额	
	借方	贷方	借方	贷方	借方	贷方
原材料总账	15 000		26 000	30 000	11 000	
原材料所属明细账合计	15 000		26 000	30 000	11 000	
甲材料	3 000		10 000	8 000	5 000	
乙材料	7 000		9 000	12 000	4 000	
丙材料	5 000		7 000	10 000	2 000	

（三）总分类账与日记账的核对

库存现金、银行存款总分类账的本期发生额和期末余额应与库存现金、银行存款日记账的本期发生额和期末余额核对相符。此项核对主要检查库存现金、银行存款总分类账和库存现金、银行存款日记账双方的记账内容、记账方向及金额是否一致,若不一致,再进一步查找原因。

（四）明细分类账之间的核对

会计部门有关财产物资明细分类账的余额,应与财产物资保管和使用部门经管的有关明细分类账的余额核对相符。此项核对一般是将会计部门各财产物资明细分类账的期末结存数量与金额,直接与财产物资保管和使用部门经管的有关明细分类账的期末结存数量与金额核对,若不相符,再进一步查找原因。

三、账实核对

账实核对,是指各种财产物资的账面余额与实存数额相互核对,以检查会计账簿记录与各种财产物资实有数额是否相符。账实核对的内容很多,主要包括库存现金日记账账面余额与库存现金实际库存数相核对,银行存款日记账账面余额与银行对账单相核对,存货明细账账面余额与存货实存数额相核对,固定资产明细账账面余额与固定资产实存数额相核对,各种应收、应付款明细账账面余额与有关债务、债权单位或者个人相核对等。

下面介绍几种典型财产物资的账实核对方法及账务处理。

(一) 库存现金的账实核对及账务处理

1. 库存现金的账实核对

库存现金的账实核对是指通过实地盘点的方法来确定库存现金的实存数,将其实存数与库存现金日记账的账面余额进行核对,以检查库存现金是否账实相符。

库存现金的账实核对主要包括两种情况:一是由出纳员每日清点库存现金的实存数,并与库存现金日记账的账面余额进行核对,即"日清"。这种方法省时省力,但不够严密,容易出现漏洞。二是由清查小组对库存现金进行定期或不定期的清查,具体操作如下:

(1) 清查前,出纳员先将库存现金收、付业务全部登记入账,并结出余额。

(2) 清查盘点时,出纳员必须在场,将库存现金逐张清点,查明是否账实相符。同时还要查明有无违反库存现金管理制度规定的现象,如有无"白条抵库""坐支"等违规现象,库存现金是否超过银行核定的限额等。

(3) 清点结束后,清查人员填写库存现金盘点报告表,并由清查人员、出纳员及有关负责人签章。库存现金盘点报告表是反映库存现金实有数和调整账簿记录的重要原始凭证,其格式如表7-2所示。

表7-2　库存现金盘点报告表

年　月　日

单位名称:				
实存金额	账存金额	盈亏情况		备　注
		盘盈数	盘亏数	
处理意见:				

主管:　　　　　　　会计:　　　　　　　　　　　出纳:

坐支现金就是从单位收入的现金中直接支付现金。《现金管理暂行条例》第十一条第二款:"开户单位支付现金,可以从本单位库存现金限额中支付或者从开户银行提取,不得从本单位的现金收入中直接支付(即坐支)。因特殊情况需要坐支现金的,应当事先报经开户银行审查批准,由开户银行核定坐支范围和限额。坐支单位应当定期向开户银行报送坐支金额和使用情况。"

白条抵库,又称白条顶库。所谓白条,是指行为人开具或索取不符合正规凭证要求的发货票和收付款项证据。白条抵库主要操作手法如下:

（1）打白条子，即以个人或单位的名义，在白纸上书写证明收支款项或领发货物的字样，作为发票来充当原始凭证。

（2）以收据代替发票，只开具收据来证明此项经济业务的发生，而不开发票，以避免税务机关的检查而偷逃税款。

（3）不按发票规定用途使用发票，如以零售、批发商业发票来代替饮食服务行业发票。

（4）不按发票规定要求开具发票。

2. 库存现金账实不符的账务处理

（1）账户设置。为反映和监督企业在账实核对中查明的各种财产物资的盘盈、盘亏及处理情况，应设置"待处理财产损溢"账户。该账户是资产类账户，借方登记发生的盘亏及毁损数和结转已批准处理的盘盈数，贷方登记发生的盘盈数和结转已批准处理的盘亏及毁损数。其借方余额表示尚未处理的财产净损失，贷方余额表示尚未处理的财产净溢余。该账户期末应无余额，在期末无论是否批准，都要将余额全部转销，若经批准后处理的金额与原转销的金额不一致的，再调整会计报表有关项目的年初数。该账户设置"待处理固定资产损溢"和"待处理流动资产损溢"两个明细账户。

（2）库存现金盘盈的账务处理。盘盈的库存现金，在报经有关领导审批之前，根据库存现金盘点报告表，借记"库存现金"账户，贷记"待处理财产损溢"账户。经批准后，根据盘盈的原因及批准处理意见，分别做如下账务处理：属于应支付给有关人员或单位的现金长款，借记"待处理财产损溢"账户，贷记"其他应付款"账户；属于无法查明原因的现金长款，借记"待处理财产损溢"账户，贷记"营业外收入"账户。

【例7-1】神禾公司在现金清查中发现库存现金溢余500元，无法查明原因。

在报经批准前，编制会计分录如下：

借：库存现金　　　　　　　　　　　　　　　　　　　　500
　　贷：待处理财产损溢——待处理流动资产损溢　　　　　　　　500

在报经批准后，转为营业外收入处理。编制会计分录如下：

借：待处理财产损溢——待处理流动资产损溢　　　　　　500
　　贷：营业外收入——现金溢余　　　　　　　　　　　　　　500

（3）库存现金盘亏的账务处理。盘亏的库存现金，在报经有关领导审批之前，根据库存现金盘点报告表，借记"待处理财产损溢"账户，贷记"库存现金"账户。经批准后，根据盘亏的原因及批准处理意见，分别做如下账务处理：属于应由出纳个人或保险公司赔偿的现金短款，借记"其他应收款"账户，贷记"待处理财产损溢"账户；属于无法查明原因的现金短款，借记"管理费用"账户，贷记"待处理财产损溢"账户。

【例7-2】神禾公司在现金清查中发现库存现金短缺350元，经查属于出纳员李明的责任，应由其赔偿。

在报经批准前，编制会计分录如下：

借：待处理财产损溢——待处理流动资产损溢　　　　　　350
　　贷：库存现金　　　　　　　　　　　　　　　　　　　　350

在报经批准后，编制会计分录如下：

借:其他应收款——李明   350

贷:待处理财产损溢——待处理流动资产损溢   350

练 一 练

神禾公司进行库存现金清查,发现实存数小于账面余额 1 000 元,该短缺无法查明原因。请做出相应账务处理。

练习提示:

无法查明原因的现金短缺计入"管理费用",而非"营业外支出"。注意和无法查明原因的现金溢余区别开来。

在报经批准前,编制会计分录如下:

借:待处理财产损溢——待处理流动资产损溢   1 000

贷:库存现金   1 000

在报经批准后,编制会计分录如下:

借:管理费用   100

贷:待处理财产损溢——待处理流动资产损溢   1 000

提 炼 点 睛

库存现金账实不符的账务处理要点:

1. 批准前的账务处理思路

借助"待处理财产损溢"账户调整为账实相符,注意调账不调实。

2. 批准后的账务处理思路

转销"待处理财产损溢"账户,根据批准处理意见计入相应的对方科目。

库存现金盘亏:责任人应赔偿的计入"其他应收款"账户;无法查明原因的记入"管理费用"账户。

库存现金盘盈应支付给相关人员的计入"其他应付款"账户;无法查明原因的计入"营业外收入"账户。

(二)银行存款的账实核对及账务处理

银行存款的账实核对是将企业的银行存款日记账与银行出具的对账单逐笔核对,以检查账款是否相符。

企业银行存款日记账和银行对账单至少每月核对一次,如果两者余额不一致,其原因可能有两个:一是企业和银行任何一方或双方记账错误;二是出现未达账项。所谓未达账项,是指由于结算凭证在企业与银行之间传递入账时间不一致,出现一方收到凭证并已入账而另一方因尚未收到凭证未能入账的款项。未达账项一般包括以下四种情况:

(1)企业已经收款入账,银行尚未入账的款项。

(2)企业已经付款入账,银行尚未入账的款项。

(3)银行已经收款入账,企业尚未入账的款项。

（4）银行已经付款入账，企业尚未入账的款项。

企业与银行对账时，应首先检查是否存在未达账项。如有未达账项存在，编制银行存款余额调节表进行调整，清除未达账项的影响，以便检查双方记账有无差错。

编制银行存款余额调节表时，企业与银行双方都补记对方已入账而自己未入账的未达账项，调整后看双方余额是否相等。银行存款余额调节表格式如表 7-3 所示。

表 7-3 银行存款余额调节表

银行账户： 年 月 日 账号：

企业日记账余额		银行对账单余额	
加：(2)银行已收，企业未收的款项		加：(1)企业已收，银行未收的款项	
减：(4)银行已付，企业未付的款项		减：(3)企业已付，银行未付的款项	
调整后余额		调整后余额	

> **想一想**
>
> 如何通过企业的银行存款日记账与银行转来的对账单查找未达账项？
>
> **解答要点**：银行存款对企业来讲是资产，对银行来讲是负债，因此，将企业银行存款日记账的借方与银行对账单的贷方核对，据此查找企业已收而银行未收和银行已收而企业未收的款项；将企业银行存款日记账的贷方与银行对账单的借方核对，据此查找企业已付银行未付和银行已付企业未付的款项。

【例 7-3】神禾公司在工商银行的账户在 2023 年 1 月 31 日的银行存款日记账余额为 15 681 元，工商银行提供的银行对账单的余额为 25 233 元，经逐笔核对发现如下未达账项：

（1）公司 1 月 31 日送存银行的兴华公司开来的偿还购货款的转账支票 8 386 元，银行尚未入账。

（2）公司委托银行代收明达公司货款 6 638 元，银行收妥后已经入账，公司因未收到银行的收账通知而尚未入账。

（3）公司已经于 1 月 30 日签发 063 号转账支票（金额为 11 368 元）向三丰公司支付购货款并已经登记入账；因收款单位尚未到银行办理转账手续，银行尚未入账。

（4）银行 1 月份收取的手续费 68 元已经在对账单上扣除，企业尚未扣除。

根据以上未达账项，出纳人员编制银行存款余额调节表，如表 7-4 所示。

表 7-4 银行存款余额调节表

银行账户：人民币户 2023 年 1 月 31 日 账号：100201

企业日记账余额	15 681	银行对账单余额	25 233
加：(2)银行已收，企业未收的款项	6 638	加：(1)企业已收，银行未收的支票款	8 386
减：(4)银行已付，企业未付的手续费	68	减：(3)企业已付，银行未付的支票款	11 368
调整后余额	22 251	调整后余额	22 251

如果经银行存款余额调节表调整后，企业银行存款日记账余额和银行对账单余额相等，

则说明双方记账无差错;如果经银行存款余额调节表调整后,企业银行存款日记账余额和银行对账单余额仍不相等,则说明一方或双方记账有差错,应进一步查找。

需要说明的是,编制银行存款余额调节表只是为了核对账目,银行存款余额调节表不是据以编制记账凭证的原始凭证,即不能根据银行存款余额调节表编制会计分录或调整银行存款账面记录。对于未达账项,须等待接到有关凭证后,才能据以记账。

(三)存货的账实核对及账务处理

1. 存货的账实核对

由于存货的种类很多,不同存货的实物形态、体积重量、堆放方式、堆放地点等各不相同,所以不同存货的账实核对方法也不相同。常用的存货账实核对方法有以下两种:

(1)实地盘点法。实地盘点法就是对各种存货逐一盘点或通过计量仪器来确定其实存数量。这种方法易于操作、数字准确,但工作量较大。大多数存货的账实核对都采用这种方法。

(2)技术推算法。技术推算法就是对那些大量的、成堆的存货,采用量方、计尺等技术方法,通过推算来确定其实存数量。这种方法主要适用于一些体积较大、不易搬动和逐一清点的存货,如堆放的煤、粮食等。

需要说明的是,清点存货时,除了确定实存数量外,还要检查其质量及保管上是否存在问题。存货清点完毕后,须如实填写盘存单,编制实存账存对比表,并由盘点人员和保管人员签章,以明确经济责任。盘存单是记录存货盘点结果的原始凭证,其格式如表7-5所示。

表7-5　盘存单

单位名称:　　　　盘点时间:　　　　编号:　　　　财产类别:　　　　存放地点:

编　号	名　称	计量单位	数　量	单　价	金　额	备　注

盘点人名称:　　　　　　　　　　　　保管人签章

根据盘存单和有关会计账簿的记录,编制账存实存对比表,以确定实物资产的盘盈或盘亏情况。账存实存对比表是反映实物资产的账存实存差异、调整账簿记录的重要原始凭证,其格式如表7-6所示。

表7-6　账存实存对比表

单位名称:　　　　　　　　　年　月　日

编号	类别及名称	计量单位	单价	实存		账存		对比结果				备　注
				数量	金额	数量	金额	盘　盈		盘　亏		
								数量	金额	数量	金额	

在实际工作中,账存实存对比表通常只列账实不符的财产物资,主要反映财产物资的盘盈、盘亏情况。

知识拓展

财产物资的盘存制度

财产物资的盘存制度有两种,即"永续盘存制"和"实地盘存制"。在不同的盘存制度下,企业各项财产物资的记录和盘点方法是不同的。

1. 永续盘存制。永续盘存制又称账面盘存制,它是通过设置财产物资明细分类账,逐日逐笔登记各项财产物资的收入、发出和结存情况的一种核算方法。采用这种方法,在财产物资明细分类账中,要根据有关会计凭证连续登记增加数和减少数,同时结出账面结存数。其计算公式如下:

账面结存数＝原结存数＋本次增加数－本次减少数

这种盘存制度要求财产物资的进出都有严密的手续,便于加强会计监督;在有关账簿中对财产物资的进出进行连续登记,且随时结出账面结存数,便于掌握财产物资占用情况及其动态,有利于加强财产物资管理;明细分类账的结存数量,可以通过盘存与实存数进行核对,如果发生溢余或短缺,可查明原因及时纠正。其不足之处在于,财产物资明细分类核算工作量较大,需要消耗较多的人力和财力。

由于永续盘存制在控制和保护财产物资安全方面有优势,所以在实际工作中,除少数特殊情况外,多数企业都采用永续盘存制。

2. 实地盘存制

实地盘存制又称"以存计耗制""定期盘存制",它是指在期末通过盘点来确定财产物资的结存数量,并据以计算结存成本和倒挤出本期销售(或耗用)成本的一种核算方法。采用这种方法,平时只根据会计凭证在财产物资明细分类账中登记财产物资的增加数,不登记减少数。到月末,对各项财产物资进行盘点,根据实地盘点确定的实存数,倒挤出本月各项财产物资的减少数。其计算公式如下:

本期减少数＝期初结存数＋本期增加数－期末结存数

根据以上计算公式倒挤出的本期减少数,再登记有关账簿。所以,每月末对各项财产物资进行实地盘点的结果是计算本期财产物资减少数的依据。

实地盘存制简化了平时的记账工作,但不能在账面上及时反映财产物资的收、发、存情况,不能及时提供财产物资管理所需的各种信息。此外,有可能将财产物资的短缺、毁损数也包含在减少数中,不利于财产物资的管理,影响会计资料的真实、正确。由于实地盘存制存在如此多的缺点,它一般适用于单价低、品种杂、进出比较频繁的材料物资,以及损耗大、数量不稳定的鲜活商品。

2. 存货账实不符的账务处理

(1) 存货盘盈的账务处理。企业盘盈的存货通常是由企业日常收发计量或计算上的差错所造成的。盘盈的存货,在报经有关领导审批之前,先根据账存实存对比表等资料,借记"原材料""库存商品"等账户,贷记"待处理财产损溢"账户。按规定手续报经批准后,借记"待处理财产损溢"账户,贷记"管理费用"账户。

【例7-4】神禾公司在存货账实核对中,盘盈原材料1 000元。

批准前根据实存账存对比表确定的库存商品盘盈数,做如下会计分录:

借:原材料   1 000

  贷:待处理财产损溢——待处理流动资产损溢   1 000

上述盘盈库存商品,经查明原因,批准冲减管理费用。根据批准的处理意见,做如下会计分录:

借:待处理财产损溢——待处理流动资产损溢   1 000

  贷:管理费用   1 000

(2)存货盘亏的账务处理。企业盘亏的存货,在报经有关领导审批之前,先根据实存账存对比表等资料,借记"待处理财产损溢"账户,贷记"原材料""库存商品"等账户。报经批准后,根据盘亏的原因及批准处理意见,分别做如下账务处理:对于入库的残料价值,借记"原材料"等账户,贷记"待处理财产损溢"账户;对于应由保险公司和过失人支付的赔款,借记"其他应收款"账户,贷记"待处理财产损溢"账户。扣除残料价值和应由保险公司、过失人赔款后的净损失,属于一般经营损失的部分,借记"管理费用"账户,贷记"待处理财产损溢"账户;属于非常损失的部分,借记"营业外支出"账户,贷记"待处理财产损溢"账户。

【例7-5】神禾公司在存货账实核对中,盘亏库存商品5 000元。

批准前,根据实存账存对比表确定的库存商品盘亏数,做如下会计分录:

借:待处理财产损溢——待处理流动资产损溢   5 000

  贷:库存商品   5 000

上述库存商品经批准做如下处理:库存商品盘亏中有1 000元为定额内损耗,列为管理费用;另4 000元属于自然灾害造成的非常损失,其中保险公司赔偿2 500元,其余1 500元列为营业外支出。

根据批准的处理意见,做如下会计分录:

借:管理费用   1 000

  其他应收款——保险公司   2 500

  营业外支出   1 500

  贷:待处理财产损溢——待处理流动资产损溢   5 000

提炼点睛

存货账实不符的账务处理要点如下:

1. 批准前的账务处理思路

借助"待处理财产损溢"账户调整为账实相符,注意调账不调实。

2. 批准后的账务处理思路

转销"待处理财产损溢"账户,根据批准处理意见计入相应的对方科目。

存货盘亏时,残料收入记入"原材料"账户,应赔偿部分计入"其他应收款"账户,一般损失计入"管理费用"账户,非常损失计入"营业外支出"账户;存货盘盈属于收发计量差错的记入"管理费用"账户。

（四）固定资产的账实核对及账务处理

1. 固定资产的账实核对

固定资产的账实核对通常采用实地盘点的方法,即将固定资产卡片上的记录情况与固定资产实物逐一核对。根据核对中发现的盘盈、盘亏情况,清查人员要编制固定资产盘盈、盘亏报告单,其格式如表 7-7 所示。

表 7-7　固定资产盘盈、盘亏报告单

部门:　　　　　　　　　　　　　年　月　日

编号	名称	规格及型号	盘 盈			盘 亏			毁 损			备 注
			数量	重置价值	累计折旧	数量	重置价值	累计折旧	数量	重置价值	累计折旧	
处理意见		审批部门			清查小组				使用保管部门			

盘点人签章:　　　　　　　　　　　清查人员签章:

2. 固定资产账实不符的账务处理

(1) 固定资产盘盈的账务处理。盘盈的固定资产,应作为前期差错处理,在按管理权限报经批准处理前应先通过"以前年度损益调整"账户核算,按同类或类似固定资产的市场价格,减去按该项固定资产的新旧程度估计的价值损耗后的余额,借记"固定资产"账户,贷记"以前年度损益调整"账户。批准处理后,借记"以前年度损益调整"账户;按所得税率计算应交的所得税,贷记"应交税费——应交所得税"账户;按提取的盈余公积,贷记"盈余公积——法定盈余公积"账户;其余贷记"利润分配——未分配利润"账户。

(2) 固定资产盘亏的账务处理。盘亏的固定资产,报经批准处理前,按其账面净值,借记"待处理财产损溢"账户;按已提折旧,借记"累计折旧"账户;按固定资产原值,贷记"固定资产"账户。批准转销时,由过失人和保险公司赔偿的部分,借记"其他应收款"账户,其余部分借记"营业外支出"账户;贷记"待处理财产损溢"账户。

【例 7-6】 神禾公司在年末对固定资产进行盘查时,发现丢失一台电机。该设备原价 100 000 元,已计提折旧 50 000 元。经查,设备丢失的原因在于设备管理员看守不当。经董事会批准,由设备管理员赔偿 15 000 元。

批准处理前,根据固定资产盘盈、盘亏报告单,做如下会计分录:

借:待处理财产损溢——待处理非流动资产损溢　　　　　　　　　50 000
　　累计折旧　　　　　　　　　　　　　　　　　　　　　　　50 000
　　贷:固定资产　　　　　　　　　　　　　　　　　　　　　　　　100 000

批准处理后,根据批复意见,做如下会计分录:

借:其他应收款　　　　　　　　　　　　　　　　　　　　　　15 000
　　营业外支出　　　　　　　　　　　　　　　　　　　　　　35 000

　　　　贷:待处理财产损溢——待处理非流动资产损溢　　　　　　　　　　50 000

(五)往来款项的账实核对及账务处理

1. 往来款项的账实核对

往来款项的账实核对一般采用发函询证的方法进行。具体步骤如下:

(1)将往来款项的全部结算凭证登记入账,并核对账户记录,保证无误。

(2)编制一式两份的往来款项对账单,寄往各有关往来单位,其中一联作为回单。如对方核对相符,则可在回联单注明"核对无误"并加盖公章退回;如对方核对有误,则需注明不符情况,或另附对账单退回清查单位,双方进一步查明原因,直至相符为止。

(3)收到上述回单后,编制往来款项清查表。

往来款项对账单和往来款项清查表的格式如图7-1和表7-8所示。

×××单位:

你单位2023年5月16日在我公司购入甲材料1 000千克,货款12 800元尚未支付,请核对后将回联单寄回。

清查单位:(盖章)

2023年12月25日

沿此虚线裁开,将以下回联单寄回!

- -

往来款项对账单(回联)

×××清查单位:

你单位寄来的"往来款项对账单"已收到,经核对相符无误。

单位:(盖章)

2023年12月29日

图7-1　往来款项对账单

表7-8　往来款项清查表

总账名称:　　　　　　　　　　年　月　日

明　细　账		清　查　结　果			核对不符的原因			备　注
名　称	账面余额	核对相符金额	核对不符金额	未达账项金额	有争议款金额	其　他		

2. 往来款项账实不符的账务处理

往来款项的账实核对中,若发现无法收回的应收账款,报经批准后列作管理费用或冲减已提取的坏账准备;若有无法支付的应付账款,报经批准后转作营业外收入。

【例7-7】神禾公司在往来款项的核对中,发现有无法收回的应收账款2 000元,报经批准后冲减坏账准备。账务处理如下:

　　借:坏账准备　　　　　　　　　　　　　　　　　　　　　　　　　2 000

　　　　贷:应收账款　　　　　　　　　　　　　　　　　　　　　　　　　2 000

通过上述对账工作,做到账证相符、账账相符和账实相符,可使会计核算资料真实、正确、可靠。

练一练

神禾公司在往来款项的核对中,发现有无法支付的应付账款3 000元,报经批准后转作营业外收入。请进行账务处理。

练习提示:

若有无法支付的应付账款,报经批准后转作营业外收入。

借:应付账款   3 000

    贷:营业外收入   3 000

想一想

为什么账表核对不属于对账的范围?

解答要点:对账就是核对账目,包括账证核对、账账核对、账实核对。表即报表,由于会计报表是根据会计账簿记录及有关资料编制的,因此会计报表不能起对账的作用。

提炼点睛

表7-9 财产物资盘盈盘亏应计科目

财产物资	盘 盈	盘 亏
现金	其他应付款(未支付的)	其他应收款(责任人赔偿)
	营业外收入(未查明原因)	管理费用(未查明原因)
存货	管理费用(计量不准、收发错误)	其他应收款(有责任人)
		管理费用(合理损耗、原因不明)
		营业外支出(自然灾害)
固定资产	以前年度损益调整	其他应收款(有责任人)
		营业外支出(单位承担)
往来款项	营业外收入(无法支付)	坏账准备(无法收回)

任务二 结 账

结账,是在把一定时期(月度、季度、年度)内发生的全部经济业务登记入账的基础上,计算并记录每个账户的本期发生额和期末余额,对该期间的经济活动进行总结的账务工作。按时结账有利于及时、正确地确定当期经营成果,了解会计期间的财务状况,为编制报表提供依据。结账的内容通常包括两个方面:一是结清各损益类账户,并据以计算确定本期利润;二是结清各资产、负债和所有者权益类账户,分别结出本期发生额合计和余额。期末结账工作的主要任务是:在本期发生的经济业务全部入账的基础上,期末结计出所有账户的本期发生额及余额,取得本期财务状况及经营成果的核算资料,为编制会计报表提供依据。

一、结账的程序

(1) 将本期发生的经济业务事项全部登记入账,并保证其正确性;如果发现有漏记、错记,应当及时补记或者更正。

(2) 根据权责发生制的要求,调整有关账项,合理确定本期应计的收入和应计的费用。

(3) 结转收入和费用类账户。将当期实现的销售收入和发生的费用及时结转计入"本年利润"账户;通过清查盘点发现的财产物资溢缺按有关规定在"待处理财产损溢"及相关账户进行反映。

(4) 结算出资产、负债和所有者权益账户的本期发生额和余额,并结转下期。

完成上述几项工作后,就可以根据各账户的本期发生额及期末余额,并根据总分类账和明细分类账的本期发生额和期末余额记录,分别进行试算平衡。

二、结账的方法

不同账户、不同时期的结账方法不同,分别介绍如下。

(一)日记账的结账

库存现金日记账和银行存款日记账要按日结出余额,按月结计本月发生额,但不需要结计本年累计发生额。

1. 日结

日结可自然进行,即每日的最后一笔自然结出当日余额,不必另起一行。日结也可以逐笔结出余额,或者每隔几笔结出一次余额。

2. 月结

月结是在本月最后一笔记录下面划一条通栏单红线,并在下一行的摘要栏中用红字居中书写"本月合计",同时在该行结出本月发生额合计及余额;然后,在"本月合计"行下面再划一条通栏单红线,如表 7-10 所示。

表 7-10 银行存款日记账

| 2023 年 | | 凭证编号 | 摘 要 | 借 方 | 贷 方 | 借或贷 | 余 额 |
月	日						
			上年结转			借	12 000
1	10	12	支付货款		7 000	借	5 000
	20	23	汇来货款	20 000		借	25 000
	31	50	代付运费		1 000	借	24 000
	31		本月合计	20 000	8 000	借	24 000

(注:"摘要"栏中的本月合计下方的横线为通栏单红线。)

3. 年结

年末结账时,在12月份"本年累计"行下面划通栏双红线,表示封账,如表7-11所示。

表 7-11　银行存款日记账

| 2023年 | | 凭证编号 | 摘要 | 借方 | 贷方 | 借或贷 | 余额 |
月	日						
1	1 5 10 19	(略)	上年结转 ⋯⋯ ⋯⋯ ⋯⋯	300 000 60 000	225 000	借 借 借 借	56 000 356 000 416 000 191 000
	31		本月合计	360 000	225 000	借	191 000
			⋯⋯	⋯⋯	⋯⋯		⋯⋯
3	31		本月合计	260 000	211 000	借	170 000
			⋯⋯	⋯⋯	⋯⋯		⋯⋯
12	31		本月合计	⋯⋯	⋯⋯	借	⋯⋯
			本年累计	2 650 000	2 570 000		136 000

(注:"摘要"栏中的本年累计下方的横线为通栏双红线。)

(二)明细账的结账

1. 月结

明细账在月结时应区别以下几种情况:

(1) 本月没有发生额的账户,不必进行月结(不划结账线)。

(2) 不需按月结计本月发生额的账户,如各项应收、应付款及各项财产物资明细账等,每次记账都要随时结出余额,在月末最后一笔业务结出余额后,只需在本月最后一笔记录下面划一条通栏单红线,表示"本月记录到此结束"。

(3) 需要按月结计本月发生额的账户,如生产成本、制造费用及各损益类明细账等,都要结计"本月合计",具体结账方法与库存现金、银行存款日记账的月结方法相同。

(4) 需要结计本年累计发生额的账户,如损益类明细账等,要按月结出本年累计发生额,在"本月合计"行下结出自年初至本月末止的累计发生额,登记在月份发生额下面,"摘要"栏内注明"本年累计",并在下面划一条通栏单红线。

2. 年结

年末各账户按前述方法进行月结的同时,在各账户的本年最后一笔记录下面划通栏双红线,表示"年末封账",如表7-12所示。

表7-12 **主营业务收入——甲产品** 明细分类账

2023年		凭证编号	摘 要	借 方	贷 方	借或贷	余 额
月	日						
12	12		承前页		8 000	贷	8 000
	23	45	南方公司现购		6 000	贷	14 000
	31	90	结转本月收入	14 000		平	0
	31		本月合计	14 000	14 000	平	0
	31		本季合计	275 000	275 000	平	0
			本年累计	1 263 000	1 263 000	平	0

(注："摘要"栏中的本年累计下方的横线为通栏双红线。)

（三）总账的结账

1. 月结

总账账户月末一般可不结计"本月合计"，只需结计月末余额。结出月末余额后，只需在本月最后一笔记录下面划一条通栏单红线，表示"本月记录到此结束"。但若是需要结计"本月合计"及本年累计发生额的账户，如损益类账户，其结账方法与上述明细账所述结账方法相同。

2. 年结

年终结账时，为了反映全年各项资产、负债及所有者权益增减变动的全貌，便于核对账目，要将所有总账账户结计全年发生额和年末余额，在"摘要"栏内注明"本年合计"字样，并在合计数下划通栏双红线，如表7-13所示。

表7-13 **应交税费** 总分类账

2023年		凭证编号	摘 要	借 方	贷 方	借或贷	余 额
月	日						
1	1		上年结转			贷	1 000
	10	汇1	1—10日汇总	70 000	78 000	贷	9 000
	20	汇2	11—20日汇总	26 000	30 000	贷	13 000
	31	汇3	21—31日汇总	41 000	28 000	平	0
	31		本月合计	137 000	136 000		
			……	……	……		……
12	31		21—31日汇总	216 000	315 000	平	0
	31		本月合计	456 000	456 000		
			本年合计	1 265 000	1 265 000		
			结转下年		0		

(注："摘要"栏中的本年合计下方的横线为通栏双红线。)

（四）结转新账

结转下年时，凡是有余额的账户，都应在年末"本年累计"行下面划通栏双红线，在下面摘要栏注明"结转下年"字样，不需编制记账凭证，但必须把年末余额转入下年新账。转入下年新账时，应在账页第一行摘要栏内注明"上年结转"字样，并在余额栏内填写上年结转的余额。

对于新的会计年度建账，一般说来，总账、日记账和多数明细账应每年更换一次。但有些财产物资明细账和债权债务明细账，由于材料品种、规格和往来单位较多，更换新账，重抄一遍工作量较大，因此，可以跨年度使用，不必每年更换一次，各种备查簿也可以连续使用。

（五）结计"过次页"发生额

结计"过次页"的发生额，应根据不同账户记录，采用不同的方法：

（1）对需要按月结出本月发生额的账户，结计"过次页"的合计数，应为从本月初至本页末止的发生额的合计数，此举便于本月结账时加计"本月合计"数额。

（2）对需要结计"本年累计发生额"的账户，结计"过次页"的本页合计数，应为从年初起至本页末止的累计数，此举便于年终结账时加计"本年累计"数额。

（3）结计"过次页"之后，在下一页第一行摘要栏内注明"承前页"字样，并在发生额和余额栏内填写上页结转数。

想 一 想

结账就是划红线。这句话正确吗？

解答要点： 不正确，划线只是结账的工作内容之一。结账时，应当结出每个账户的期末余额。需要结出当月发生额的，应当在摘要栏内注明"本月合计"字样，并在下面通栏划单红线。需要结出本年累计发生额的，应当在摘要栏内注明"本年累计"字样，并在下面通栏划单红线；12月末的"本年累计"就是全年累计发生额。全年累计发生额下面应当通栏划双红线。年度终了结账时，所有总账账户都应当结出全年发生额和年末余额。

思政小课堂

广州浪奇存货失踪案

2020年，广州浪奇近9亿元存货离奇失踪。2020年9月，江苏瑞丽仓、辉丰仓均拒绝配合广州浪奇进行货物盘点和抽样检测，并公开回应并未保管、存有公司货物。当时，负责瑞丽仓的江苏鸿桑负责人表示，与广州浪奇的"合作"，仅仅是看一下仓库数据，签个字、盖个章。作为辉丰仓的管理方,ST辉丰直接否认子公司江苏辉丰与广州浪奇签署过仓储协议,未将货物存储在辉丰仓,从未向广州浪奇出具过货物盘点表,也未加盖江苏辉丰公章。公司的巨额存货失踪成了与獐子岛扇贝跑了差不多的戏码。就是这近6亿元存货,进一步揭开了公司财务造假的冰山一角。

经证监部门查实,2018年至2019年,公司将部分虚增的预付账款调整为虚增的存货,金额9.56亿元、10.82亿元,均为当期披露存货金额的75.84%和78.58%。公司内部管理近乎失控,公司大量资金以对外采购的名义,频繁提供给时任董事长傅勇国持股34%的广西钿融及其旗下企业使用,2018—2019年分别发生11.78亿元、24.49亿元。事发后,公司被罚款450万元,傅勇国被罚款300万元。他的团队成员也深陷其中,公司原总经理陈建斌、原董秘王志刚、原副总陈文、原财务总监王英杰、原商务拓展部总监邓煜、子公司广东奇化财务总监黄健彬等被罚款合计655万元。

总结强调:(1)通过介绍会计学科的发展、讨论会计的职能以及会计名家的经历等,提升学生对专业的认同和热爱,启发学生求知探索、不断进取的拼搏精神。

(2)通过财产清查、账实核对等具体课程内容的学习,使学生明确自身职责,鼓励其在记账中见生动,算账中见趣味,报账中见智慧,查账中见锋芒。号召其做投资人、纳税人和股东财产的守护者,"合法财产不可侵犯"理念的捍卫者和"取之于民用之于民"精神的践行者,从而增强学生的人文素养以及职业责任感、使命感和自豪感。

(3)通过指引学生在执业过程中应该秉持的独立第三方立场和实事求是的工作作风,向学生明确作为一名会计人应该具备诚信、客观、公正等基本职业道德,鼓励其养成良好的专业素养和职业习惯,时刻遵照职业守则、遵循会计准则和遵守法律规则,帮助其确立正确的价值观。

(4)通过引导学生了解会计、财务学科的理论前沿和发展动态,学习我国有关财务、会计惯例、准则、制度、政策和法规及其变动,增强其不断学习以及适应社会发展的能力,鼓励其树立终身学习观。

(参考资料:
https://baijiahao.baidu.com/s?id=17205268507767882730&wfr=spider&for=pc)

本章总结

1. 对账就是核对账目。企业通过对账工作,检查账簿记录内容是否完整,有无错记或漏记。对账包括账证核对、账账核对、账实核对三个方面。

2. 在财产清查中,要根据清查对象的特点采用相应的方法,对于财产清查中发现的盘盈盘亏,会计上设置"待处理财产损溢"账户,分两步处理:首先,根据相应的原始凭证调整账簿记录,做到账实相符;其次,查明原因,经审批后再进行转销处理。

3. 期末结账工作的主要任务是在本期发生的经济业务全部入账的基础上,结计出所有账户的本期发生额和余额,取得本期财务状况及经营成果的核算资料,为编制会计报告提供依据。其内容包括两个方面,一是结清各种损益类账户,并据以计算本期利润;二是结清各资产、负债和所有者权益类账户,分别结出本期发生额合计和余额。

课前预习

一、单项选择题

1. 账证核对,是指各种(　　)与记账凭证及其所附带的原始凭证之间进行的核对。

A. 账簿记录　　　　B. 记账凭证　　　　C. 明细分类账　　　　D. 日记账

2. 总分类账核对的主要内容有(　　)。

A. 全部总分类账户的期初余额　　　　　　B. 全部总分类账户的本期发生额

C. 全部总分类账户的期末余额　　　　　　D. 以上都包括

3. 账实核对是将各种财产物资的账面余额与(　　)相互核对。

A. 实存数额　　　　B. 计算数额　　　　C. 登记数额　　　　D. 总账余额

4. 库存现金的账实核对是指通过(　　)来确定库存现金的实存数,将其实存数与库存现金日记账的账面余额进行核对,以检查库存现金是否账实相符。

A. 函询证法　　　　B. 技术推算法　　　　C. 实地盘点法　　　　D. 审阅法

5. 盘盈的库存现金,在报经有关领导审批之前,根据库存现金盘点报告表,借记"库存现金"账户,贷记(　　)账户。

A. 营业外收入　　　　　　　　　　　　　B. 管理费用

C. 其他应付款　　　　　　　　　　　　　D. 待处理财产损溢

6. 属于无法查明原因的现金短款,借记(　　)账户,贷记"待处理财产损溢"账户。

A. 营业外支出　　　　B. 管理费用　　　　C. 其他应收款　　　　D. 财务费用

7. 银行存款的清查是将银行存款(　　)。

A. 日记账与总账核对

B. 日记账与银行对账单核对

C. 日记账与银行存款收、付款凭证核对

D. 银行存款总账与银行存款收、付款凭证核对

8. 对往来结算款项的清查通常采用(　　)。

A. 复核法　　　　B. 顺差法　　　　C. 抽查法　　　　D. 函询证法

9. 结账是在把一定时期内发生的全部经济业务登记入账的基础上,计算并记录(　　)。

A. 期初余额　　　　　　　　　　　　　　B. 本期发生额

C. 期末余额　　　　　　　　　　　　　　D. 本期发生额和期末余额

10. 年终结账时,为了反映全年各项资产、负债及所有者权益增减变动的全貌,便于核对账目,要将所有总账账户结计全年发生额和年末余额,在"摘要"栏内注明"本年合计"字样,并在合计数下划(　　)。

A. 通栏单红线　　　　B. 通栏双红线　　　　C. 通栏单蓝线　　　　D. 通栏双蓝线

二、多项选择题

1. 账账核对包括(　　)。

A. 总分类账的核对　　　　　　　　　　　B. 总分类账与明细分类账的核对

C. 总分类账与日记账的核对　　　　　　　D. 明细分类账之间的核对

2. 总分类账与明细分类账的核对包括(　　)。

A. 总分类账户的期初余额与所属明细分类账户的期初余额合计

B. 总分类账户的本期借方发生额与所属明细分类账户的本期借方发生额合计

C. 总分类账户的本期贷方发生额与所属明细分类账户的本期贷方发生额合计

D. 总分类账户的期末余额与所属明细分类账户的期末余额合计

3. 下列关于"待处理财产损溢"账户的说法正确的是(　　)。

A. 该账户借方登记发生的盘盈数和结转已批准处理的盘亏及毁损数

B. 该账户贷方登记发生的盘亏及毁损数和结转已批准处理的盘盈数

C. 借方余额表示尚未处理的财产净损失

D. 贷方余额表示尚未处理的财产净溢余

4. 未达账项一般包括的情况有(　　)。

A. 企业已经收款入账,银行尚未入账的款项

B. 企业已经付款入账,银行尚未入账的款项

C. 银行已经收款入账,企业尚未入账的款项

D. 银行已经付款入账,企业尚未入账的款项

5. 财产物资的盘存制度有(　　)两种。

A. 永续盘存制 B. 实地盘存制

C. 实地盘点法 D. 技术推算盘点法

6. 账实核对主要包括的内容有(　　)。

A. 库存现金日记账账面余额与库存现金实际库存数相核对

B. 银行存款日记账账面余额与银行对账单相核对

C. 存货明细账账面余额与存货实存数额相核对

D. 各种应收、应付款明细账账面余额与有关债务、债权单位或者个人相核对等

7. "待处理财产损溢"账户设置的明细账户有(　　)。

A. 待处理固定资产损溢 B. 待处理流动资产损溢

C. 资产减值损失 D. 资产增值收益

8. 企业银行存款日记账和银行对账单至少每月核对一次,如果两者余额不一致,其原因可能是(　　)。

A. 企业记账错误 B. 银行记账错误

C. 企业和银行均记账错误 D. 出现未达账项

9. 期末结账的内容包括(　　)。

A. 结清各种损益类账户

B. 计算确定本期利润

C. 结清各资产、负债和所有者权益类账户

D. 结出资产、负债和所有者权益类账户本期发生额合计和余额

10. 下列关于明细账的结账说法正确的是(　　)。

A. 本月没有发生额的账户,不划结账线

B. 不需按月结计本月发生额的账户,在本月最后一笔记录下面划一条通栏单红线

C. 需要结计本年累计发生额的账户,要按月结出本年累计发生额

D. 月结时在"本年累计"下面划一条通栏双红线

三、名词解释

对账　账证核对　账账核对　账实核对　永续盘存制　实地盘存制　未达账项　结账

课后练习

一、单项选择题

1. 关于账证核对,下列说法不正确的是(　　)。

A. 账证核对是账簿记录与记账凭证及其所附带的原始凭证之间进行的核对

B. 主要核对账簿与凭证的时间、凭证字号、内容、金额是否一致,记账方向是否相符

C. 主要在平时记账过程中逐笔进行

D. 账证核对工作量较小,月末结账时不宜采用抽查核对的方法

2. 财产清查按清查的时间划分,可分为(　　)。

A. 全面清查和局部清查　　　　　　B. 定期清查和不定期清查

C. 详细清查和一般清查　　　　　　D. 内部清查和外部清查

3. 关于库存现金的账实核对,下列说法正确的是(　　)。

A. 通过实地盘点的方法来确定库存现金的实存数

B. 清查盘点时,出纳员需要回避

C. 属于无法查明原因的现金短款,借记"营业外支出"账户

D. 属于无法查明原因的现金溢余,冲减"管理费用"账户

4. 对账时,账账核对不包括(　　)。

A 总账各账户的余额核对　　　　　　B. 总账与明细账之间的核对

C. 总账与备查账之间的核对　　　　　D. 总账与日记账的核对

5. 在记账无误的情况下,银行对账单与银行存款日记账账面余额不一致的原因是(　　)。

A. 应付账项　　　　　B. 应收账项　　　　　C 盘盈盘亏账项　　　　　D. 未达账项

6. 银行存款余额调节表的调节后余额是(　　)。

A. 企业日记账的账面余额　　　　　　B. 银行对账单余额

C. 未达账项余额　　　　　　　　　　D. 企业实际可动用的存款余额

7. 在永续盘存制下,平时(　　)。

A. 对各项财产物资的增加、减少都不在账簿中登记

B. 只在账簿中登记增加,不登记减少

C. 只在账簿中登记减少,不登记增加

D. 在账簿记录中既登记增加,又登记减少

8. 损益类账户期末结账后,应为(　　)。

A. 借方余额　　　　　　　　　　　　B. 贷方余额

C. 没有余额　　　　　　　　　　　　D. 借方或贷方余额

9. 下列关于日记账的结账,说法错误的是(　　)。

A. 日结可自然进行,即每日的最后一笔自然结出当日余额,不必另起一行

B. 日结可以逐笔结余额,或者每隔几笔结一次余额

C. 月结是在本月最后一笔记录下面划一条通栏单红线,并在下一行的摘要栏中用红字居中书写"本月合计"

D. 在"本月合计"行下面划一条通栏双红线

10. 下列关于总账的结账,说法错误的是( )。

A. 总账账户月末一般可不结计"本月合计",只需结计月末余额

B. 结出月末余额后,只需在本月最后一笔记录下面划一条通栏单红线,表示"本月记录到此结束"

C. 年终结账时,在"摘要"栏内注明"本年合计"字样,并在合计数下划通栏单红线

D. 为了反映全年各项资产、负债及所有者权益增减变动的全貌,便于核对账目,要将所有总账账户结计全年发生额和年末余额

二、多项选择题

1. 下列属于账实核对的是( )。

A. 库存现金日记账账面余额与库存现金实际库存数的核对

B. 银行存款日记账账面余额与银行对账单的核对

C. 财产物资明细账账面余额与财产物资实存数的核对

D. 应收应付款明细账账面余额与债务债权单位核对

2. 账证核对指的是核对会计账簿记录与原始凭证、记账凭证的( )是否一致,记账方向是否相符。

A. 时间   B. 凭证字号   C. 内容   D. 金额

3. 实地盘点法一般适用于( )。

A. 库存现金的盘点   B. 银行存款的盘点

C. 往来款项的盘点   D. 各项实物资产的盘点

4. 如果存在未达账项,正确的表达方式是( )。

A. 企业银行存款账户余额+银行已收企业未收-银行已付企业未付=企业银行存款调整后余额

B. 企业银行存款账户余额+银行已付企业未付-银行已收企业未收=企业银行存款调整后余额

C. 银行存款对账单余额+企业已付银行未付-企业已收银行未收=银行对账单调整后余额

D. 银行存款对账单余额+企业已收银行未收-企业已付银行未付=银行对账单调整后余额

5. 关于企业编制的银行存款余额调节表,下列( )是正确的。

A. 应及时据以调整账面余额

B. 通过未达账项调整后,才能确定双方记账是否一致

C. 能确定企业可实际动用的款项

D. 调节后双方余额相等,说明双方记账无误

6. 财产清查中发现账外机器一台,九成新,审批前的会计分录应为( )。

A. 借:累计折旧   B. 借:固定资产

C. 贷：待处理财产损溢　　　　　　　　　　D. 贷：营业外收入

7. 财产清查中发现因保管员失职造成材料短缺,审批后的会计分录应为(　　　)。

A. 借：其他应收款　　　　　　　　　　　　B. 借：管理费用

C. 贷：待处理财产损溢　　　　　　　　　　D. 贷：营业外支出

8. 对账工作主要包括(　　　)。

A. 账证核对　　　　　B. 账账核对　　　　　C. 账实核对　　　　　D. 账表核对

9. 下列需要画双红线的是(　　　)。

A. 在本月合计的下面　　　　　　　　　　　B. 在本年累计的下面

C. 在 12 月末的本年累计的下面　　　　　　D. 在本年合计的下面

10. 下列关于结转新账的说法正确的是(　　　)。

A. 结转下年时,凡是有余额的账户,都应在年末"本年累计"行下面划通栏双红线

B. 在摘要栏注明"结转下年"字样,不需编制记账凭证,但必须把年末余额转入下年新账

C. 转入下年新账时,应在账页第一行摘要栏内注明"上年结转"字样,并在余额栏内填写上年结转的余额

D. 固定资产明细账、品种和规格较多的财产物资明细账、往来单位较多的债权债务明细账和各种备查簿也必须在新的会计年度更换新账

三、判断题

1. 任何单位对账工作应该每年至少进行一次。　　　　　　　　　　　　　　　(　　)

2. 清查盘点现金时,出纳员必须回避。　　　　　　　　　　　　　　　　　　(　　)

3. 银行存款余额调节表不是据以编制记账凭证的原始凭证,不能根据银行存款余额调节表编制会计分录或调整银行存款账面记录。　　　　　　　　　　　　　　　　(　　)

4. 实地盘点法主要适用于一些体积较大、不易搬动和逐一清点的存货,如堆放的煤、粮食等。　　　　　　　　　　　　　　　　　　　　　　　　　　　　　　　　(　　)

5. 账存实存对比表是反映实物资产的账存实存差异、调整账簿记录的重要原始凭证。

(　　)

6. 往来款项的账实核对一般采用发函询证的方法进行。　　　　　　　　　　　(　　)

7. 固定资产明细账不必每年更换,可以跨年度连续使用。　　　　　　　　　　(　　)

8. 库存现金日记账和银行存款日记账要按日结出余额,按月结计本月发生额,还需要结计本年累计发生额。　　　　　　　　　　　　　　　　　　　　　　　　　　(　　)

9. 所有明细账年末时都必须更换。　　　　　　　　　　　　　　　　　　　　(　　)

10. 年末结账时应当在全年累计发生额下面划通栏双红线。　　　　　　　　　　(　　)

四、简答题

1. 期末对账工作基本内容有哪些?

2. 账账核对的具体方法是什么?

3. 未达账项包括哪些情况?

4. 存货账实不符时,如何进行账务处理?

5. 期末结账的程序是什么?

五、实务操作

1. 银行存款余额调节表的编制。

神禾公司 2023 年 3 月 31 日银行存款日记账余额为 156 100 元,银行对账单余额为 163 800 元,经核对发现下列未达账项:

(1) 神禾公司于 3 月 29 日开出转账支票一张,金额为 4 000 元,银行尚未入账;

(2) 银行于 3 月 20 日代神禾公司收回销售货款 7 000 元,公司尚未收到收款通知;

(3) 银行代扣神禾公司借款利息 700 元,公司尚未收到通知;

(4) 神禾公司在 3 月 31 日收到转账支票一张,金额为 2 600 元,送存银行后银行尚未入账。

【要求】根据以上信息,编制银行存款余额调节表(见表 7 - 14)。

表 7 - 14　银行存款余额调节表

企业日记账余额		银行对账单余额	
加:		加:	
减:		减:	
调整后余额		调整后余额	

2. 存货的账实核对及账务处理。

神禾有限公司在 2023 年年末对原材料进行清查后,账面结存和实际结存资料如表 7 - 15、表 7 - 16 所示。

表 7 - 15　原材料明细账账面结存汇总表

材料类别	仓　库	材料名称及规格	计量单位	账面结存量	单　价
原料及主要材料	1 号库	A 材料	千克	1 000	30.00
原料及主要材料	1 号库	B 材料	千克	1 300	15.00
辅助材料	1 号库	C 材料	千克	500	10.00
燃料	2 号库	D 材料	千克	850	6.50
燃料	2 号库	E 材料	千克	500	5.20

表 7 - 16　原材料盘存单

仓　库	材料名称	计量单位	盘点数量	单　价	金　额	备　注
1 号库	A 材料	千克	100	30.00	3 000	自然灾害
1 号库	B 材料	千克	1 310	15.00	19 650	计量差错
1 号库	C 材料	千克	450	10.00	4 500	被盗,属保管责任
2 号库	D 材料	千克	830	6.50	5 395	自然损耗
2 号库	E 材料	千克	520	5.20	2 704	自然升量

下列材料的盘盈盘亏,经领导审核,批复意见如下:

(1) 因自然灾害毁损的材料,由保险公司赔偿 80%,尚未收款;余者列营业外支出。

（2）计量差错和自然损溢列管理费用。

（3）因保管不善而造成的损失，由保管员赔偿10％；余者列管理费用。

【要求】编制原材料账存实存对比表（见表7－17），并进行账务处理。账务处理分录填入表7－18。

表7－17 账存实存对比表

单位名称：   年 月 日

编号	类别及名称	计量单位	单 价	实 存		账 存		对比结果				备 注
								盘 盈		盘 亏		
				数量	金额	数量	金额	数量	金额	数量	金额	

会计人员签章：   稽核人签章：

表7－18 账实不符账务处理的会计分录

项 目	摘 要	会计分录
材料	批准前	
	批准后	
B材料	批准前	
	批准后	
C材料	批准前	
	批准后	
D材料	批准前	
	批准后	
E材料	批准前	
	批准后	

项目五

期末编制财务报告

■ 知识框架

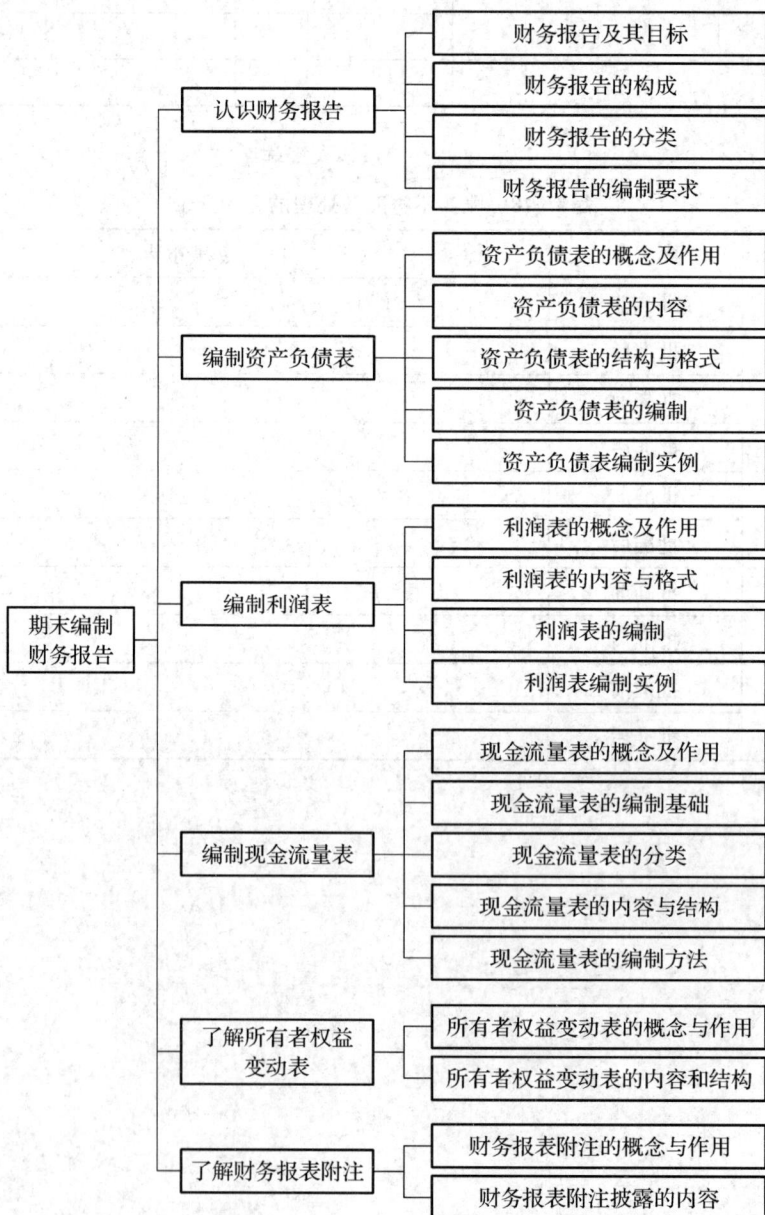

■ 知识目标

1. 了解财务报告的有关基本概念、目标及分类；

2. 熟悉财务报告编制的基本要求，熟悉资产负债表、利润表、现金流量表的内容、列示要求与编制方法；

3. 了解资产负债表、利润表的作用；

4. 了解所有者权益变动表、财务报表附注的概念、作用及内容。

■ 能力目标

1. 能够掌握财务报告的定义、目标及作用；

2. 能够编制资产负债表；

3. 能够编制利润表；

4. 能够编制现金流量表。

■ 思政目标

1. 培养学生诚实守信、客观公正的品德，确保账表相符；

2. 培养敬业精神与服务意识，确保财务报表数值准确；

3. 树立保密、责任意识，严守财务信息；

4. 培养学生独立分析能力及团队协作能力，在财务报表编制时审时度势，顾全大局，正确披露各交易事项，学会处理各方利益关系。

■ 案例导引

财务报表是企业的成绩单，也是会计人员工作的最终成果。当神禾公司经过了期初建账、填制与审核会计凭证、登记会计账簿并在期末对账和结账后，就需要编制财务报表。那么，编制财务报表的前提和基础是什么，有什么具体的要求和说明，包括哪些内容，以什么作为编制依据，具体的编制方法和流程又是如何？

任务一　认识财务报告

财务报告概念、财务报告编制要求

一、财务报告及其目标

财务报告，是指企业对外提供的反映企业某一特定日期的财务状况和某一会计期间的经营成果、现金流量等会计信息的文件。财务报告包括财务报表和其他应当在财务报告中披露的相关信息和资料。

企业编制财务报告的目标，是向财务报告使用者提供与企业财务状况、经营成果和现金流量等有关的会计信息，反映企业管理层受托责任的履行情况，有助于财务报告使用者做出经济决策。财务报告使用者通常包括投资者、债权人、政府及其有关部门和社会公众等。

二、财务报告的构成

关于财务报告应包括哪些内容,《企业会计准则——基本准则》第四十四条规定:财务会计报告包括会计报表及其附注和其他应当在财务会计报告中披露的相关信息和资料。企业对外提供的财务报告的内容、会计报表种类和格式、会计报表附注的主要内容等,由会计准则规定;企业内部管理需要的会计报表由企业自行规定。

(一) 财务报表

根据《企业会计准则第30号——财务报表列报》的规定,财务报表是对企业财务状况、经营成果和现金流量的结构性表述。企业对外提供的财务报表至少包括资产负债表、利润表、现金流量表、所有者权益(或股东权益)变动表和附注。各组成部分在列报上具有同等的重要程度。

资产负债表、利润表和现金流量表分别从不同角度反映企业的财务状况、经营成果和现金流量。资产负债表反映企业在某一特定日期所拥有的资产、需偿还的债务以及股东(投资者)拥有的净资产情况;利润表反映企业在一定会计期间的经营成果,即盈利或亏损的情况,表明企业运用所拥有的资产的获利能力;现金流量表反映企业在一定会计期间现金和现金等价物流入和流出的情况。

所有者权益变动表反映构成所有者权益的各组成部分当期的增减变动情况。企业的净利润及其分配情况是所有者权益变动的组成部分,相关信息已经在所有者权益变动表及其附注中反映,企业不需要再单独编制利润分配表。

附注是财务报表不可或缺的组成部分,是对在资产负债表、利润表、现金流量表和所有者权益变动表等报表中列示项目的文字描述或明细资料,以及对未能在这些报表中列示项目的说明等。

(二) 其他财务报告

其他财务报告的编制基础与方式可以不受企业会计准则的约束。其他财务报告提供的信息十分广泛,并且提供相关信息的形式灵活多样,包括定性信息和非会计信息。根据现行国际惯例,其他财务报告的内容主要包括:管理当局的分析与讨论预测报告;物价变动影响报告;社会责任报告等。

> **知识拓展**
>
> 按照《企业会计准则第30号——财务报表列报》的规定,会计报表附注一般应当按照下列顺序至少披露:① 企业基本情况,包括企业注册地、组织形式和总部地址;企业的业务性质和主要经营活动;母公司以及集团最终母公司的名称;财务报告的批准报出者和财务报告批准报出日,或者以签字人及其签字日期为准;营业期限有限的企业,还应当披露有关其营业期限的信息。② 财务报表的编制基础。③ 遵循企业会计准则的声明。④ 重要会计政策和会计估计。⑤ 会计政策和会计估计变更以及差错更正的说明。⑥ 报表重要项目的说明。企业应当按照资产负债表、利润表、现金流量表、所有者权益变动表及其项目列示的顺序,对报表重要项目的说明采用文字和数字

描述相结合的方式进行披露。⑦或有和承诺事项、资产负债表日后非调整事项、关联方关系及其交易等需要说明的事项。⑧有助于财务报表使用者评价企业管理资本的目标、政策及程序的信息。

企业应当在附注中披露在资产负债表日后、财务报告批准报出日前提议或宣布发放的股利总额和每股股利金额（或向投资者分配的利润总额）。

三、财务报告的分类

前已述及，一般意义上的财务报告包括财务报表和其他应当在财务报告中披露的相关信息和资料，这里讲的分类是指财务报表的分类。财务报表可以按照不同的标准进行分类。

（一）按照财务报表反映的经济内容不同，可以分为动态会计报表和静态会计报表

动态会计报表是指反映一定时期内资金耗费和资金收回的报表，如利润表、现金流量表；静态会计报表是指综合反映某一时点企业资产总额和权益总额的报表，如资产负债表。

（二）按照财务报表编制期间的不同，可以分为中期财务报表和年度财务报表

中期财务报表是以短于一个完整会计年度的报告期间为基础编制的财务报表，包括月报、季报和半年报等。中期财务报表至少应当包括资产负债表、利润表、现金流量表和附注，其中，中期资产负债表、利润表和现金流量表应当是完整报表，其格式和内容应当与年度财务报表相一致。与年度财务报表相比，中期财务报表中的附注披露可适当简略。

（三）按照财务报表编报主体的不同，可以分为个别财务报表和合并财务报表

个别财务报表是指由独立核算的企业所编制的，旨在反映企业的财务状况、经营成果和现金流量；合并财务报表是指由企业集团中的母公司在母公司和子公司的个别财务报表的基础上，通过编制抵消分录，消除内部会计事项对个别财务报表的影响而编制的，旨在反映企业集团的整体财务状况、经营成果和现金流量。

（四）按照财务报表服务对象的不同，可以分为内部财务报表和外部财务报表

内部财务报表是为了适应企业内部经营管理者需要而编制的财务报表，它不需要统一规定的格式，也不需要定期编制，如成本报表、费用明细表、营业外收支及投资收益明细表等；外部财务报表是企业对外提供的，满足外部信息使用者需求的财务报表，如资产负债表、利润表、现金流量表等。

练一练

（多选）会计报表按其报送对象进行分类可分为（　　　）。
A. 对外会计报表　　B. 对内会计报表　　C. 个别会计报表　　D. 合并会计报表

四、财务报告的编制要求

（1）依据各项会计准则确认和计量的结果编制财务报表。

（2）企业应当以持续经营为基础编制财务报表。

（3）除现金流量表按照收付实现制编制外，企业应当按照权责发生制编制其他财务报表。

（4）财务报表项目的列报应当在各个会计期间保持一致，不得随意变更。

（5）依据重要性原则单独或汇总列报项目。

（6）财务报表项目应当以总额列报，资产和负债、收入和费用、直接计入当期利润的利得项目和损失项目的金额不能相互抵消，即不得以净额列报。

（7）企业在列报当期财务报表时，至少应当提供所有列报项目上一个可比会计期间的比较数据，以及与理解当期财务报表相关的说明，提高信息在会计期间的可比性。

（8）财务报表表首的列报要求。

企业在财务报表的显著位置（通常是表首部分）应当至少披露下列基本信息：

① 编报企业的名称；

② 对资产负债表而言，应当披露资产负债表日；对利润表、现金流量表、所有者权益变动表而言，应当披露报表涵盖的会计期间。

③ 货币名称和单位，按照我国企业会计准则的规定，企业应当以人民币作为记账本位币列报，并标明金额单位，如元、万元等。

知识拓展

企业对外提供的财务报表应当依次编定页数，加具封面，装订成册，加盖公章。封面上应当注明：企业名称、企业统一代码、组织形式、地址、报表所属年度或者月份、报出日期，并由企业负责人、主管会计工作的负责人和会计机构负责人（会计主管人员）签名并盖章；设置总会计师的企业，还应当由总会计师签名并盖章。

想一想

制约企业报表编制的基本假设对企业的报表编制行为有什么影响？

解答要点：① 会计主体假设是指每个企业的经济业务必须与企业的所有者及其他经济组织分开。有了会计主体假设，会计处理的经济业务和财务报告才可以按特定的主体来识别。对编制报表的影响，要求特定会计主体的财务报表只能反映特定主体的财务状况与经营成果。② 持续经营假设是指企业在可预见的未来将以它现实的形式并按既定的目标持续不断地经营下去。持续经营假设为企业在编制报表时选择会计方法奠定了基础。③ 会计分期假设的含义是，企业在持续经营过程中所发生的各种经济业务可以归属人为划分的各个期间。它是持续经营假设的必然结果。会计期间的确定，实际上决定了企业对外报送报表的时间间隔以及企业报表所涵盖的时间跨度。④ 货币计量假设的基本含义是，只有能用货币反映的经济活动才能纳入会计系统中。货币计量假设使得企业对大量复杂的经济业务进行统一汇总、计量成为可能。

任务二 编制资产负债表

一、资产负债表的概念及作用

资产负债表是反映企业在某一特定日期财务状况的静态财务报表,满足"资产=负债+所有者权益"平衡式。财务状况通常是指企业在某一特定日期资产、负债和所有者权益的总额、构成及其相互关系,说明企业资金的总体规模和结构。

资产负债表具有以下几项作用:

(1)通过资产负债表,可以了解企业某一日期资产的总额及其结构,表明企业拥有或控制的经济资源及其分布情况,分析企业的生产经营能力。

(2)通过资产负债表,可以了解企业某一日期负债的总额及其结构,表明企业未来需要用多少资产或劳务清偿债务,分析企业的短期和长期偿债能力。

(3)通过资产负债表,可以了解企业所有者权益的情况,表明投资者在企业资产中所占的份额,分析所有者权益的构成情况。

(4)通过前后期资产负债表的比较,可以了解企业资本结构的变化情况和未来财务状况的变动趋势。

二、资产负债表的内容

资产负债表的内容主要包括资产、负债和所有者权益三个静态会计要素,应当分类分项进行列示。

资产按流动性可分为流动资产和非流动资产两大类。流动资产按变现速度可分为货币资产、金融资产、债权资产、存货资产和其他流动资产五小类;非流动资产按周转速度可分为长期投资、长期债权、有形资产、无形资产和其他非流动资产五小类。资产负债表中所有资产项目均按获得该资产时的变现速度排列,变现速度快的排在前,变现速度慢的排在后。但随着时间的推移,某些非流动资产一旦转化为流动资产,其资产性质起了质的变化,这时需要当作流动资产填列,不可作为非流动资产填列。

负债按流动性分为流动负债和非流动负债两大类。资产负债表中所有负债项目均按发生负债时的偿还期排列,偿还期短的排在前,偿还期长的排在后。但随着时间的推移,某些非流动负债一旦转化为流动负债,其负债性质起了质的变化,这时需要当作流动负债填列,不可作为非流动负债填列。

所有者权益按永久性分为实收资本(或股本)、资本公积、盈余公积和未分配利润四小类。资本核算的一个重要原则是实行资本保全,不得随意冲减实收资本(或股本),以保证投入资本的稳定性,进而维护投资人的权益。资产负债表中的所有者权益项目按永久性排列,永久性大的排在前,永久性小的排在后。

知识拓展

　　财政部于 2018 年 6 月发布了财会〔2018〕15 号文，对一般企业财务报表格式进行了修订完善。本次修订包含两套财务报表格式，分别适用于尚未执行新金融工具准则和新收入准则的非金融企业和已执行新金融工具准则或新收入准则的非金融企业。

　　新金融工具准则和新收入准则对于境内外同时上市企业，以及在境外上市并采用国际财务报告准则或企业会计准则编制财务报告的企业于 2018 年 1 月 1 日起施行；其他境内上市企业分别自 2019 年 1 月 1 日和 2020 年 1 月 1 日起施行；执行企业会计准则的非上市企业均自 2021 年 1 月 1 日起施行。允许提前执行。

三、资产负债表的结构与格式

　　资产负债表的结构由表头、表身和表尾组成。表头部分列明报表名称、编制单位、编制日期和金额计量单位；表身反映资产、负债和所有者权益的内容；表尾部分为补充说明。

资产负债表的结构

　　资产负债表的格式主要有报告式和账户式两种。

（一）账户式资产负债表

　　账户式资产负债表按"资产＝负债＋所有者权益"的平衡原理，将资产负债表分为左方和右方。左方为资产，按流动性分别列示流动资产和非流动资产各项目；右方为负债和所有者权益，其中负债各项目按偿还期的长短分别列示流动负债和非流动负债；而所有者权益各项目则按永久性程度排列。资产各项目的合计等于负债和所有者权益各项目的合计。资产负债表提供"年初余额"和"期末余额"两栏，便于报表使用者掌握和分析企业财务状况的变化及发展趋势。

　　我国会计准则规定，企业的资产负债表采用账户式。其格式如表 8-1 所示。

表 8-1　资产负债表

会企 01 表

编制单位：　　　　　　　　　　　　　　年　月　日　　　　　　　　　　　　　　单位：元

资　产	期末余额	年初余额	负债和所有者权益（或股东权益）	期末余额	年初余额
流动资产：			流动负债：		
货币资金			短期借款		
交易性金融资产			交易性金融负债		
应收票据			应付票据		
应收账款			应付账款		
预付款项			预收款项		
应收利息			应付职工薪酬		
应收股利			应交税费		

资　产	期末余额	年初余额	负债和所有者权益（或股东权益）	期末余额	年初余额
其他应收款			应付利息		
存货			应付股利		
一年内到期的非流动资产			其他应付款		
其他流动资产			一年内到期的非流动负债		
流动资产合计			其他流动负债		
非流动资产：			流动负债合计		
可供出售金融资产			非流动负债：		
持有至到期投资			长期借款		
长期应收款			应付债券		
长期股权投资			长期应付款		
投资性房地产			专项应付款		
固定资产			预计负债		
在建工程			递延所得税负债		
工程物资			其他非流动负债		
固定资产清理			非流动负债合计		
生产性生物资产			负债合计		
油气资产			所有者权益(或股东权益)：		
无形资产			实收资本(或股本)		
开发支出			资本公积		
商誉			减:库存股		
长期待摊费用			盈余公积		
递延所得税资产			未分配利润		
其他非流动资产			所有者权益（或股东权益）合计		
非流动资产合计					
资产总计			负债和所有者权益（或股东权益）总计		

（二）报告式资产负债表

报告式资产负债表又称为直列式资产负债表,是将资产、负债和所有者权益项目按纵向顺序排列,它是依据"资产－负债＝所有者权益"这一会计等式为基础编制的。其格式如表8－2所示。

表 8-2 资产负债表（简化的报告式）

编制单位：　　　　　　　　　　年　月　日　　　　　　　　　　　　单位：元

项　目	期末余额	年初余额
资产：		
……		
资产合计		
减：负债		
……		
负债合计		
净资产总计		
所有者权益：		
……		
所有者权益总计		

提炼点睛

　　不论是何种格式的资产负债表，在编制时，首先需要把所有项目按一定的标准进行分类，并以适当的顺序加以排列。世界上大多数国家所采用的就是按流动性排序的资产负债表。它首先把所有项目分为资产、负债、所有者权益三个部分，并按项目的流动性程度来决定其排列顺序。

四、资产负债表的编制

资产负债表各项目均需填列"年初余额"和"期末余额"两栏，其中"年初余额"栏内各项数字，应根据上年末资产负债表的"期末余额"栏内所列数字填列。

"期末余额"栏主要有以下几种填列方法。

（一）根据总账科目余额填列

"交易性金融资产""短期借款""应付票据"等项目，根据"短期借款""应付票据""应付职工薪酬"各总账科目的余额直接填列；有些项目则需根据几个总账科目的期末余额计算填列，如"货币资金"项目，需根据"库存现金""银行存款""其他货币资金"三个总账科目的期末余额的合计数填列。

资产负债表的编制 1

【例 8-1】神禾公司 2023 年 12 月 31 日结账后的"库存现金"科目余额为 20 000 元，"银行存款"科目余额为 2 500 000 元，"其他货币资金"科目余额为 100 000 元。

该企业 2023 年 12 月 31 日资产负债表中的"货币资金"项目金额为：

20 000＋2 500 000＋100 000＝2 620 000（元）

本例中，企业应当按照"库存现金""银行存款"和"其他货币资金"三个总账科目余额加总后的金额，作为资产负债表中"货币资金"项目的金额。

【例8-2】神禾公司 2023 年 3 月 1 日向银行借入一年期借款 400 000 元,向其他金融机构借入短款 200 000 元,无其他短期借款业务发生。

企业 2023 年 12 月 31 日资产负债表中的"短期借款"项目金额为:

400 000＋200 000＝600 000(元)

本例中,企业直接以"短期借款"总账科目余额填列在资产负债表中。

【例8-3】神禾公司 2023 年 12 月 31 日应付 A 企业商业承兑汇票 44 000 元,应付 B 企业商业承兑汇票 56 000 元,应付 C 企业商业承兑汇票 680 000 元,尚未支付。

该企业在 2023 年 12 月 31 日资产负债表中"应付票据"项目金额为:

44 000＋56 000＋680 000＝780 000(元)

本例中,企业直接以"应付票据"总账科目余额填列在资产负债表中。

练一练

(单选)资产负债表中,根据总账期末余额直接填列的项目是(　　　)。

A. 短期借款　　　B. 应收账款　　　C. 货币资金　　　D. 存货

(二) 根据明细账科目余额计算填列

例如,"应付账款"项目,需要根据"应付账款"和"预付账款"两个科目所属的相关明细科目的期末贷方余额计算填列;"应收账款"项目,需要根据"应收账款"和"预付账款"两个科目所属的相关明细科目的期末借方余额计算填列。

【例8-4】神禾公司 2023 年 12 月 31 日结账后有关科目所属明细科目借贷方余额如表 8-3 所示。

表 8-3　　　　　　　　　　　　　　　　　　　　　　单位:元

科目名称	明细科目借方余额合计	明细科目贷方合计
应收账款	1 400 000	150 000
预付账款	600 000	40 000
应付账款	300 000	1 500 000
预收账款	700 000	1 300 000

该企业 2023 年 12 月 31 日资产负债表中相关项目的金额为:

(1) "应收账款"项目金额为:1 400 000＋700 000＝2 100 000(元)

(2) "预付账款"项目金额为:600 000＋300 000＝900 000(元)

(3) "应付账款"项目金额为:1 500 000＋40 000＝1 540 000(元)

(4) "预收账款"项目金额为:1 300 000＋150 000＝1 450 000(元)

本例中,应收账款项目,应当根据"应收账款"科目所属明细科目借方余额 1 400 000 元和"预收账款"科目所属明细科目借方余额 700 000 元加总,作为资产负债表中"应收账款"的项目金额,即 2 100 000 元。

预付款项项目,应当根据"预付账款"科目所属明细科目借方余额 600 000 元和"应付账款"科目所属明细科目借方余额 300 000 元加总,作为资产负债表中"预付款项"的项目金额,即 900 000 元。

应付账款项目,应当根据"应付账款"科目所属明细科目贷方余额 1 500 000 元和"预付账款"科目所属明细科目贷方余额 40 000 元加总,作为资产负债表中"应付账款"的项目金额,即 1 540 000 元。

预收款项项目,应当根据"预收账款"科目所属明细科目贷方余额 1 300 000 元和"应收账款"科目所属明细科目贷方余额 150 000 元加总,作为资产负债表中"预收款项"的项目金额,即 1 450 000 元。

练一练

（单选）资产负债表中可以根据有关明细账的期末余额计算填列的项目是(　　　)。

A. 应收账款　　　　　B. 实收资本　　　　　C. 应付账款　　　　　D. 存货

（三）根据总账科目和明细账科目余额分析计算填列

例如,"长期借款"项目,需要根据"长期借款"总账科目余额扣除"长期借款"科目所属的明细科目中将在一年内到期且企业不能自主地将清偿义务展期的长期借款后的金额计算填列。

【例 8-5】神禾公司长期借款情况如表 8-4 所示。

资产负债表的
编制 2

表 8-4

借款起始日期	借款期限/年	金额/元
2023 年 1 月 1 日	3	1 500 000
2020 年 1 月 1 日	5	2 500 000
2019 年 6 月 1 日	4	1 000 000

该企业 2023 年 12 月 31 日资产负债表中"长期借款"项目金额为:

1 500 000＋2 500 000＝4 000 000(元)

本例中,企业应当根据"长期借款"总账科目余额5 000 000 元(1 500 000＋2 500 000＋1 000 000),减去一年内到期的长期借款 1 000 000 元,作为资产负债表中"长期借款"项目的金额,即 4 000 000 元。将在一年内到期的长期借款1 000 000 元,应当填列在流动负债下"一年内到期的非流动负债"项目中。

（四）根据有关科目余额减去其备抵科目余额后的净额填列

例如,资产负债表中的"应收票据""应收账款""长期股权投资""在建工程"等项目,应当根据"应收票据""应收账款""长期股权投资""在建工程"等科目的期末余额减去"坏账准备""长期股权投资减值准备""在建工程减值准备"等科目余额后的净额填列。"固定资产"项目,应当根据"固定资产"科目的期末余额减去"累计折旧""固定资产减值准备"备抵科目余额后的净额填列；"无形资产"项目，应当根据"无形资产"科目的期末余额减去"累计摊销""无形资产减值准备"备抵科目余额后的净额填列。

【例8-6】神禾公司2023年12月31日结账后"应收账款"科目所属各明细科目的期末借方余额合计500 000元，贷方余额合计220 000元，对应收账款计提的坏账准备为50 000元，假定"预收账款"科目所属明细科目无借方余额。

该企业2023年12月31日资产负债表中的"应收账款"项目金额为：

500 000－50 000＝450 000（元）

本例中，企业应当以"应收账款"科目所属明细科目借方余额500 000元减去对应收账款计提的坏账准备50 000元后的净额，作为资产负债表"应收账款"项目的金额，即450 000元。应收账款科目所属明细科目贷方余额，应与"预收账款"科目所属明细科目贷方余额加总，填列为"预收款项"项目。

【例8-7】神禾公司2023年12月31日结账后的"其他应收款"科目余额为60 000元，"坏账准备"科目中有关其他应收款计提的坏账准备为2 000元。

该企业2023年12月31日资产负债表中的"其他应收款"项目金额为：

60 000－2 000＝58 000（元）

本例中，企业应当以"其他应收款"总账科目余额减去"坏账准备"科目中为其他应收款计提的坏账准备金额后的净额，作为资产负债表中"其他应收款"的项目金额。

【例8-8】神禾公司2023年12月31日结账后的"固定资产"科目余额为1 200 000元，"累计折旧"科目余额为100 000元，"固定资产减值准备"科目余额为250 000元。

该企业2023年12月31日资产负债表中的"固定资产"项目金额为：

1 200 000－100 000－250 000＝850 000（元）

本例中，企业应当以"固定资产"总账科目余额减去"累计折旧"和"固定资产减值准备"两个备抵类总账科目余额后的净额，作为资产负债表中"固定资产"的项目金额。

【例8-9】神禾公司2023年12月31日结账后的"无形资产"科目余额为500 000元，"累计摊销"科目余额为50 000元，"无形资产减值准备"科目余额为70 000元。

该企业2023年12月31日资产负债表中的"无形资产"项目金额为：

500 000－50 000－70 000＝380 000（元）

本例中，企业应当以"无形资产"总账科目余额减去"累计摊销"和"无形资产减值准备"两个备抵类总账科目余额后的净额，作为资产负债表中"无形资产"的项目金额。

（五）综合运用上述填列方法分析填列

例如，资产负债表中的"原材料""委托加工物资""周转材料""材料采购""在途物资""发出商品""材料成本差异"等总账科目期末余额的分析汇总数，再减去"存货跌价准备"科目余额后的净额填列。

【例8-10】神禾公司采用计划成本核算材料，2023年12月31日结账后有关科目余额为："材料采购"科目余额为150 000元（借方），"原材料"科目余额为2 500 000元（借方），"周转材料"科目余额为500 000元（借方），"库存商品"科目余额为1 500 000元（借方），"生产成本"科目余额为400 000元（借方），"材料成本差异"科目余额为100 000元（贷方），"存货跌价准备"科目余额为150 000元。

该企业 2023 年 12 月 31 日资产负债表中的"存货"项目金额为：

150 000＋2 500 000＋500 000＋1 500 000＋400 000－100 000－150 000＝4 800 000(元)

本例中,企业应当以"材料采购"(表示在途物资采购成本)"原材料""周转材料"(比如包装物和低值易耗品等)"库存商品""生产成本"(表示期末在产品金额)各总账科目余额加总后,加上或减去"材料成本差异"总账科目的余额(若为贷方余额,应减去;若为借方余额,应加上),再减去"存货跌价准备"总账科目余额后的净额,作为资产负债表中"存货"项目的金额。

练一练

(单选)某企业"应付账款"明细账期末余额情况如下:X 企业贷方余额为 200 000 元,Y 企业借方余额为 180 000 元,Z 企业贷方余额为 300 000 元。假如该企业"预付账款"明细账均为借方余额,则根据以上数据计算的反映在资产负债表上"应付账款"项目的数额为( )元。

A. 680 000 B. 320 000 C. 500 000 D. 80 000

五、资产负债表编制实例

【例 8－11】神禾公司 2023 年 12 月 31 日总账账户余额如表 8－5 所示。

表 8－5 神禾公司总账账户余额

2023 年 12 月 31 日 单位:元

账户名称	借方余额	账户名称	贷方余额
库存现金	3 000	坏账准备	2 400
银行存款	139 000	存货跌价准备	21 000
交易性金融资产	84 000	累计折旧	93 000
应收账款	18 000	短期借款	36 000
预付账款	40 000	应付账款	21 000
其他应收款	1 900	应付职工薪酬	20 000
生产成本	85 000	应付股利	12 000
原材料	34 000	应交税费	8 000
库存商品	102 000	长期借款	150 000
长期应收款	8 500	股本	1 400 000
长期股权投资	120 000	资本公积	28 000
固定资产	1 400 000	盈余公积	56 000
无形资产	40 000	未分配利润	240 000
预收账款	12 000		
合计	2 087 400	合计	2 087 400

有关明细分类账户余额如下：

（1）"应收账款"明细账户余额 18 000 元。其中：A 公司 46 000 元（借方），B 公司 28 000 元（贷方）。

（2）"预收账款"明细账户余额 12 000 元。其中：C 公司 8 000 元（贷方），D 公司 20 000 元（借方）。

（3）"应付账款"明细账户余额 21 000 元。其中：E 公司 18 000 元（借方），F 公司 39 000 元（贷方）。

（4）"预付账款"明细账户余额 40 000 元。其中：G 公司 60 000 元（借方），H 公司 20 000 元（贷方）。

（5）"长期借款"明细账户余额 150 000 元。其中：一年内到期的其他长期借款 50 000 元。

根据以上资料，2023 年 12 月 31 日红星股份有限公司编制的资产负债表如表 8-6 所示。

表 8-6　资产负债表

会企 01 表

编制单位：神禾公司　　　　　　　　　2023 年 12 月 31 日　　　　　　　　　　单位：元

资　产	期末余额	年初余额	负债和所有者权益（或股东权益）	期末余额	年初余额
流动资产：		（略）	流动负债：		（略）
货币资金	142 000		短期借款	36 000	
交易性金融资产	84 000		交易性金融负债		
应收票据			应付票据		
应收账款	63 600		应付账款	59 000	
预付款项	78 000		预收款项	36 000	
应收利息			应付职工薪酬	20 000	
应收股利			应交税费	8 000	
其他应收款	1 900		应付利息		
存货	200 000		应付股利	12 000	
一年内到期的非流动资产			其他应付款		
其他流动资产			一年内到期的非流动负债	50 000	
流动资产合计	569 500		其他流动负债		
非流动资产：			流动负债合计	221 000	
可供出售金融资产			非流动负债：		
持有至到期投资			长期借款	100 000	
长期应收款	8 500		应付债券		

资　产	期末余额	年初余额	负债和所有者权益（或股东权益）	期末余额	年初余额
长期股权投资	120 000		长期应付款		
投资性房地产			专项应付款		
固定资产	1 307 000		预计负债		
在建工程			递延所得税负债		
工程物资			其他非流动负债		
固定资产清理			非流动负债合计	100 000	
生产性生物资产			负债合计	321 000	
油气资产			所有者权益（或股东权益）：		
无形资产	40 000		实收资本（或股本）	1 400 000	
开发支出			资本公积	28 000	
商誉			减：库存股		
长期待摊费用			盈余公积	56 000	
递延所得税资产			未分配利润	240 000	
其他非流动资产			所有者权益（或股东权益）合计	1 724 000	
非流动资产合计	1 475 500				
资产总计	2 045 000		负债和所有者权益（或股东权益）总计	2 045 000	

上述资产负债表中的有关项目的填列计算过程如下：

货币资金＝库存现金总账账户余额＋银行存款总账账户余额

　　　　＝3 000＋139 000＝142 000（元）

应收账款＝应收账款明细账户借方余额＋预收账款明细账户借方余额－坏账准备

　　　　＝46 000＋20 000－2 400＝63 600（元）

预付账款＝预付账款明细账户借方余额＋应付账款明细账户借方余额

　　　　＝60 000＋18 000＝78 000（元）

存货＝生产成本＋原材料＋库存商品－存货跌价准备

　　＝85 000＋34 000＋102 000－21 000＝200 000（元）

应付账款＝应付账款明细账户贷方余额＋预付账款明细账户贷方余额

　　　　＝39 000＋20 000＝59 000（元）

预收账款＝预收账款明细账户贷方余额＋应收账款明细账户贷方余额

　　　　＝28 000＋8 000＝36 000（元）

固定资产＝固定资产－累计折旧－固定资产减值准备

　　　　＝1 400 000－93 000－0＝1 307 000（元）

长期借款＝长期借款－一年内到期的长期借款

　　　　＝150 000－50 000＝100 000(元)

一年内到期的非流动负债＝50 000(元)(一年内到期的长期借款)

知识拓展

　　资产负债表日后事项,是指资产负债表日至财务报告批准报出日之间发生的有利或不利事项。财务报告批准报出日,是指董事会或类似机构批准财务报告报出的日期。资产负债表日后事项包括资产负债表日后调整事项和资产负债表日后非调整事项。资产负债表日后调整事项,是指对资产负债表日已经存在的情况提供了新的或进一步证据的事项。资产负债表日后非调整事项,是指表明资产负债表日后发生的情况的事项。

　　企业发生的资产负债表日后调整事项,通常包括下列各项:

　　(1) 资产负债表日后诉讼案件结案,法院判决证实了企业在资产负债表日已经存在现时义务,需要调整原先确认的与该诉讼案件相关的预计负债,或确认一项新负债。

　　(2) 资产负债表日后取得确凿证据,表明某项资产在资产负债表日发生了减值或者需要调整该项资产原先确认的减值金额。

　　(3) 资产负债表日后进一步确定了资产负债表日前购入资产的成本或售出资产的收入。

　　(4) 资产负债表日后发现了财务报表舞弊或差错。

　　企业发生的资产负债表日后非调整事项,通常包括下列各项:

　　(1) 资产负债表日后发生重大诉讼、仲裁、承诺。

　　(2) 资产负债表日后资产价格、税收政策、外汇汇率发生重大变化。

　　(3) 资产负债表日后因自然灾害导致资产发生重大损失。

　　(4) 资产负债表日后发行股票和债券以及其他巨额举债。

　　(5) 资产负债表日后资本公积转增资本。

　　(6) 资产负债表日后发生巨额亏损。

　　(7) 资产负债表日后发生企业合并或处置子公司。

任务三　编制利润表

利润表

一、利润表的概念及作用

　　利润表是指反映企业在一定会计期间内的经营成果的报表。经营成果也称"财务成果",一般是指企业实现的净利润(或净亏损)。利润表直接反映收入、费用和利润三个动态会计要素,因而属于动态会计报表。

　　利润表具有以下几项作用:

(1) 通过利润表,可以反映企业在一定会计期间的收入、费用、利润(或亏损)的数额及构成情况,帮助财务报表使用者全面了解企业的经营成果。

(2) 通过利润表,分析企业的获利能力及盈利增长趋势,从而为其做出经济决策提供依据。

想 一 想

利润表有什么局限性呢?

解答要点:

(1) 它不包括有益于企业发展和财务状况的许多信息。

(2) 损益数值经常受到所用会计方法的影响。

(3) 损益计量会受到估计的影响。

二、利润表的内容与格式

(一) 利润表的内容

利润表的内容主要是反映财务成果的形成,包括收入、费用和利润,应当分类分项列示。收入按性质分为营业收入(包括主营业务收入和其他业务收入)、公允价值变动损益、投资收益和营业外收入等;费用按性质分为营业成本(包括主营业务成本和其他业务成本)、营业税金及附加、销售费用、管理费用、财务费用、资产减值损失、营业外支出和所得税费用等;利润按构成分为营业利润、利润总额和净利润。

(二) 利润表的格式

利润表采用报告式的上下结构,有多步式和单步式两种格式。

1. 多步式利润表

多步式利润表将同类的收入与费用排列在一起,并按利润构成列示一些中间利润指标。由于它将净利润的计算分成多个步骤,故名"多步式"。我国采用的是多步式利润表,如表8-7所示,其分步计算过程如下:

第一步,计算营业利润。

营业利润＝营业收入－营业成本－营业税金及附加－销售费用－管理费用－财务费用－资产减值损失±公允价值变动收益±投资收益

第二步:计算利润总额。

利润总额＝营业利润＋营业外收入－营业外支出

第三步,计算净利润。

净利润＝利润总额－所得税费用

多步式利润表能够提供中间利润指标,并揭示了它们之间的关系,便于进行比较分析,有利于预测企业未来盈利能力。

表 8-7　利润表

会企 02 表

编制单位：　　　　　　　　　年　月　　　　　　　　单位：元

项　　目	本期金额	上期金额
一、营业收入		
减：营业成本		
营业税金及附加		
销售费用		
管理费用		
财务费用		
资产减值损失		
加：公允价值变动损益（损失以"－"号填列）		
投资收益（损失以"－"号填列）		
其中：对联营企业和合营企业的投资收益		
二、营业利润（亏损以"－"号填列）		
加：营业外收入		
减：营业外支出		
其中：非流动资产处置损失		
三、利润总额（亏损总额以"－"号填列）		
减：所得税费用		
四、净利润（净亏损以"－"号填列）		
五、每股收益		
（一）基本每股收益		
（二）稀释每股收益		

2. 单步式利润表

单步式利润表将收入、费用分别排列在一起，用收入总额减去费用总额得出净利润。由于它仅用一个相减的步骤即可计算出净利润，故名"单步式"。单步式利润表的简化格式如表 8-8 所示。

表 8-8 利润表(单步式)

项　目	上年数	本年数
一、收入		
……		
收入合计		
二、费用		
……		
费用合计		
三、净利润		

单步式利润表简单明了,易于理解,避免了项目分类上的困难,但是不能提供中间利润指标。

三、利润表的编制

(一) 利润表"上期金额"栏各项目填列方法

利润表"上期金额"栏反映各项目上年同期的实际发生额,应根据上年同期利润表的"本期金额"栏抄列。如果上年同期利润表与本年利润表的项目名称和内容不一致,应对上年利润表的项目名称和金额按本年度的规定进行调整,然后填入本年本表的"上期金额"栏。

(二) 利润表"本期金额"栏各项目填列方法

利润表"本期金额"栏反映各项目的本期实际发生数,报表中各项目的内容除"基本每股收益"和"稀释每股收益"项目外,应当按照各损益类账户的本期发生额分析填列。

(1)"营业外收入"项目,应根据"主营业务收入""其他业务收入"账户的发生额分析填列。

(2)"营业成本"项目,应根据"主营业务成本""其他业务成本"账户的发生额分析填列。

(3)"营业税金及附加"项目,应根据"营业税金及附加"账户的发生额分析填列。

(4)"销售费用"项目,应根据"销售费用"账户的发生额分析填列。

(5)"管理费用""财务费用"项目,应分别根据"管理费用""财务费用"账户的发生额分析填列。

(6)"投资收益"项目,反映企业以各种方式对外投资所取得的扣除投资损失后的净损益,其中包括分得的投资利润、债券投资的利息收入及认购股票取得的股利和收回投资时发生的收益等。本项目应根据"投资收益"账户的发生额分析填列,如为投资损失,以"—"号填列。

(7)"资产减值损失"项目,应根据"资产减值损失"账户发生额分析填列。

(8)"公允价值变动损益"项目,应根据"公允价值变动损益"账户的发生额分析填列,如为净损失,本项目用"—"填列。

（9）"营业外收入"和"营业外支出"项目，分别根据"营业外收入"和"营业外支出"账户的发生额分析填列。

（10）"所得税费用"项目，应根据"所得税费用"账户的发生额分析填列。

（11）"营业利润"项目，反映企业实现的营业利润。如果为亏损，以"—"填列。

（12）"利润总额"项目，反映企业实现的利润总额。如果为亏损，以"—"填列。

（13）"净利润"项目，反映企业缴纳所得税后的利润。如果为亏损，以"—"填列。

（14）每股收益：企业应当在利润表中单独列示基本每股收益和稀释每股收益。基本每股收益的计算在后续课程介绍。

> **练 一 练**
>
> （单选）企业本月利润表中的营业收入为 450 000 元，营业成本为 216 000 元，税金及附加为 9 000 元，管理费用为 10 000 元，财务费用为 5 000 元，销售费用为 8 000 元，营业外支出为 3 000 元，则其营业利润为（　　）元。
>
> A. 217 000　　　　　　　　　　　B. 225 000
>
> C. 234 000　　　　　　　　　　　D. 202 000

四、利润表编制实例

【例 8 - 12】神禾公司 2023 年 12 月损益类科目账户发生额如表 8 - 9 所示。

表 8 - 9　神禾公司 2023 年 12 月损益类科目账户发生额

科目名称	借方发生额	贷方发生额
主营业务收入		1 000 000
主营业务成本	400 000	
营业税及金及附加	20 000	
其他业务收入		50 000
其他业务成本	20 000	
销售费用	15 000	
管理费用	55 000	
财务费用	20 000	
资产减值损失	25 000	
投资收益		15 000
营业外收入		30 000
营业外支出	10 000	
所得税费用		

根据上述资料编制神禾公司 2023 年 12 月的利润表（见表 8 - 10）。

表 8 - 10 利润表

会企 02 表

编制单位:神禾公司　　　　　　　　2023 年 12 月　　　　　　　　单位:元

项　目	本期金额	上期金额
一、营业收入	1 050 000	(略)
减:营业成本	420 000	
营业税金及附加	20 000	
销售费用	15 000	
管理费用	55 000	
财务费用	20 000	
资产减值损失	25 000	
加:公允价值变动收益(损失以"－"号填列)		
投资收益(损失以"－"号填列)	15 000	
其中:对联营企业和合营企业的投资收益		
二、营业利润(亏损以"－"号填列)	510 000	
加:营业外收入	30 000	
减:营业外支出	10 000	
其中:非流动资产处置损失		
三、利润总额(亏损总额以"－"号填列)	530 000	
减:所得税费用	132 500	
四、净利润(净亏损以"－"号填列)	397 500	
五、每股收益		
(一)基本每股收益		
(二)稀释每股收益		

想 一 想

资产负债表与利润表的主要区别与联系有哪些?

解答要点:

(1) 利润表是按照"收入－费用＝利润"编制的,它反映的是一个期间会计主体经营活动成果的变动。

(2) 资产负债表是按照"资产＝负债＋所有者权益"编制的,它反映的是某一时点会计主体全部资产的分布状况及其相应来源。

(3) 由于等式"收入－费用＝利润"的结果既会在利润表中反映,也会在资产负债表中反映。它们之间的联系可以用等式"资产＝负债＋所有者权益＋收入－费用"表示。

(4) 资产负债表所有者权益部分"未分配利润"年初、年末数等于利润及利润分配表的利润分配部分的"年初未分配利润""年末未分配利润",年度之中,资产负债表所有者权益部分"未分配利润"期末数等于年初未分配利润与利润表的净利润之和。

任务四 编制现金流量表

一、现金流量表的概念及作用

现金流量表是以现金为基础编制的反映企业财务状况变动的报表,它反映企业一定会计期间内有关现金和现金等价物的流入和流出的信息,以便于了解和评价企业获得现金和现金等价物的能力,并据以预测企业未来现金流量。

编制现金流量表的目的是为会计报表使用者提供企业一定会计期间内现金流入和流出的信息,便于报表使用者了解和评价企业获取现金的能力,并据以预测企业未来现金流量。

现金流量表主要有以下几个方面的作用:

(1)现金流量表可以提供企业的现金流量信息,从而有助于评价企业的偿债能力和支付能力。

(2)现金流量表有助于客观评价企业的经营质量。

(3)通过现金流量表,不但可以了解企业当前的财务状况,还可以预测企业未来的发展情况。

二、现金流量表的编制基础

现金流量表是以现金为基础编制的,即按照收付实现制,将权责发生制下的现金流信息调整为收付实现制下的现金流信息。这里的"现金"是指企业的现金和现金等价物。

(一)现金

现金是指企业库存现金以及可以随时用于支付的存款,包括库存现金、银行存款和其他货币资金(如外埠存款、银行汇票存款、银行本票存款)等。

(二)现金等价物

现金等价物是指企业持有的期限短、流动性强、易于转换为已知金额现金、价值变动风险很小的投资。期限短,一般是指从购买日起三个月内到期。现金等价物通常包括三个月内到期的债券投资等。企业应当根据具体情况,确定现金等价物的范围,一经确定不得随意变更。

应注意的是,除特别说明外,以后所称的现金均包括现金等价物;不能随时用于支付的存款不属于现金,如不能随时支取的定期存款,不应作为现金,但是提前通知金融企业便可支取的定期存款,则应包括在现金范围内;权益性投资变现的金额通常不确定,因而不属于现金等价物。

三、现金流量表的分类

现金流量是指企业某一期间内现金和现金等价物流入和流出的数量。例如,企业销售商品、提供劳务、出售固定资产、向银行借款等取得现金,形成企业的现金流入;购买原材料、接受劳务、购建固定资产、对外投资、偿还债务等支付现金,形成企业的现金流出。

但是,企业从银行提取现金、用现金购买短期到期的国库券等现金和现金等价物之间的转换不属于现金流量。

根据企业业务活动的性质和现金流量的来源,将企业一定期间产生的现金流量分为以下三类。

(一) 经营活动产生的现金流量

经营活动是指企业投资活动和筹资活动以外的所有交易事项。经营活动产生的现金流量主要包括销售商品或提供劳务、购买商品、接受劳务、支付工资和交纳税款等流入和流出的现金和现金等价物。

(二) 投资活动产生的现金流量

投资活动是指企业长期资产的构建和不包括在现金等价物范围内的投资及其处置活动。投资活动产生的现金流量主要包括构建固定资产、处置子公司及其他营业单位等流入和流出的现金和现金等价物。

(三) 筹资活动产生的现金流量

筹资活动是指导致企业资本及负债规模或构成发生变化的活动。筹资活动产生的现金流量主要包括吸收投资、发行股票、分配利润、发行债券、偿还债务等流入和流出的现金和现金等价物。偿还应付账款、应付票据等应付款项属于经营活动,不属于筹资活动。

练 一 练

(单选)下列各项中,属于经营活动产生的现金流量的是( )。

A. 销售商品收到的现金　　　　　　B. 发行债券收到的现金

C. 发生筹资费用所支付的现金　　　D. 分得股利所收到的现金

四、现金流量表的内容与结构

现金流量表的内容主要包括经营活动产生的现金流量、投资活动产生的现金流量、筹资活动产生的现金流量、汇率变动对现金及现金等价物的影响等部分。

我国企业现金流量表采用报告式结构,分类反映经营活动产生的现金流量、投资活动产生的现金流量和筹资活动产生的现金流量等,最后汇总反映企业某一期间现金及现金等价物的净增加额。

我国企业现金流量表的格式如表 8-11 所示。

表 8 – 11 现金流量表

会企 03 表

编制单位：　　　　　　　　　　年　　　　　　　　　　　　　　单位：元

项　　目	本期金额	上期金额
一、经营活动产生的现金流量：		
销售商品、提供劳务收到的现金		
收到的税费返还		
收到其他与经营活动有关的现金		
经营活动现金流入小计		
购买商品、接受劳务支付的现金		
支付给职工以及为职工支付的现金		
支付的各项税费		
支付其他与经营活动有关的现金		
经营活动现金流出小计		
经营活动产生的现金流量净额		
二、投资活动产生的现金流量：		
收回投资收到的现金		
取得投资收益收到的现金		
处置固定资产、无形资产和其他长期资产收回的现金净额		
处置子公司及其他营业单位收到的现金净额		
收到其他与投资活动有关的现金		
投资活动现金流入小计		
购建固定资产、无形资产和其他长期资产支付的现金		
投资支付的现金		
取得子公司及其他营业单位支付的现金净额		
支付其他与投资活动有关的现金		
投资活动现金流出小计		
投资活动产生的现金流量净额		
三、筹资活动产生的现金流量：		
吸收投资收到的现金		
取得借款收到的现金		
收到其他与筹资活动有关的现金		
筹资活动现金流入小计		
偿还债务支付的现金		

项 目	本期金额	上期金额
分配股利、利润或偿付利息支付的现金		
支付其他与筹资活动有关的现金		
筹资活动现金流出小计		
筹资活动产生的现金流量净额		
四、汇率变动对现金及现金等价物的影响		
五、现金及现金等价物净增加额		
加:期初现金及现金等价物余额		
六、期末现金及现金等价物余额		
1. 将净利润调节为经营活动现金流量:		
净利润		
加:资产减值准备		
固定资产折旧、油气资产折耗、生产性生物资产折旧		
无形资产摊销		
长期待摊费用摊销		
处置固定资产、无形资产和其他长期资产的损失(收益以"－"号填列)		
固定资产报废损失(收益以"－"号填列)		
公允价值变动损失(收益以"－"号填列)		
财务费用(收益以"－"号填列)		
投资损失(收益以"－"号填列)		
递延所得税资产减少(增加以"－"号填列)		
递延所得税负债增加(减少以"－"号填列)		
存货的减少(增加以"－"号填列)		
经营性应收项目的减少(增加以"－"号填列)		
经营性应付项目的增加(减少以"－"号填列)		
其他		
经营活动产生的现金流量净额		
2. 不涉及现金收支的重大投资和筹资活动:		
债务转为资本		
一年内到期的可转换公司债券		
融资租入固定资产		
3. 现金及现金等价物净变动情况:		

续表

项　目	本期金额	上期金额
现金的期末余额		
减：现金的期初余额		
加：现金等价物的期末余额		
减：现金等价物的期初余额		
现金及现金等价物净增加额		

五、现金流量表的编制方法

编制现金流量表时，列报经营活动现金流量的方法有两种，即直线法和间接法。

企业应当采用直线法列示经营活动产生的现金流量。直线法是指通过现金收入和现金支出的主要类别列示经营活动的现金流量。采用直线法编制经营活动的现金流量时，一般以利润表中的营业收入为起算点，调整与经营活动有关的项目增减变动，然后计算出经营活动的现金流量。采用直接法具体编制现金流量表时，可以采用工作底稿法或 T 型账户法，也可以根据有关科目记录分析填列。间接法是将净利润调节为经营活动现金流量，实际上就是将权责发生制原则确定的净利润调整为现金净流入，并剔除投资活动和筹资活动对现金流量的影响。

知 识 拓 展

在绘制合并现金流量表时，可以采取以下几种方式进行编制。一是内部以现金投资或收购股权。当母公司与子公司、子公司相互之间当期以现金投资或收购股权时，会引起现金从投资方流入被投资方，它属于集团内部的现金转移，应当将其抵销，借记"投资支付的现金"科目，贷记"吸收投资收到的现金"科目。二是内部收付现金股利、利润或利息。当期母公司与子公司、子公司相互之间因股权投资或债权投资而以现金支付股利、利润或利息的，实质上只是整个集团的现金内部流动，因而在编制合并现金流量表时，应当予以抵销，借记"分配股利、利润或偿付利息支付的现金"项目，贷记"取得投资收益收到的现金"项目。

任务五　了解所有者权益变动表

一、所有者权益变动表的概念与作用

所有者权益变动表又称股东权益变动表，是反映构成所有者权益的各组成部分当期增减变动情况的报表。所有者权益变动表既可以为报表使用者提供所有者权益总量增减变动的信息，也能为其提供所有者权益增减变动的结构性信息，特别是能够让报表使用者理解所有者权益增减变动的根源。

二、所有者权益变动表的内容和结构

按照《企业会计准则第 30 号——会计报表列报》的规定，所有者权益变动表至少应当单独列示下列信息的项目：① 综合收益总额；② 会计政策变更和差错更正的累积影响金额；③ 所有者投入资本和减少资本；④ 利润分配；⑤ 所有者权益内部结转；⑥ 实收资本、其他权益工具、资本公积、其他综合收益、盈余公积、未分配利润的期初和期末余额及调节情况。

所有者权益变动表以矩阵的形式列示：一方面，报表的各行列示导致所有者权益变动的交易或事项，即所有者权益变动的来源，对一定时期所有者权益的变动情况进行全面反映；另一方面，报表的各列按照所有者权益各组成部分（即实收资本、其他权益工具、资本公积、其他综合收益、盈余公积、未分配利润和库存股）列示交易或事项对所有者权益各部分的影响。企业需要提供比较所有者权益变动表，表内各项目再分为"本年金额"和"上年金额"两个栏目。

任务六　了解财务报表附注

一、财务报表附注的概念与作用

财务报表附注是对在资产负债表、利润表、现金流量表和所有者权益变动表等报表中列示项目的文字描述或明细资料，以及对未能在这些报表中列示项目的说明等。

附注应当披露财务报表的编制基础，相关信息应当与资产负债表、利润表、现金流量表和所有者权益变动表等报表中列示的项目相互参照。附注是财务报表重要的解释与补充资料，可以使报表使用者全面了解企业的财务状况、经营成果和现金流量等会计信息，它与财务报表具有同等重要的地位。

二、财务报表附注披露的内容

按照《企业会计准则第 30 号——财务报表列报》的规定，财务报表附注一般应当按照下列顺序披露有关内容。

（一）企业的基本情况

（1）企业注册地、组织形式和总部地址；

（2）企业的业务性质和主要经营活动，如企业所处的行业、所提供的主要产品或服务、客户的性质、销售策略、监管环境的性质等；

（3）母公司以及集团最终母公司的名称；

（4）财务报告的批准报出者和财务报告批准报出日；

（5）营业期限有限的企业，还应当披露有关其营业期限的信息。

（二）财务报表的编制基础

财务报表的编制基础包括企业采用的会计年度、使用的记账本位币、会计计量所运用的计量基础、现金和现金等价物的构成等。除此之外，企业应当根据《企业会计准则第 30 号——财务报表列报》的规定判断企业是否持续经营,并披露财务报表是否以持续经营为基础编制。

(三)遵循企业会计准则的声明

企业应当声明编制的财务报表符合企业会计准则的要求,真实、完整地反映了企业的财务状况、经营成果和现金流量等信息,以此明确企业编制财务报表所依据的制度基础。

(四)重要会计政策和会计估计

企业应当披露采用的重要会计政策和会计估计。

1. 重要会计政策的说明

由于企业经济业务的复杂性和多样化,企业可以选择不同的会计处理方法。为了有助于报表使用者理解,有必要对这些会计政策加以披露,具体包括以下两个方面:

(1)财务报表项目的计量基础。会计计量属性包括历史成本、重置成本、可变现净值、现值和公允价值。这项披露要求便于使用者了解企业财务报表中的项目是按何种计量基础予以计量的。

(2)会计政策的重要判断依据。主要是指企业在运用会计政策过程中所做的对报表中确认的项目金额最具影响的判断。例如,企业如何判断与租赁资产相关的所有风险和报酬已转移给企业,从而符合融资租赁的标准等。这项披露要求有助于使用者理解企业选择和运用会计政策的背景,增加财务报表的可理解性。

2. 重要会计估计的说明

财务报表列报准则强调了对会计估计不确定因素的披露要求,即企业应当披露会计估计中所采用的关键假设和不确定因素的确定依据。因为这些关键假设和不确定因素在下一会计期间内很可能导致对资产、负债账面价值进行重大调整,因此,强调这一披露要求有助于提高财务报表的可理解性。

(五)会计政策和会计估计变更以及差错更正的说明

企业应当按照《企业会计准则第 28 号——会计政策、会计估计变更和差错更正》的规定,披露会计政策和会计估计变更以及差错更正的具体情况。

(六)报表重要项目的说明

企业应当按照资产负债表、利润表、现金流量表、所有者权益变动表及其项目列示的顺序,对报表重要项目的说明采用文字和数字描述相结合的方式进行披露。报表重要项目的明细金额合计,应当与报表项目金额相衔接。企业应当在附注中披露费用按照性质分类的利润表补充资料,可将费用分为耗用的原材料、职工薪酬费用、折旧费用、摊销费用等。

(七)或有和承诺事项、资产负债表日后非调整事项、关联方关系及其交易等需要说明的事项

(八)其他有助于财务报表使用者评价企业管理资本的目标、政策及程序的信息

★ 恩政小课堂

欺诈性财务报表，从本质上看是一种故意误导财务报表使用者的行为。谎报财务报表数据是其表现形式，虚增盈利是其最常用的手段。例如，一些公司为了虚增本年利润或完成本年扭亏为盈的目的，在本年年末做一笔销售，再于第二年年初确认一笔退货；还有一些公司利用一家子公司将商品按市场价格销售给第三方，确认该子公司的销售收入，再由另一家子公司从第三方企业购回，规避企业集团内部交易必须抵消规定的约束，达到虚增企业集团合并报表收入、利润的目的。此外，将费用作为利润的一个"调节器"或"蓄水池"。目前常见的方式：将收益性支出作资本性支出处理，将应由本期确认的费用递延到以后各年确认，潜亏挂账，该转销的资产损失不在当期转销，该预提的费用不预提，该确认的资产减值损失期末不确认，虚增存货价值、少转销货成本等。在我国一些上市公司的财务会计报表中，还有利用关联方关系、资产重组、债务重组、出售、转让、置换资产、税收减免及财政补贴等虚增利润的手段。一个公司从基层经理到高层管理者，都有可能卷入财务报表的欺诈活动；会计师事务所及注册会计师也要对客户欺诈性财务报表产生的结果承担相应的法律责任。

欺诈性财务报表将会产生使公司财务状况处于恶性循环中，最终导致破产倒闭；使投资者遭受巨大损失，甚至血本无归；使会计师事务所出现信任危机等危害。主要的防范措施有制定切合实际的内部业绩评价指标，强化内部审计责任，注册会计师应遵循通用的审计准则和职业道德。编制财务报表时应坚守准则，树立诚实守信的品德，杜绝欺诈性财务报表的出现。

本章总结

1. 财务报告，是指企业对外提供的反映企业某一特定日期的财务状况和某一会计期间的经营成果、现金流量等会计信息的文件。财务报告包括财务报表和其他应当在财务报告中披露的相关信息和资料。

2. 财务报表是对企业财务状况、经营成果和现金流量的结构性表述。一套完整的财务报表至少应当包括资产负债表、利润表、现金流量表、所有者权益变动表以及附注。

3. 资产负债表是反映企业在某一特定日期财务状况的静态财务报表，满足"资产＝负债＋所有者权益"平衡式。资产负债表的内容主要包括资产、负债和所有者权益三个静态会计要素，应当分类分项进行列示。资产负债表的格式主要有报告式和账户式两种。

4. 资产负债表各项目均需填列"年初余额"和"期末余额"两栏。其中"年初余额"栏内各项数字，应根据上年末资产负债表的"期末余额"栏内所列数字填列。

5. 利润表是指反映企业在一定会计期间经营成果的报表。经营成果也称"财务成果"，一般是指企业实现的净利润（或净亏损）。利润表直接反映收入、费用和利润三个动态会计要素，因而属于动态会计报表。利润表的内容主要是反映财务成果的形成，包括收入、费用和利润，应当分类分项列示。利润表采用报告式的上下结构，有多步式和单步式两种格式。

6. 利润表"上期金额"栏反映各项目上年同期的实际发生额，应根据上年同期利润表的"本期金额"栏抄列。如果上年同期利润表与本年利润表的项目名称和内容不一致，应对上年利润表的项目名称和金额按本年度的规定进行调整,然后填入本年本表的"上期金额"栏。利润表"本期金额"栏反映各项目的本期实际发生数,报表中各项目的内容除"基本每股收益"和"稀释每股收益"项目外,应当按照各损益类账户的本期发生额分析填列。

7. 现金流量表是以现金为基础编制的反映企业财务状况变动的报表,它反映企业一定会计期间内有关现金和现金等价物的流入和流出的信息,以便于了解和评价企业获得现金和现金等价物的能力,并据以预测企业未来现金流量。现金流量表是以现金为基础编制的,即按照收付实现制,将权责发生制下的现金流信息调整为收付实现制下的现金流信息。

8. 现金流量表的内容主要包括经营活动产生的现金流量、投资活动产生的现金流量、筹资活动产生的现金流量、汇率变动对现金及现金等价物的影响等部分。我国企业现金流量表采用报告式结构,分类反映经营活动产生的现金流量、投资活动产生的现金流量和筹资活动产生的现金流量等,最后汇总反映企业某一期间现金及现金等价物的净增加额。编制现金流量表时,列报经营活动现金流量的方法有直线法和间接法两种。

9. 所有者权益变动表又称股东权益变动表,是反映构成所有者权益的各组成部分当期增减变动情况的报表。所有者权益变动表既可以为报表使用者提供所有者权益总量增减变动的信息,也能为其提供所有者权益增减变动的结构性信息,特别是能够让报表使用者理解所有者权益增减变动的根源。

10. 财务报表附注是对在资产负债表、利润表、现金流量表和所有者权益变动表等报表中列示项目的文字描述或明细资料,以及对未能在这些报表中列示项目的说明等。附注应当披露财务报表的编制基础,相关信息应当与资产负债表、利润表、现金流量表和所有者权益变动表等报表中列示的项目相互参照。附注是财务报表重要的解释与补充资料,可以使报表使用者全面了解企业的财务状况、经营成果和现金流量等会计信息,它与财务报表具有同等重要的地位。

课前预习

一、名词解释
财务报表　资产负债表　利润表　现金流量表

二、单项选择题
1. 会计报表中项目的数字其直接来源是(　　)。
A. 原始凭证　　　B. 记账凭证　　　C. 日记账　　　D. 账簿记录
2. 资产负债表是反映企业在(　　)财务状况的会计报表。
A. 某一特定时期　　　　　　B. 某一特定会计时期
C. 一定时间　　　　　　　　D. 某一特定日期
3. (　　)是由独立核算的基层单位,根据账簿记录和其他有关资料编制的会计报表。
A. 单位会计报表　　B. 个别会计报表　　C. 汇总会计报表　　D. 合并会计报表
4. 资产负债表中,货币资金项目是根据(　　)填制。
A. 库存现金和银行存款期末余额汇总
B. 库存现金、银行存款和其他货币资金的期末余额汇总
C. 库存现金的期末余额

D. 银行存款的期末余额

5. 利润表中的"净利润"是根据企业的利润总额扣除（   ）后的净额。

A. 所得税费用　　　B. 盈余公积　　　　C. 应付利润　　　　D. 营业利润

三、判断题

1. 一套完整的财务报表至少应当包括资产负债表、利润表、现金流量表、所有者权益变动表以及附注。　　　　　　　　　　　　　　　　　　　　　　　　　　　　（　　）

2. 资产负债表属于静态报表，利润表属于动态报表。　　　　　　　　　　　　（　　）

3. 资产负债表中，资产的排列顺序是根据重要性原则确定的。　　　　　　　（　　）

4. 为了保证编报的及时性，企业可以先编制会计报表后结账。　　　　　　　（　　）

5. 企业对会计记录进行试算平衡后，就可依据账簿记录编制各种会计报表。（　　）

课后练习

一、单项选择题

1. 以下报表中属于静态报表的是（   ）。

A. 资产负债表　　　　　　　　　　B. 利润表

C. 现金流量表　　　　　　　　　　D. 所有者权益变动表

2. 利润表是反映企业（   ）经营成果的报表。

A. 一个时点　　　　　　　　　　　B. 某一特定日期

C. 一年　　　　　　　　　　　　　D. 某一特定会计期间

3. 编制资产负债表的主要依据是（   ）。

A. 资产、负债及所有者权益各账户的本期发生额

B. 各损益类账户的本期发生额

C. 资产、负债及所有者权益各账户的期末余额

D. 各损益类账户的期末余额

4. 生产成本账户若有余额，应在资产负债表中（   ）项目内反映。

A. 货币资金　　　B. 应收账款　　　C. 存货　　　D. 应付职工薪酬

5. "应收账款"账户所属明细账户如有贷方余额，应在资产负债表（   ）项目中反映。

A. 预付账款　　　B. 预收账款　　　C. 应收账款　　　D. 应付账款

6. 在资产负债表中，（   ）项目金额根据总账余额直接填列。

A. "应收股利"　　B. "未分配利润"　　C. "应收账款"　　D. "货币资金"

7. 资产负债表中"未分配利润"项目是（   ）。

A. "本年利润"账户余额

B. "利润分配"账户余额

C. "本年利润"账户余额－"利润分配"账户余额

D. "本年利润"账户贷方余额－"利润分配"账户借方余额（或＋"利润分配"账户贷方余额）

8. 资产负债表的下列项目中，需要根据几个总账账户的余额进行汇总填列的是（   ）。

A. "短期借款"　　B. "货币资金"　　C. "累计折旧"　　D. "实收资本"

9. 多步式利润表是通过多步骤计算求出当期损益,其计算步骤分为( )的计算。

A. 主营业务利润、营业利润、利润总额

B. 营业利润、利润总额、净利润

C. 营业收入、营业利润、营业外收支净额

D. 主营业务利润、营业外收支净额、净利润

10. 下列报表中,不属于企业内部会计报表的是( )。

A. 主营业务收支明细表　　　　　　B. 现金流量表

C. 销售日报表　　　　　　　　　　D. 产品成本表

二、多项选择题

1. 会计报表的使用者有( )。

A. 投资者　　　　　　　　　　　　B. 债权人

C. 各级主管机关和国家经济管理机关　D. 企业内部管理人员

2. 根据规定,企业编制的财务报表至少应当包括( )。

A. 资产负债表　　　　　　　　　　B. 利润表

C. 现金流量表　　　　　　　　　　D. 所有者权益(股东权益)变动表

E. 附注

3. 以下报表中应按月编制的有( )。

A. 资产负债表　　　　　　　　　　B. 利润表

C. 现金流量表　　　　　　　　　　D. 股东权益增减变动表

E. 资产减值准备明细表

4. 企业对外报送的会计报表包括( )。

A. 资产负债表　　　　　　　　　　B. 利润表

C. 现金流量表　　　　　　　　　　D. 所有者权益(或股东权益)变动表

5. 填列资产负债表期末数,可以分别采用的具体方法有( )。

A. 根据总账科目的期末余额直接填列

B. 根据明细科目的余额直接填列

C. 根据若干总账项目的期末余额计算填列

D. 根据若干明细科目的期末余额计算填列

6. 资产负债表中的"存货"项目包括以下账户( )期末余额的计算。

A. 在途物资　　　　　　　　　　　B. 原材料

C. 库存商品　　　　　　　　　　　D. 生产成本

E. 应交税费

7. 下列有关资产负债表的表述中,正确的有( )。

A. 资产负债表是反映企业某一特定日期财务状况的会计报表,因而是动态报表。

B. 资产负债表可以反映企业所拥有的经济资源及分布情况。

C. 资产负债表的左方为资产,并按流动性大小排列,流动性大的排在前面。

D. 资产负债表的右方为负债及所有者权益,负债类按清偿债务的先后顺序排列。

8. 利润表是( )。

A. 根据有关账户发生额编制的　　　　　B. 动态报表

C. 静态报表　　　　　　　　　　　　D. 反映财务状况的报表

9. 利润表中的"营业收入"项目应根据（　　）账户发生额分析填列。

A. 主营业务收入　　　　　　　　　　B. 其他业务收入

C. 营业外收入　　　　　　　　　　　D. 投资收益

E. 公允价值变动收益

10. 利润表中的项目共分为（　　）等层次。

A. 主营业务利润　　　　　　　　　　B. 营业利润

C. 利润总额　　　　　　　　　　　　D. 净利润

三、判断题

1. "资产＝负债＋所有者权益"这一基本恒等式既是资产平衡的理论依据，也是编制利润表的理论基础。（　　）

2. 资产负债表左方反映资产，右方反映负债，左右两边的金额相等。（　　）

3. 资产负债表中"应收账款"项目，应根据"应收账款"账户所属各明细账户的期末借方余额合计填列。如果"预付账款"账户所属有关明细账户有借方余额的，也应包括在本项目内。（　　）

4. 一年内到期的非流动资产在资产负债表上应列为非流动资产类。（　　）

5. 利润表是动态报表。（　　）

6. 利润表中计算出来的应交所得税后的利润，即未分配利润。（　　）

7. 编制利润表时，如有投资损失，应以"－"号填列"投资收益"项目。（　　）

8. 利润表主要提供有关企业经营成果方面的信息，是评价企业经营成果的有效工具。（　　）

9. 资产负债表中的所有者权益按照实收资本（或股本）、资本公积、盈余公积、本年利润和利润分配分项列示。（　　）

10. 企业在编制会计报表前，一般应该进行账证、账账、账实核对，并进行期末账项调整，以保证会计信息的有用性。（　　）

四、简答题

1. 什么是财务报表？它由哪些内容组成？

2. 什么是资产负债表？它有何重要作用？

3. 什么是利润表？它有何重要作用？

4. 我国的资产负债表的结构和格式是怎样的？

5. 简述现金流量表的编制基础。

6. 简述所有者权益变动表的概念及作用。

7. 简述财务报表附注的概念及作用。

五、实务操作

1. 神禾公司 2023 年 12 月份有关损益类账户的发生额如表 8－11 所示。

表 8 - 11　损益类账户发生额　　　　　　　　单位:元

账户名称	借方发生额	贷方发生额
主营业务收入	450 000	4 930 800
其他业务收入		2 345 800
投资收益	300 000	2 450 878
营业外收入		500 940
主营业务成本	3 670 700	345 800
营业税金及附加	1 222 454	
其他业务成本	754 600	
销售费用	333 655	
管理费用	326 000	45 000
财务费用	229 767	76 348
营业外支出	547 657	
所得税费用	809 774	
合计	8 644 607	10 695 566

【要求】根据上述资料编制神禾公司 2023 年 12 月利润表。

2. 某企业,2023 年 12 月 31 日全部总分类账户和有关明细分类账户余额如表 8 - 12 所示。

表 8 - 12　总分类账户和明细分类账户余额　　　　　　单位:元

总账账户	明细账户	借方余额	贷方余额
库存现金		10 000	
银行存款		300 000	
交易性金融资产		280 000	
应收账款		450 000	
	——甲公司	100 000	
	——乙公司		10 000
	——丙公司	360 000	
预付账款		94 000	
	——丁单位	98 000	
	——戊单位		4 000
其他应收款		17 000	
原材料		530 000	
生产成本		160 000	
库存商品		410 000	

总账账户	明细账户	借方余额	贷方余额
待摊费用		40 000	
长期股权投资		4 620 000	
固定资产		16 000 000	
累计折旧			3 200 000
无形资产		1 630 730	
短期借款			1 200 000
应付账款			200 000
	——A 工厂		170 000
	——B 工厂		130 000
	——C 工厂	100 000	
预收账款			20 000
	——D 单位	20 000	
	——E 单位		40 000
其他应付款			180 000
应付职工薪酬			694 000
应交税费			1 200 000
应付股利			400 000
预提费用			60 000
长期借款			1 280 000
应收资本			5 600 000
盈余公积			1 480 585
利润分配	——未分配利润		9 190 145

【要求】根据所给资料编制该企业 2023 年 12 月份资产负债表。

项目六

最终整理与保管会计档案

■ **知识框架**

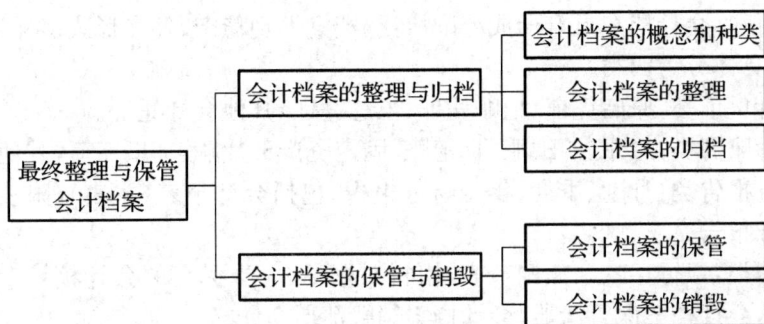

■ **知识目标**

1. 了解会计档案的概念和种类；
2. 理解会计档案的销毁；
3. 掌握会计档案的整理、会计档案的归档和移交、会计档案的保管期限。

■ **能力目标**

1. 能够科学合理地设置会计档案；
2. 能够按照规定对会计档案进行整理、归档、移交、保管和销毁。

■ **思政目标**

1. 培养学生的档案意识、规则意识与诚信意识；
2. 培养学生条理化、系统化的专业习惯。

■ **案例导引**

　　神禾公司档案管理人员张某工作期间，为了给新购进的凭证腾出存放地点，在既未请示领导，又未亲自查看的情况下，擅自批准工作人员将2020年至2022年期间形成的会计档案从柜中搬出，装入麻袋堆放在机要室，后因办公室调整又转放到油印室。此后，在长达半年多的时间里，张某既没有安排档案管理人员去整理、保管这部分档案，又没过问这批档案的下落，使得最终被人误认为油印室无用的废纸予以销毁。事发后，张某做了深刻检讨，并被行政警告处分。你认为张某的做法中有何不妥？假如是你，你会怎么处理此项工作？

任务一　会计档案的整理与归档

一、会计档案的概念和种类

会计档案是指会计凭证、会计账簿和财务报告等专业核算材料，是记录和反映单位经济业务的重要史料和证据。会计档案对于会计主体总结经济工作，指导管理活动，研究经济发展的方针、战略都具有重要作用。《会计法》规定，对会计档案保管不善，造成损毁、丢失的，应承担法律责任。会计档案具有形成范围广泛、档案类别稳定、外在形式多样等特点。

会计档案具体分为四类。

第一，会计凭证类：原始凭证、记账凭证、汇总凭证，其他会计凭证。

第二，会计账簿类：总账、明细账、日记账、固定资产卡片账、辅助账簿，其他会计账簿。

第三，财务报告类：月度、季度、年度财务报告，包括会计报表（主表）、附表、附注及文字说明，其他财务报告。

第四，其他类：银行存款余额调节表、银行对账单、应当保存的会计核算专业资料，会计档案移交清册，会计档案保管清册，会计档案销毁清册。

会计档案在财务会计各项管理活动中形成的其他文件材料，如政策法规、预算、计划总结、请示批复、制度等不属于会计档案，应当作为文书档案进行管理。

知识拓展

新《会计档案管理办法》将电子会计档案纳入了会计档案的范围，规定会计档案包括通过计算机等电子设备形成、传输和存储的电子会计档案。规定满足一定条件时单位内部生成和外部接收的电子会计资料可仅以电子形式归档保存。

对于单位内部形成的属于归档范围的电子会计资料，同时满足以下几个条件的，可仅以电子形式保存，形成电子会计档案：

（1）形成的电子会计资料来源有效，由计算机等电子设备形成和传输。

（2）使用的会计核算系统能够准确、完整、有效地接收和读取电子会计资料，能够输出符合国家标准归档格式的会计凭证、会计账簿、财务会计报表等会计资料，设定了经办、审核、审批等必要的审签程序。

（3）使用的电子档案管理系统能够有效接收、管理、利用电子会计档案，符合电子档案的长期保管要求，并建立了电子会计档案与相关联的其他纸质会计档案的检索关系。

（4）采取有效措施，防止电子会计档案被篡改。

（5）建立电子会计档案备份制度，能够有效防范自然灾害、意外事故和人为破坏的影响。

（6）形成的电子会计资料不属于具有永久保存价值或者其他重要保存价值的会计档案。对于单位从外部接收的电子会计资料，附有符合《中华人民共和国电子签名法》规定的电子签名的，可仅以电子形式归档保存，形成电子会计档案。

二、会计档案的整理

会计档案的整理就是通过分类、立卷、排列、编目等工作使会计档案有序化的过程。根据国家有关规定,会计档案的立卷工作由财务会计部门按照本单位会计档案分类方法承担,其他整理环节的工作,原则上由档案部门负责。

提炼点睛

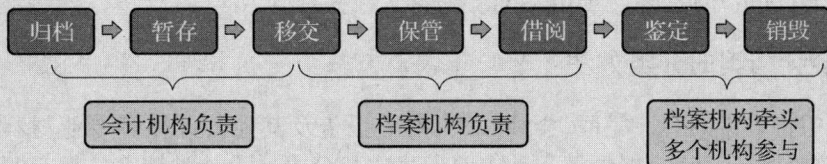

图 9-1 会计档案的管理环节

(一) 凭证、账簿、会计报表的整理

1. 原始凭证的整理

原始凭证应附在记账凭证后面,要求粘贴的原始凭证应真实、合法、完整、正确,粘贴要干净整洁,排列有序。对于纸张面积过小的原始凭证,可先按一定次序和类别排列,再粘在一张同记账凭证大小相同的白纸上,粘贴时宜用胶水。证票应分张排列,同类、同金额的票据尽量粘在一起,并在一旁注明张数和合计金额。如果是纸张厚度较大的票证,可以将票面票底轻轻撕开;对于纸张面积略小于记账凭证的原始凭证,可先用回形针或大头针别在记账凭证后面,待装订时再抽去回形针或大头针;对于纸张面积大于记账凭证的原始凭证,可按记账凭证的面积尺寸,先自右向后,再自下向后两次折叠。注意应把凭证的左上角或左侧面让出来,以便装订后,还可以展开查阅。

2. 记账凭证的整理

记账凭证应按月整理。月末,要将本月各种记账凭证加以整理,检查有无缺号和附件是否齐全,然后按顺序号排列,封面封底,装订成册。如果在一个月内,凭证数量过多,可分装若干册,在封面上加注共几册字样。封面上应注明:单位的名称、所属的年度和月份、起讫的日期、记账凭证的种类、起讫号数。封面上应由会计主管人员、保管人员签章。装订凭证的厚度以1.5~2 cm 为宜,一般为 30 张记账凭证装订一本,装订时要考虑到凭证的整齐均匀,特别是装订线的位置,如果太薄时可用纸折一些三角形纸条,均匀地垫在此处,以保证它的厚度与凭证中间的厚度一致。装订时应在装订线上加贴封签,并在封签处加盖会计主管的骑缝图章。在装订好的凭证本的脊背上面写上"某年某月第几册共几册"的字样。现金凭证、银行凭证和转账凭证应依次顺序编号,一个月从头编一次序号,如果单位的凭证少,可以全年顺序编号。如果某些记账凭证所附原始凭证数量过多,也可以单独装订保管,但应在其封面及有关记账凭证上加注说明。

3. 账簿的整理

年末,各种账簿在结转下年,建立新账后,一般都要把旧账由总账会计统一整理,活页账应按页码顺序统一编号加具封面后装订成本。

4. 会计报表的整理

会计报表应在年终时,由专人统一收集,将全年财务会计报告按时间顺序整理装订成册,报表应当依次编定页数,加具封面,装订成册,经会计机构负责人审核、盖章后装订案卷并归档。封面上应注明:企业名称、企业统一代码、组织形式、地址、报表所属期间、报出日期,并由单位负责人和主管会计工作的负责人、会计机构负责人(会计主管人员)签名并盖章;设置总会计师的单位,还必须由总会计师签名并盖章。

(二) 会计档案的分类方法

会计部门将当年的会计凭证、会计账簿、财务报告及其他会计核算专业材料收集齐全、完整,然后按照凭证、账簿、报告等几种主要形式进行分类。会计类档案分类有两种方法:

(1) 种类—保管期限—年度分类法。即把报表、账簿、凭证、其他分开,再按年度时间排列,历年各编一个案卷流水号。这种方法适合会计档案数量少的单位。

(2) 年度—类别—保管期限的分类方法。首先应分开会计年度,再按形式分为几类(先报表、账簿,再凭证),然后在各类内按保管期限的长短顺序排列,一年编一个案卷流水号。这种方法适合会计档案数量特别多的单位。

会计档案的分类应遵循以下原则:

第一,在本单位全部档案总体分类方案下进行。

第二,尽可能保持分类的连续性。

第三,一个单位内部有不同核算单位,一般应分成不同的类别。

第四,同一核算单位的分类标准相同。

(三) 会计档案的立卷方法

1. 会计凭证的立卷方法

会计凭证一般按月立卷。会计人员根据凭证登记账簿后,应将各种记账凭证按时间和原始凭证号顺序组卷,每本为一卷,每卷厚薄要适中(3 cm 左右)。凭证卷装订前要剔除金属物,编写页号,所附原始凭证可以不编号,但应折叠整齐,要填写好凭证封面和脊背,并在封面与脊背的接封处,加盖财务专用章和装订人的印章,然后装入会计凭证盒,并填写好凭证盒封面。

2. 会计账簿的立卷方法

会计账簿按年度立卷,在会计年度终结时进行。账簿一般都有固定格式和明确分类,立卷时要严格按照账簿的种类进行,一本账簿为一卷。对于活页式账簿,保留已使用过的账页,编制页码,去除空白页,撤掉账夹,用会计档案封皮装订成册。对于订本式账簿,应该保持原来面目,不必去除空白页,编制页码后用会计档案封皮装订。账簿装订时,应有卷内文件目录和备考表。封面应填写齐全,平整,并注明所属年度及账簿名称。封皮上除了全宗号、目录号、档案号、案卷号外,其余都由财务部门填写。

3. 会计报表的立卷方法

会计报表是按年度立卷。立卷时要区分不同的保管期限,年度报表与季度、月份报表分别组卷。本单位的报表与下属单位的报表,可根据保管期限的异同,分别装订或合订成卷。会计报表装订前要按编报目录核对是否齐全,整理报表页数,下边和左边对齐压平,防止折角,如有损坏部位,修补后,完整无缺地装订。在整理会计报表时,可能会遇到一些文字材料,这些材料是对会计报表的分析和说明,应为会计报表的组成部分,应当与会计报表合在一起组卷,以保持内容上的密切联系。装订前要编制页码,填写卷内文件目录及备考表,去除金属物,用会计卷皮装订。工资表、银行对账单等整理方法参照会计报表。

提炼点睛

单位的会计机构或会计人员所属机构按照归档范围和归档要求,负责定期将应当归档的会计资料整理立卷,编制会计档案保管清册。

(四)会计档案的排列与编目

会计档案的编号要便于管理、查找、鉴定、销毁,通常可以根据案卷排列的方法,按类别各编一个大流水号。会计档案经过分类排列、装订和编号,使之位置固定下来,然后登记案卷目录,这就是会计档案的编目。编制会计档案目录工作,一般由会计部门负责。企业当年形成的会计档案暂由本单位会计部门保管一年,期满后,会计部门编制移交清册,移交给本单位档案部门统一保管。这里的移交清册一般可以用案卷目录代替。案卷目录,作为会计档案最基本的检索和统计工具。案卷目录的编制方法通常分别编制凭证、账簿、报表三本目录,案卷目录填写项目有归档日期、案卷号、案卷标题、起止年月日、张数、保管期限、存放位置、备注。卷内文件目录格式如表9-1所示,会计档案案卷目标如表9-2所示。

表9-1 卷内文件目录　　　　　　　　　　　　　　　　案卷号:

序　号	文件材料题名	责任者	文件日期	文件编号	页　次	备　注
1						
2						
3						

表9-2 会计档案案卷目录(登记清册)

单位名称:　　　　全宗号:　　　　目录号:　　　　类别:

案卷号	类　别	卷(册、袋)标题	起止时间	凭证起止号		保管期限	卷内张数	备　注
				起	止			

想一想

与文书档案、科技档案相比,会计档案有哪些特点?

解答要点：

（1）形成范围广泛，凡是具备独立会计核算的单位，都要形成会计档案。

（2）档案类别稳定。

（3）外在形式多样。

三、会计档案的归档

《会计档案管理办法》规定，会计档案的归档范围包括会计凭证、会计账簿、财务报告及其他会计核算材料。各单位每年形成的会计档案，都应由会计部门按照归档的要求，负责整理立卷，装订成册，编制会计档案保管清册。当年形成的会计档案，先在本单位会计部门保管一年，然后由财务会计部门编造清册，移交本单位的档案部门保管；未设立档案部门的，应当在财务会计部门内部指定专人保管。移交本单位档案机构保管的会计档案，原则上应当保持原卷册的封装，个别需要拆封重新整理的，应当同原财务会计部门和经办人共同拆封整理，以分清责任。会计档案应当积极为本单位提供和利用。会计档案原件不得借出。如有特殊需要，经本单位负责人批准，可以提供查阅或者复制，并办理登记手续。

想一想

电子会计档案应如何移交？

解答要点：新《管理办法》规定，电子会计档案移交时应当将电子会计档案及其元数据一并移交，且文件格式应当符合国家档案管理的有关规定。特殊格式的电子会计档案应当与其读取平台一并移交。

任务二　会计档案的保管与销毁

一、会计档案的保管

会计档案的保管期限分为永久、定期两类。新《会计档案管理办法》规定将会计档案的定期保管期限由原来的 3 年、5 年、10 年、15 年、25 年五类调整为 10 年和 30 年。

会计档案的保管期限，从会计年度终了后的第一天算起。各类会计档案的最低保管期限如下（见表 9-3、表 9-4）：

表 9-3　企业和其他组织会计档案保管期限一览表

序　号	档案名称	保管期限	备　注
一	会计凭证类		
1	原始凭证	30 年	

续表

序 号	档案名称	保管期限	备 注
2	记账凭证	30 年	
二	会计账簿类		
3	总账	30 年	
4	明细账	30 年	
5	日记账	30 年	
6	固定资产卡片		固定资产报废清理后 5 年
7	辅助账簿	30 年	
三	财务报告类		
8	月、季度、半年度财务报告	10 年	
9	年度财务报告(决算)	永久	
四	其他类		
10	会计移交清册	30 年	
11	会计档案保管清册	永久	
12	会计档案销毁清册	永久	
13	会计档案鉴定意见书	永久	
14	银行余额调节表	10 年	
15	银行对账单	10 年	
16	纳税申报表	10 年	

表 9-4 财政总预算、行政单位、事业单位和税收会计档案保管期限表

序 号	档案名称	财政总预算	行政事业单位	税收会计	备 注
一	会计类凭证				
1	国家金库编送的各种报表及缴库退库凭证	10 年		10 年	
2	各收入机关编送的报表	10 年			
3	行政单位和事业单位的各种会计凭证		30 年		包括原始凭证、记账凭证和传票汇总表
4	财政总预算拨款凭证及其他会计凭证	30 年			包括拨款凭证和其他会计凭证
二	会计类账簿类				

序 号	档案名称	财政总预算	行政事业单位	税收会计	备 注
5	日记账		30 年	30 年	
6	总账	30 年	30 年	30 年	
7	税收日记账(总账)和税收票证分类出纳账			30 年	
8	明细分类、分户账或登记簿	30 年	30 年	30 年	
9	行政单位和事业单位固定资产明细账(卡片)				固定资产报废清理后保管 5 年
三	财务报告类				
10	政府综合财务报告	永久			下级财政、本级部门和单位报送的保管 2 年
11	部门财务报告		永久		所属单位报送的保管 2 年
12	财政总决算	永久			下级财政、本级部门和单位报送的保管 2 年
13	部门决算		永久		所属单位报送的保管 2 年
14	税收年报(决算)			永久	
15	国家金库年报(决算)	10 年			
16	基本建设拨、贷款年报(决算)	10 年			
17	行政单位和事业单位会计月、季度报表		10 年		所属单位报送保管 2 年
18	税收会计报表(包括票证报表)			10 年	所属单位报送保管 2 年
四	其他类				
19	会计移交清册	30 年	30 年	30 年	
20	会计档案保管清册	永久	永久	永久	
21	会计档案销毁清册	永久	永久	永久	
22	会计档案鉴定意见书	永久	永久	永久	
23	银行余额调节表	10 年	10 年		
24	银行对账单	10 年	10 年	10 年	
25	纳税申报表	10 年			

知识拓展

　　各单位应当定期对已到保管期限的会计档案进行鉴定，并形成会计档案鉴定意见书。经鉴定，仍需继续保存的会计档案，应当重新划定保管期限；对保管期满，确无保存价值的会计档案，可以销毁。会计档案鉴定工作应当由单位档案管理机构负责牵头，组织本单位会计、审计、纪检监察等机构或相关人员共同完成鉴定工作。

二、会计档案的销毁

　　保管期满的会计档案，可以按照以下程序销毁：

　　（1）档案机构会同会计机构提出销毁意见，编制会计档案销毁清册，列明销毁会计档案的名称、卷号、册数、起止年度和档案编号、应保管期限、已保管期限、销毁时间等内容。

　　（2）责任人在会计档案销毁清册上签署意见。

　　（3）销毁会计档案时，应当由档案机构和会计机构共同派员监销。国家机关销毁会计档案时，应当由同级财政部门、审计部门派员参加监销。财政部门销毁会计档案时，应当由同级审计部门派员参加监销。

　　（4）销毁会计档案前，应当按照会计档案销毁清册所列内容清点核对所要销毁的会计档案；销毁后，应当在会计档案销毁清册上签名盖章，并将监销情况报告本单位负责人。

　　（5）保管期满但未结清的债权债务原始凭证和涉及其他未了事项的原始凭证，不得销毁，应当单独抽出立卷，保管到未了事项完结时为止。单独抽出立卷的会计档案，应当在会计档案销毁清册和会计档案保管清册中列明。正在项目建设期间的建设单位，其保管期满的会计档案不得销毁。

想一想

　　电子档案应如何销毁？

　　解答要点：新《管理办法》要求电子会计档案的销毁由单位档案管理机构、会计管理机构和信息系统管理机构共同派员监销。

思政小课堂

　　会计档案是国家档案的重要组成部分，也是各单位的重要档案，它是对一个单位经济活动的记录和反映。通过会计档案，可以了解每项经济业务的来龙去脉；可以检查一个单位是否遵守财经纪律，在会计资料中有无弄虚作假、违法乱纪等行为；会计档案还可以为国家、单位提供详尽的经济资料，为国家制定宏观经济政策及单位制定经营决策提供参考。我们应该严格遵守《会计法》《会计档案工作管理办法》等各类法律法规的要求，树立档案意识、规则意识与诚信意识，从实际出发，做好会计档案的整理、归档、保管、销毁等一系列工作。

本章总结

1. 会计档案的内容:会计凭证,包括原始凭证、记账凭证;会计账簿,包括总账、明细账、日记账、固定资产卡片及其他辅助性账簿;财务会计报告,包括月度、季度、半年度、年度财务会计报告;其他会计资料,包括银行存款余额调节表、银行对账单、纳税申报表、会计档案移交清册、会计档案保管清册、会计档案销毁清册、会计档案鉴定意见书及其他具有保存价值的会计资料。

2. 会计档案的管理部门:财政部和国家档案局主管全国会计档案工作,共同制定全国统一的会计档案工作制度,对全国会计档案工作实行监督和指导。县级以上地方人民政府财政部门和档案行政管理部门管理本行政区域内的会计档案工作,并对本行政区域内会计档案工作实行监督和指导。

3. 会计档案的归档:单位的会计机构或会计人员所属机构(以下统称单位会计管理机构),负责定期将应当归档的会计资料整理立卷,编制会计档案保管清册。

4. 会计档案的移交:单位内部会计档案移交。当年形成的会计档案,在会计年度终了后,可由单位会计管理机构临时保管一年,再移交单位档案管理机构保管。单位之间交接会计档案时,交接双方应当办理会计档案交接手续。

5. 会计档案的查阅、复制和借出:会计档案原件不得借出。如有特殊需要,经本单位负责人批准,可以提供查阅或者复制,并办理登记手续。

6. 会计档案的保管期限:会计档案的保管期限分为永久、定期两类。定期保管期限一般分为10年和30年。会计档案的保管期限,从会计年度终了后的第一天算起。

7. 会计档案的销毁:经鉴定可以销毁的会计档案,应当按照以下程序销毁:单位档案管理机构编制会计档案销毁清册,列明拟销毁会计档案的名称、卷号、册数、起止年度、档案编号、应保管期限、已保管期限和销毁时间等内容。单位负责人、档案管理机构负责人、会计管理机构负责人、档案管理机构经办人、会计管理机构经办人在会计档案销毁清册上签署意见。单位档案管理机构负责组织会计档案销毁工作,并与会计管理机构共同派员监销。监销人在会计档案销毁前,应当按照会计档案销毁清册所列内容进行清点核对;在会计档案销毁后,应当在会计档案销毁清册上签名或盖章。电子会计档案的销毁还应当符合国家有关电子档案的规定,并由单位档案管理机构、会计管理机构和信息系统管理机构共同派员监销。

8. 不得销毁的会计档案:保管期满但未结清的债权债务会计凭证和涉及其他未了事项的会计凭证不得销毁,纸质会计档案应当单独抽出立卷,电子会计档案单独转存,保管到未了事项完结时为止。单独抽出立卷或转存的会计档案,应当在会计档案鉴定意见书、会计档案销毁清册和会计档案保管清册中列明。

课前预习

一、名词解释

会计档案　会计档案的整理

二、单项选择题

1. 下列各项中,属于会计档案的是(　　)。

A. 财务预算　　　　B. 财务计划　　　　C. 财务制度　　　　D. 财务报告

2. 下列各项中,不属于会计凭证类会计档案的是(　　)。

A. 原始凭证　　　　B. 汇总凭证　　　　C. 辅助账簿　　　　D. 记账凭证

3. 下列关于行政事业单位总账、明细账保管期限的表述中,正确的是(　　)。

A. 永久　　　　　　B. 5 年　　　　　　C. 15 年　　　　　D. 30 年

4. 各单位保存的会计档案不得借出,如有特殊需要,经批准后可以提供查阅或复制,并办理登记手续。下列人员或机构中,有权进行批准的是(　　)。

A. 财政部门　　　　　　　　　　B. 单位档案机构负责人

C. 单位会计主管　　　　　　　　D. 单位负责人

5. 下列单位中,在企业销毁保管期满的会计档案时,需共同派员监销的是(　　)。

A. 本单位的档案机构和会计机构　　　B. 主管部门

C. 同级财政部门　　　　　　　　D. 同级财政和审计部门

三、判断题

1. 会计档案的保管期限分为永久保管和定期保管。　　　　　　　　　　(　　)

2. 会计档案保管期限届满后,会计人员便可销毁会计档案。　　　　　　(　　)

3. 固定资产卡片、辅助账簿不属于会计档案的内容。　　　　　　　　　(　　)

4. 各单位每年形成的会计档案,应当由会计机构负责整理立卷,装订成册,并编制会计档案保管清册。　　　　　　　　　　　　　　　　　　　　　　　　　(　　)

5. 移交本单位档案机构保管的会计档案,原则上应当保持原卷册的封装。　(　　)

课后练习

一、单项选择题

1. 各单位每年形成的会计档案,都应由(　　)负责整理立卷,装订成册,编制会计档案保管清册。

A. 会计机构　　　　　　　　　　B. 档案部门

C. 人事部门　　　　　　　　　　D. 指定专人

2. 西安市财政局销毁保管期满的会计档案时,应由(　　)派人监销。

A. 西安市财政局会计处　　　　　B. 陕西省财政厅

C. 西安市审计局　　　　　　　　D. 西安市财政局监督处

3. 根据《会计档案管理办法》的规定,会计档案保管期限分为永久和定期两类。定期保管的会计档案,其最长期限是(　　)年。

A. 5　　　　　　　B. 10　　　　　　C. 30　　　　　　D. 25

4. 下列各项中,不属于会计档案的是(　　)。

A. 会计凭证　　　　　　　　　　B. 会计账簿

C. 财务会计报告　　　　　　　　D. 单位营业执照

5. 下列各项中,不属于会计档案的是(   )。

A. 会计档案移交清册　　　　　　　　　B. 会计档案保管清册

C. 财务会计报告　　　　　　　　　　　D. 年度工作计划

6. 月份会计报表保管年限是(   )年。

A. 5　　　　　　　B. 10　　　　　　　C. 15　　　　　　　D. 30

7. 行政事业单位的各种会计凭证的保管期限为(   )年。

A. 5　　　　　　　B. 10　　　　　　　C. 15　　　　　　　D. 30

8. 下列关于在会计档案销毁清册上签署意见人员的表述中,正确的是(   )。

A. 总会计师　　　B. 会计机构负责人　　　C. 主管会计人员　　　D. 单位负责人

9. 其他单位如果因特殊原因需要使用原始凭证时,经本单位负责人批准,下列行为中,正确的是(   )。

A. 可以借出　　　　　　　　　　　　　B. 只可以查阅不能复制

C. 不可以查阅或复制　　　　　　　　　D. 可以查阅或复制

10. 企业和行政单位的固定资产卡片的保管期限为(   )。

A. 固定资产报废清理时　　　　　　　　B. 固定资产报废清理后 1 年

C. 固定资产报废清理后 2 年　　　　　　D. 固定资产报废清理后 5 年

二、多项选择题

1. 保管期满,不得销毁的会计档案有(   )。

A. 未结清的债权债务原始凭证

B. 正在建设期间的建设单位的有关会计档案

C. 超过保管期限但尚未报废的固定资产购买凭证

D. 银行存款余额调节表

2. 下列各项中,属于会计档案的有(   )。

A. 会计凭证　　　B. 总账　　　　　　C. 日记账　　　　　　D. 会计报表

3. 对本单位档案机构保管的会计档案,需要拆封重新整理的,应由(   )同时参与,以分清责任。

A. 原财务会计部门　　　　　　　　　　B. 经办人

C. 本单位档案机构　　　　　　　　　　D. 本单位人事部门

4. 会计档案中的定期档案保管年限有(   )年。

A. 5　　　　　　　B. 10　　　　　　　C. 15　　　　　　　D. 30

5. 下列档案中需要永久保管的会计档案有(   )。

A. 记账凭证　　　　　　　　　　　　　B. 会计档案销毁清册

C. 企业总账　　　　　　　　　　　　　D. 年度财务会计报告

6. 下列关于会计档案管理的说法中正确的有(   )。

A. 出纳人员不得兼管会计档案

B. 会计档案的保管期限,从会计档案形成后的第一天算起

C. 单位负责人应在会计档案销毁清册上签署意见

D. 各单位保存的会计档案一般不得对外借出

7. 会计档案销毁清册中应列明所销毁的会计档案的（　　）等内容。

A. 起止年度和档案编号　　　　　　　　　B. 应保管期限

C. 已保管期限　　　　　　　　　　　　　D. 销毁时间

8. 下列各项中，会计档案按保管期限分，正确的类别有（　　）。

A. 永久会计档案　　　　　　　　　　　　B. 定期会计档案

C. 预算会计档案　　　　　　　　　　　　D. 企业会计档案

9. 下列各项中，属于财务报告类会计档案的有（　　）。

A. 银行存款余额调节表　　　　　　　　　B. 会计报表附注

C. 会计报表　　　　　　　　　　　　　　D. 会计报表附表

10. 下列各项中，不属于会计档案的有（　　）。

A. 年度财务会计报告　　　　　　　　　　B. 财政总预算

C. 财务计划　　　　　　　　　　　　　　D. 财务管理制度

三、判断题

1. 保管期满但未结清的债权债务原始凭证，经单位负责人批准后可以销毁。　（　　）

2. 会计档案保管期限分为永久和定期两类，保管期限从会计年度终了后第一天算起。

（　　）

3. 各单位保存的会计档案原则上不得借出，但如有特殊需要，经本单位负责人批准，可以借出。　（　　）

4. 会计档案保管清册要保管 15 年。　（　　）

5. 伟达公司的会计制度、购销合同可以作为会计档案保管。　（　　）

6. 当年形成的会计档案，在会计年度终了后，可暂由本单位会计机构保管 1 年。（　　）

7. 移交本单位档案机构保管的会计档案，原则上应当保持原卷册的封装。个别需要拆封重新整理的，档案机构应当会同会计机构和经办人员共同拆封整理，以分清责任。（　　）

8. 会计档案是指会计凭证、会计账簿和财务会计报告等会计核算专业资料，它是记录和反映单位经济业务的重要史料和证据。　（　　）

9. 对于企业的原始凭证，如果其他单位有特殊原因确实需要使用时，可以提供原件。

（　　）

10. 银行存款余额调节表、银行对账单是会计档案。　（　　）

四、简答题

1. 会计档案包括哪些基本内容？

2. 会计档案分类的原则有哪些？

3. 会计档案的保管期限如何规定？

五、实务操作

神禾公司 2023 年度发生下列事项：

1. 3 月，档案科会同会计科对企业会计档案进行了清理，编造会计档案销毁清册，将保管期已满的会计档案按规定程序全部销毁，其中包括一些保管期满但尚未结清债权债务的原始凭证。

2. 5 月，会计科在例行审核有关单据时，发现一张购买计算机的发票，其"金额"栏中的数字有更改现象,经查阅相关买卖合同、单据,确认更改后的金额数字是正确的,于是要求该发票的出具单位在发票"金额"栏更改之处加盖出具单位印章。之后,该公司予以接受并据此登记入账。

3. 10月,公司财务会计报告经主管财会工作的总会计师、会计科长签名并盖章后报出,公司董事长王某未在财务会计报告上签章。

【要求】

(1) 该公司销毁会计档案是否符合规定?请简要说明理由。

(2) 该公司对购买计算机的发票的处理是否符合法律规定?请简要说明理由。

(3) 该公司董事长李某是否应当在对外报出的财务会计报告上签名并盖章?请简要说明理由。

企业会计准则

参考文献

[1] 中华人民共和国财政部.企业会计准则(2023年版)[M].上海:立信会计出版社,2022.

[2] 中华人民共和国财政部.企业会计准则应用指南(2023年版)[M].上海:立信会计出版社,2022.

[3] 企业会计准则编审委员会.企业会计准则案例讲解(2023年版)[M].上海:立信会计出版社,2022.

[4] 陈国辉,迟旭升.基础会计[M].大连:东北财经大学出版社,2021.

[5] 张婕.基础会计[M].北京:中国人民大学出版社,2021.

[6] 杨玉红.基础会计学[M].北京:清华大学出版社,2018.

[7] 杨桂洁.会计基础与实务[M].北京:人民邮电出版社,2022.

[8] 缪启军.会计基础与实务[M].上海:立信会计出版社,2022.

[9] 张春霞,任立改.基础会计[M].北京:清华大学出版社,2023.